地铁工程施工技术与安全

张　鹏　邢建军　艾江临　主编

图书在版编目（CIP）数据

地铁工程施工技术与安全 / 张鹏, 邢建军, 艾江临主编. -- 哈尔滨 : 哈尔滨出版社, 2023.1
ISBN 978-7-5484-6646-8

Ⅰ. ①地… Ⅱ. ①张… ②邢… ③艾… Ⅲ. ①地下铁道—工程施工—安全技术 Ⅳ. ①U231

中国版本图书馆CIP数据核字(2022)第151970号

书　　名：地铁工程施工技术与安全
DITIE GONGCHENG SHIGONG JISHU YU ANQUAN

作　　者：张　鹏　邢建军　艾江临　主编
责任编辑：韩金华
封面设计：文　亮

出版发行：哈尔滨出版社（Harbin Publishing House）
社　　址：哈尔滨市香坊区泰山路82-9号　　邮编：150090
经　　销：全国新华书店
印　　刷：北京宝莲鸿图科技有限公司
网　　址：www.hrbcbs.com
E - mail：hrbcbs@yeah.net
编辑版权热线：（0451）87900271　87900272

开　　本：787mm × 1092mm　1/16　印张：12.75　字数：280千字
版　　次：2023年1月第1版
印　　次：2023年1月第1次印刷
书　　号：ISBN 978-7-5484-6646-8
定　　价：68.00元

凡购本社图书发现印装错误，请与本社印制部联系调换。
服务热线：（0451）87900279

前　言

近年来，我国大力推进城市化进程，轨道交通作为一种绿色、安全、快捷的交通工具发展迅猛，轨道工程尤其是地铁工程规模日益扩大，随之而来的施工安全问题也日渐突出，安全事故时有发生，造成了较大的生命与财产损失。地铁大多是在人口密集的繁华城市进行的一项投资大、建设期长、技术复杂的地下建设工程项目。许多已建和在建的地铁工程，由于安全管理和防护措施中存在缺陷，引发安全事故，造成人员伤亡和经济损失。

随着我国经济的飞速发展，城市化进程不断加快。为了缓解城市交通拥挤的境况，地铁已经成为繁华城市不可缺少交通设施。但是由于地铁施工过程具有隐蔽性、复杂性和不确定性等诸多突出的特点，同时又面临复杂的地质和外部情况，加上经验不足，管理不到位，所以在地铁施工过程中存在着不容忽视的问题和隐患。如果这些问题和隐患得不到解决，将会给国家和社会造成巨大损失和不可估量的负面影响。因此，在施工中必须高度重视安全问题，加强施工安全管理，完善防护措施。

本书是一本关于地铁工程的专著，主要讲述的是地铁工程中的施工技术及施工安全。本书首先对地铁工程的施工技术展开论述；接着对安全保障技术展开论述；最后对事故预防对策展开论述。希望本书的论述，能够给读者提供一定的借鉴。

目　录

第一章　地铁工程的组成与发展 …… 1

第一节　地铁工程的产生与发展 …… 1

第二节　地铁工程系统与组成 …… 3

第二章　新奥法在地铁施工工程中的应用 …… 11

第一节　围岩分类及岩土开挖分类 …… 11

第二节　隧道施工顺序及开挖方法 …… 14

第三节　前支护 …… 24

第四节　初期支护 …… 27

第五节　全断面注浆加固 …… 33

第六节　防水层施工 …… 36

第七节　衬砌施工 …… 40

第八节　附属结构施工 …… 44

第九节　地质预报 …… 46

第三章　盾构法在地铁施工工程中的应用 …… 51

第一节　概述 …… 51

第二节　盾构机基本构造 …… 52

第三节　盾构法 /TBM 施工 …… 56

第四节　双模盾构 …… 85

第四章　城市地铁工程施工的风险分析与评价 …… 88

第一节　地下工程安全风险评价的必要性和紧迫性 …… 88

第二节　工程风险评价体系及安全评估原则与方法 …… 93

第三节　城市地铁工程灾害体系 …… 104

第四节　地铁施工可能造成的环境风险分析 …… 107

第五节　不同施工方法可能造成的施工灾害风险分析……112
第六节　城市地下工程地震灾害风险分析……115
第七节　城市地下工程火灾风险分析……119
第八节　城市地下工程水灾风险分析……120
第五章　地铁工程施工安全保障体系……123
第一节　地铁工程施工安全相关法规标准体系……123
第二节　地铁工程施工安全组织保障……128
第三节　地铁工程施工安全制度保障……131
第四节　地铁工程施工安全技术保障……142
第五节　施工安全投入保障和信息保障……145
第六章　地铁施工安全风险自动预警监测……148
第一节　基于数据采集的地铁施工安全风险预警研究……148
第二节　地铁施工安全风险预警系统设计与实现……173
第七章　地铁施工事故的预防对策……188
第一节　基坑开挖和隧道掘进中事故的预防……188
第二节　监测是预防事故的重要手段……190
第三节　遵章守规，安全作业……191
第四节　百年大计，质量第一……192
结　语……194
参考文献……195

第一章　地铁工程的组成与发展

第一节　地铁工程的产生与发展

一、地铁经济对城市经济发展的影响

近年来，中国经济发展水平不断提高，发展质量稳中求进，过快的城市化速度导致城市规模扩展迅速，城镇人口急剧增加。随着我国基建事业的大力发展，生活必备设施变得更加完备，这种变化从人们出行方式的转变可见一斑。作为一种高效且相对环保低碳的公共交通，地铁出行一直受到极大关注。由于人们消费水平持续提高，小汽车走进千家万户，道路交通压力也在汽车增长的同时增加，早晨和晚上的高峰时段道路拥堵尤为严重。为了使这一问题得到有效改善，地铁运输应充分发挥自身运量大、班次多的优势，丰富运输手段，服务公众。地铁的开放使得城市的结构划分和具体区域作用的实现发生了巨大转变，因此优化其结构划分有相当的必要性。地铁的统筹发展在高效缓解城市交通拥挤现象的同时可以促进与之匹配的相关产业繁荣，在新经济发展模式的探索和第三产业的快速崛起中发挥关键作用。地铁的建设将使城市居民更容易出行，大大提高城市发展水平，让生活更美好，是繁荣经济的坚实地基。

二、城市地铁建设现状

地铁是当今中国城市的重要交通手段。根据相关部门数据统计，截至 2019 年 1 月 1 日，中国大陆 35 个城市的地铁竣工投入正式运营，轨道总运营距离为 5027.36 km，2019 年内新增珠海、银川、贵阳、石家庄、厦门等主要城市，共新增 34 条地铁线，其里程达 874.57 km。这反映了我国经济活力良好，潜力巨大。下文举例说明中国一线城市的地铁建设大致情况：2017 年上海共有 15 条地铁线路，总长 617 km；北京有总长 574 km 的 19 条地铁线路；而广州地铁线路有 10 条，总长 308.7 km 线路；南京地铁有 8 条 294 km 的已投入运营线路；深圳有 285 km 的 8 条线路。除了沿海地区，中西部的城市，例如兰州，截至 2019 年 9 月 12 日，兰州轨道交通共开通 1 条地铁，地铁线路总长 25.9 km，共设车站 20 座（1 站暂缓开通），一条市域铁路。这也会为中国的地铁总公里继续增加添砖加瓦。

需要强调的是，当前我国处于经济发展转型期，为了环保事业的展开和保护城市土地资源及其他重要资源的要求，保障中国交通工程的可持续发展，更有必要开发地铁交通来发展城市纵向使用空间，并努力城市必不可少的交通出行手段。这样才符合成为未来城市的发展趋势。

三、城市地铁建设的发展战略

1. 通过阶段性目标制定规划方案

横向对比其他发达国家的城建史，轻轨车辆交通的建设标准是根据国家条件及当地经济、地理和生态条件结合国情共同决定的。这些生动的示例对于我国城市轨道交通的发展具有重要的参考价值。在中国人口超过一百万的城市中，最好根据当地情况和现有经济条件制定规划。中国的城市轨道交通需要自己的特色，这可以帮助生产线设计，降低工程成本并缩短施工周期。必须逐步分级制定运输标准。分为初阶段和终阶段，不同时期设计施工技术不同。

2. 多渠道加大建设资金投入

深究其根源，城市地铁是一种带有一定公益性质的社会建设项目，其带来的优势效益不能只局限于交通的运营收入，更主要体现在城市地铁交通以外的部分。城市地铁项目的建设非常重要，因为城市地铁运输的建设在解决当前城市拥堵问题的同时可以带动城市经济的快速发展。但是，地铁研发安装作为基建项目，本身就伴随着高昂的开发成本。地铁建设正常发展的有序性要求主要通过国家出资和与其他公司合作来增加对建设项目的资本跟进。保证项目有足够的周转资金直至运行多年后。如今，这种发展模式已应用在许多国家和地区。在此基础上，中国政府相关部门需要结合国情，加快相应法律法规制度的建立健全，于法律公示国家和地方政府用于建设城市地铁项目的财政资金的比例。而基于经济学一般规律，为了确保项目在开发过程中有可靠的资金链，特别需要通过法律法规确保建设资金的充足性。

3. 掌握先进科学技术，提高理论建设水平

复杂的地铁运输技术性难题在世界范围内被各个击破，先进的技术通过不断研发打磨趋向完善，期待值较高的带有线性电动机牵引系统的地铁已投入日常使用。线性电动机地铁区别于传统地铁的特点在于：降低了隧道的横截面大的挖凿困难和施工成本（架构隧道成本超过了建设总成本的 50%）。相关科研部门正在发展自主知识产权的直线电机地铁技术，这也是中国在地铁运输系统跻身先进国家行列的喜人信号。

4. 因地制宜地开展建设

如果硬性地建立统一死板的规范或要求，那么中国所有城市的建设情况不能根据自身条件灵活变化，这对城市地铁建设的正常发展将产生一定程度的影响。经济发展水平，历史文化因素，农业和工业分布，各功能区域规模划分等都应作为城市地铁建设科学计划的

考虑因素。努力实现在人口稠密的地区建造地铁以最大程度提供出行便利。建设城郊部分时，使用地面运输方式可显著降低施工的成本，并打造城市特色景观，为乘客提供轻松愉快的出行体验。地面运输要在建设城市地铁项目时妥善处理与其他地面交通设施之间的关系。城市地铁具有速度快，安全性高和载客量大等优点，是构成城市交通网络的关键一环。在城市地铁建设过程中，必须有效处理地铁与其他运输系统之间的关系。地铁等交通工具通过联网公交系统，为满足城市交通需求提供保障，相辅相成地促进城市交通发展。

5. 推广 TOD 发展模式，进一步整合资源

如果地铁经济要承担起其提高城市经济发展水平的责任，那么这不仅要体现在它所辐射的外部影响上，而且要实现自身内部健康发展。丰富多样的流量、资源为地铁经济提供了多元化的发展可能，地铁公司可以由此出发，不断加强地铁周边资源整合和 TOD 开发。在开发资源的具体过程中，地铁公司的重心倾向于内部资源开发部门（事业部），但这些部门受限于知识的专业性，在资源开发方面的专业技能有限。因此，地铁公司可以使用以市场为导向的方法开发特定资源。例如与专门行业的公司建立合作关系，以进一步强化他们在资源开发方面的专业知识。为了确保商业活动的法律适用性，应积极寻求政府的政策支持，促进地铁部门的大踏步发展，并为城市现代化建设奠定基础。

第二节　地铁工程系统与组成

城市地铁与轻轨同属城市快速轨道交通系统，是城市公共客运交通网络中的骨干。特别是城市地铁，由于载客量大，更为世界各大城市用来作为解决交通问题的主要工具。城市地铁具有运量大、快捷、安全、准时和舒适等特点，不仅是解决城市公共客运交通问题的主要工具，也是现代化城市的象征。早在 1863 年英国伦敦修建了世界上第一条地下铁路后，世界各国相继修建，且呈蓬勃发展之势。欧洲和北美的城市地铁网仍在世界上占领先地位，发展中国家近几十年来也陆续修建了城市地铁。

我国城市地铁工程在基建工程中所占比重与日俱增，这就要求我们工程技术人员，特别是工经人员，应尽快掌握城市地铁技术，如同掌握国铁技术一样熟练，迅速向城市地铁市场转移，以求在激烈的市场竞争中占有较多的份额，共同促进城市地铁工程的发展。同时只有深刻理解城市地铁工程的构成、工法和工艺，才能更好地编制工程筹划、施工组织设计，才能更准确地计算工程投资，为项目实施过程做好“三控制、两管理、一协调”奠定坚实的基础。城市地铁工程主要由土建工程和系统工程两大部分构成。其中土建工程又分为车站和区间土建工程及物业开发等；系统工程又可分为轨道系统、通信系统、信号系统、电力系统、供电牵引系统、屏蔽门系统、防灾报警（F AS）系统、设备监控（B AS）系统、电力监控（SCAD A）系统、人防系统、车辆段及车辆系统、自动售检票系统、环控通风系统、控制中心、电梯和自动扶梯等。

一、土建工程

1. 地下车站

世界各国城市地铁地下车站一般布置成上下两层，以适应较大客流量的需要。上层为站厅层，主要用于售检票，可分为非付费区和付费区；下层为站台层，用于乘客候车，并有侧式站台（站台一侧通行列车）、岛式站台（站台两侧均通行列车）和混合式站台之分。20 世纪 50 年代末，随着地下连续墙的问世和深基坑施工技术的发展，地下车站可以建成多层式，这样更有利于组织各条地铁线路在平面之间的车站同站台换乘。同时多层站台也使车站的功能得以加强，可综合利用地下空间，搞一些物业开发，以使投资发挥最大的经济效益。车站的纵断面形式与埋设深度、地质条件和施工方法有着密切的关系。早期采用明挖法施工的浅埋地下车站，尽管埋设浅，但仍较难避免低站位、高区间的线路纵断面布置形式而不利于运营，且难以建造多层车站。盾构和地下连续墙施工方法的应用，改变了单一的明挖施工方法，使车站得以埋设在较深的土中，由此而出现了中埋或深埋的地下车站，车站的功能兼能满足战备的需要。地下车站的盖挖施工法具有开挖路面时间短、影响地面交通少的优点，已成为在市区主要干道下修建多层地铁车站的有效施工方法之一。

与地下车站有关的土建工程还有通道和出入口（是乘客进行地面和地下换乘的必经之路），另外还有风道、风井和风亭（一般布置在车站的两头端部）及设备管理用房等。

2. 车站装修

国外地下车站装修标准较高，装修材料大多采用大理石，地面以花岗岩铺砌，雕像、铜像比比皆是，巨幅壁画、豪华灯饰相映成辉。国内地下车站装修设计以实用、经济为前提，按照交通建筑简洁、明快的特点，尽可能做到美观和富有时代气息。大部分车站均以壁画或广告牌进行装饰，按车站所在地区的特点，表现不同的主题，各具特色，尽量为乘客创造一个优美、雅致、欢快和舒服的乘车环境。

3. 区间隧道

区间隧道是列车通行的通道，有单洞单线隧道和单洞双线隧道之分，但以单洞单线隧道居多，按施工方法不同，主要分为明挖法隧道、矿山法隧道和盾构法隧道 3 种，另外，还有联络通道。

（1）明挖法隧道

主要施工工序为拆除和恢复道路、土石方开挖和运输、降水、钢筋混凝土结构制作、结构防水、地基加固和监测等。

（2）矿山法隧道

主要施工工序为土石方开挖和运输、降水、初期支护、二次衬砌、结构自防水和结构外包防水层、地基加固和监测等。

（3）盾构法隧道

盾构法施工区间隧道迄今已有几百年的历史，但其间有突破性发展的还是20世纪60年代以后。其中盾构综合技术水平最高的应属日本和德国，盾构机械由初期的手掘式发展到气压与手工相结合，直至近30年来采用的泥水加压盾构、土压平衡盾构、加泥式盾构等，在激光导向、液压传动、开挖控制、同步注浆、盾尾密封、衬砌拼装及计算机数据采集等施工技术方面均得到了很大的发展。

（4）联络通道

是两单洞单线区间隧道之间的通道。

二、系统工程

1. 轨道系统

地铁隧道内的道床，国际上大多采用钢筋混凝土整体道床、无缝线路。早期常用的有短轨枕点支撑式，以后又发展有纵向轨枕点支撑式（旧金山地铁采用）、连续支撑式（香港地铁采用）、长轨枕点支撑式和浮置板（新加坡地铁采用）等多种型式。目前，我国近期开通的城市地铁和正在筹建的城市地铁大部分采用弹性短轨枕整体道床，部分采用了减震道床和浮板道床。无缝线路则采用工厂接触焊连接成250m长钢轨送进洞内和现场气压焊相结合的工艺，减少了现场焊的接头数，保证了无缝线路的质量。

2. 供电系统

主要是供应全线运营用电、各系统用电、办公和照明用电等，一般设有110/350k V交流高压线路、变电站及电力电缆线路等。

一般城市地铁供电系统设有专用主变电所，由城市电网的变电站引入110kV独立电源，主变电站内设主变压器，城市地铁内部由35kV电压组成一个独立的供电网络，该网络向沿线各牵引降压混合变电所和车站降压变电所以两路电源供电。

3. 牵引供电系统及牵引降压混合变电所

牵引供电系统一般由35kV供电线路组成独立供电网络，该供电网络以双回路馈电电缆向所有混合变电所及降压变电所供电。

4. 电力监控（SCADA）系统

采用微机远动装置，主机对主变电所、牵引降压变电所、混合变电所、车站降压变电所等，实行集中监视、控制和测量，其应具备遥控功能、遥信功能、遥测功能、遥调功能和汉字功能，其中主要包括控制站系统、被控站系统、总线或通道子系统。

5. 接触网（或三轨）

主要应满足城市地铁电气条件、线路条件、气候条件、悬挂类型、限界要求等运行条件，并保证机车的正常取流。

6. 供电系统杂散电流防护

城市地铁工程地下水位较高，地下管线较多，有大量的金属管线和金属电缆，供电系统杂散电流防护的作用就是防止和减少杂散电流对地下埋设管线的腐蚀，并遵循“以防为主、以排为辅、防排结合、定点监控”的原则。

7. 通信系统

为满足城市地铁安全、高效运营的需要，必须建立安全可靠的、独立的、能传送语言、文字、数据、图像等信息的综合业务数字网。其中包括传输交换、专业电话、无线通信、电视监视、遥控遥测、有线广播、列车广播、时钟、自动电话、直通电话会议、办公管理自动化和集中监测等子系统。

8. 信号系统

城市地铁信号系统一般采用列车自动控制系统（ATC），主要由列车自动监控子系统（ATS）、列车自动防护子系统（ATP）和列车自动运行子系统（ATO）组成。

ATC 系统的设备应技术先进、性能可靠、操作简便、维修方便，并具有成熟的运用经验，系统必须保证每日 24h 连续工作。

ATS 子系统由控制中心、车站和车辆段 ATS 设备组成；ATP 子系统是保证列车运行安全的系统；ATO 子系统是自动控制列车运行的设备，应确保工作状态正确。

9. 给排水及水消防系统

城市地铁给水系统包括生产、生活给水系统和消防给水系统。排水系统由污、废水系统和雨水系统组成。

（1）给水系统

城市地铁各站、段、区间的各项用水水源一般采用城市自来水，为满足城市地铁消防用水的需求，每个车站（段）应由城市自来水干管引入城市地铁两根给水管，站内生产、生活给水系统和消防给水系统宜分开设置，形成独立管网。

（2）消防给水系统

主要包括消火栓、自动喷水灭火系统及地面消防水泵结合器等。

（3）排水系统

城市地铁沿线的粪便污水、结构渗水、各种生产、冲洗及消防废水和出入洞线、车站露天出入口的雨水，应分类集中，就近分别设泵排入地面道路雨污水管网系统（粪便污水要经地面化粪池处理后排放），并与城市排水管理部门签订排水协议。

排水泵站的设置应符合下列要求：

1）主排水泵站

主要排除结构渗漏水、事故水、凝结水和冲洗及消防废水。一般设在车站和线路纵坡最低处。

2）污水泵站

排除站内生活污水，一般设于厕所附近。

3）局部排水泵站

设于折返线车辆检修坑端部、自动扶梯基坑等低洼处。

4）临时排水泵站

设于分期修建的隧道的最低处。

5）雨水泵站

设置在地铁露天出入洞线洞口和车站露天出入口雨水不能直排的地方。

6）辅助排水泵站

根据工程具体情况设置。

10. 环控系统

环控系统由车站空调通风系统和区间隧道通风系统两部分组成。城市地铁车站设置空调系统，一般在车站的两端各设一个空调通风机房，冷水机组集中布置在车站一端，为空调系统提供冷源，区间列车正常运行时，充分利用列车活塞风作用进行通风换气，排除区间隧道内余热余湿，最新的城市地铁工程地下车站环控系统采用屏蔽门系统；区间隧道通风系统主要由区间隧道活塞通风和机械通风（兼排烟）组成。

11. 自动售检票（AFC）系统

现代城市地铁一般采用非接触式智能卡（IC 卡）自动售检票系统，该系统能对车票进行各类处理，包括车票的编码、发行、读写和安全处理，并具有车票加密功能和防伪功能等。

12. 设备监控（BAS）系统

其功能是对地下车站、区间通风、空调、给排水、照明、自动扶梯等设备的运行进行自动化管理，使设备达到安全运转、节省能源、方便管理，创造一个良好、舒适的地下环境。

13. 防灾报警（FAS）系统

其功能是对全线火灾、水灾、地震、行车及人为事故等灾害进行可靠的监视及报警。

14. 控制中心（OCC）

控制中心又是现代化城市地铁的窗口，是城市地铁运营管理的中枢，对 AFC、SCADA、FAS、BAS、AFC 各系统进行监控，指挥和控制城市地铁安全有序地运行，所以，控制中心是地铁的大脑和心脏。

15. 气体灭火系统

气体消防主要以清洁气体自动灭火系统为主，其保护范围主要包括车站控制室、通信设备室、信号设备室、环控电控室和变电所控制中心的中央控制室等重要电气设备房间。该系统由气体管网系统和自动控制系统两部分组成，控制方式一般分为自动控制启动、手动控制启动和机械应急启动 3 种方式。

16. 人防工程

地铁建设应兼顾人防的需要，进行统一规划、设计和建设，平战结合、综合利用。地铁的关键部位、重要设施，应按照人防工程战术、技术要求的规定，搞好重点防护，在拟定核武器、化学武器和常规武器的袭击下，能保障人员和设备的安全，以提高整个城市的防空抗毁综合能力，战时使用功能为：

（1）战时作为城市的人防疏散干道，与就近的人防工程或居住区的人防掩蔽工程相互连通，保障城市人员在紧急转移期间或战时的安全疏散或转移。

（2）遭受袭击时，工程在拟定的武器及抗力能力下，应确保人员及设备的安全；空袭后，人员应迅速地转移或疏散。

17. 环境保护

环境保护应坚持“以防为主、防治结合、综合治理、化害为利”的原则。执行防治污染及其他公害的设施与主体工程同时设计、同时施工、同时投产的“三同时”制度和其他工程建设、城市建设、环境建设，必须同步规划、同时实施、同时发展，实现经济效益、社会效益和环境效益的统一。

18. 车站内其他设备

（1）自动扶梯和楼梯

1）自动扶梯

站厅层与站台层的自动扶梯，以能通过该站远期预测超高峰客流量为度。自动扶梯的布置应使各台自动扶梯的汇集面积尽可能相等，人流冲突点越少越好；站厅层与站台层之间，一般宜设上下行自动扶梯。对于预测远期客流量不大的车站（且高差小于 5m 时），可用步行楼梯代替下行自动扶梯。

2）楼梯

每座车站的付费区内，至少有一部楼梯在自动扶梯检修时供乘客通行。

（2）售票机

应设在人流不交叉且干扰小的地方，应留有足够的空间，售票机数量应达到同期超高峰小时客流量的需求；进站检票口附近宜设置售票机，每一站厅至少要有两个设置检票机的场所。

（3）检票口

进站检票口应设在从售票处到下行自动扶梯或楼梯的流线上，同样，出站检票口应设在从上行自动扶梯或楼梯到出入口的流线上；检票口位置应设在付费区与非付费区的交界处，并垂直于客流方向，且应避免设在客流交叉的地方，并要有足够的空间提供客流的集散，进出站检票口应分别设置。

（4）电梯

一般情况下，车站设备与管理用房区设一个电梯，该电梯只在站厅和站台之间运行（若车站上有地面设备与管理用房时，也可通到地面用房内），以供管理人员和工具设备进出使用。

（5）公用电话

在站厅的非付费区内一般均安装公用电话，其数量视各站具体情况而定。

（6）管理用房

是用于管理的各类用房，主要包括综合控制室、站长室、会议室、售票问询处、公安值班室、洗手间、盥洗室、设备与管理用房的通道等。

（7）设备用房

设备用房是由系统专业用房组成，应能满足各专业各种土建和工艺要求，主要包括混合变电所、低压配电室、降压变电所、蓄电池室、照明配电室、电力电缆井、环控小室、环控电控室、屏蔽门控制室、气体消防设备室、环控机房、通信机械室、信号机械室、车站综合控制室、电梯机房、AFC 机房、排水泵房、消防泵房、消防水池、污水泵房等。

（8）出入口防淹

每个车站出入口地坪高程应较附近地面高程高出 150~450 mm，当站址地面高程低于设防洪水位或内涝水位时，地面出入口应设置防淹措施（如设防洪闸板等）。

（9）保安

地面出入口处应设栅栏门或卷帘门，以确保非运营时段内车站的安全。

（10）与物业开发建筑合建的出入口

位于物业开发建筑内且直接通向街道的出入口，应按耐火等级为一级的要求采取防火措施，且该出入口不受将来再开发的影响。

（11）通风井

通风井应布置在开阔、空气流通的地方，外界环境污染不超标，也不堵塞交通。在通风井底部有机电设备时，风口不宜直接向上，设在侧面的风口应有百叶窗，其净面积应符合通风要求，通风井应设有检查门，井内应设置供维修人员上下的爬梯。设在绿地地带的低矮通风井及其检查门，进出设备口等部位低于设防水位时，应有防淹措施。

（12）路引

站台层、站厅层、地面出入口，以及与车站相连的物业开发区，地下步行街、商店、火车站等公共区域，必须设置足够的、明显的引人注目的路引，引导乘客以最简明的路线流动。

（13）广告牌

车站内所设置的广告灯箱应与车站装修设计和照明设计相协调。

（14）残疾人无障碍通道及专用电梯

一般车站设有供残疾人使用的无障碍通道，或设有供残疾人专用的垂直电梯，以下达站厅和站台层。供残疾人使用的通道应尽量短而直，供残疾人由地面至站台厅的专用电梯，应尽量设在车站出入口附近。

19. 车辆段与综合基地

车辆段与综合基地包括车辆运用整备设施、车辆检修设施、设备维修与动力设施、综合维修中心、物资总库、培训中心救援设施等。

20. 停车场

停车场的功能包括列车停放、编组和日常检查、一般故障处理、清扫洗刷及定期消毒等日常维护保养，并根据运营管理模式要求，必要时负责段配属列车的乘务工作。

综上所述，城市地铁作为现代化交通工具，是城市现代化的重要标志和窗口，世界各大城市及我国主要和重要城市也正在积极规划和筹建城市地铁。所以，城市地铁工程建设任务的剧增，要求我们工程技术人员，特别是工程经济管理设计人员，必须迅速适应城市地铁建设事业的快速发展，尽快掌握城市地铁勘测设计和施工等技术，以便在激烈的竞争中更好地占领城市地铁设计市场，并在今后的城市地铁工程建设中把好投资控制关，充分发挥投资效益，为降低城市地铁投资及节约建设资金贡献自己的聪明才智。

第二章　新奥法在地铁施工工程中的应用

新奥法施工并不仅仅是一种支护方法，其主要是通过全面提升隧道围岩强度与承载性能来达到施工安全性的要求，需要综合考虑围岩力学、支护结构体系的原理之后进行全面的工程设计，从而可以随时监控系统的运行情况。本章主要讲述地铁工程中对新奥法的使用。

第一节　围岩分类及岩土开挖分类

一、分类

根据相关规定，隧道围岩划分为六级：

1. Ⅰ级围岩为饱和抗压极限强度大于 60 MPa 的坚硬岩石，其基本质量指标 BQ 大于 550，一般埋深达 100 m 以上，地铁隧道中很少遇到；

2. Ⅱ级围岩为微风化硬质岩和饱和抗压极限强度大于 30 MPa 的坚硬岩石，其基本质量指标 BQ 在 550～451；

3. Ⅲ级围岩包括节理较为发育的微风化岩和中等风化围岩，其基本质量指标 BQ 在 450～351；

4. Ⅳ级围岩包括强风化围岩和呈砂土状或碎石状岩石，其基本质量指标 BQ 在 350～251；

5. Ⅴ级围岩为全风化围岩及呈松散和松软状的积土、全风化土，其基本质量指标 BQ 小于 250；

6. Ⅵ级围岩包括第四系的人工素填土、冲洪积可塑—软塑的淤质黏土、粉质黏土和中砂粗砂、砾砂、圆砾，呈松散状。

但从可挖性来看，其分级正好与围岩分级基本相反：

1. Ⅰ级为松土，包括粉砂、细砂、粗砂等，可直接铲挖；

2. Ⅱ级为普通土，可用铁锹挖，也可直接用挖机装挖；

3. Ⅲ级为硬土，部分岩石需爆碎方能用挖掘机满载；

4. Ⅳ级为软石，开挖时可用撬棍或十字镐及大锤开挖，部分采用爆破开挖；

5. Ⅴ级为次坚石和中等风化混合岩，只能用爆破法开挖；

6. Ⅵ级为坚石，只能用爆破法开挖。

二、BIM 技术在轨道工程中应用管理研究

（一）BIM 技术在工程算量中应用管理的价值

1. 解决工程造价管理分散的弊端

BIM 技术的应用，能够让造价管理变得更加精细化和动态化，从而解决传统工程造价管理中存在的信息共享与协同问题。加强施工单位对工程项目成本的控制，将会让建筑市场变得更加透明。

2. 控制设计变更

在轨道工程运行的过程中，对于可能出现的设计变更等方面的问题，传统方法是依靠手工在施工计划上对变更位置进行确定。通过这种计算，不但会使计算时间更长，计算量更大，而且掌控轨道工程的难度也增大了，从而对轨道工程的整体施工也带来影响。运用 BIM 技术实施计算与调整，能最大限度地缩减计算时间，新技术的运用，可以有效提高计算效率，最终实现计算结果的可靠性与正确性。

3. 提高工程量计算的准确度及效率

以 BIM 为基础研发的工程造价算量软件，融入国家相关规范及计算标准，通过 BIM 工作组的三维模型搭建，利用 TWO 辅助造价组的三维模型算量，工程量计算的正确性明显高于传统算法，其计算结果自动生成电子文档，相关工作人员可以信息交换、共享、传递及存档。

4. 科学安排工程资源计划管理水平

建筑工程管理涉及因素较多，管理相对复杂，倘若缺乏合理的科学规划，极易发生工期拖延等问题，以至于降低整个施工工程质量。将 BIM 技术运用于工程建设中，增加时间、成本两方面维度，使工程连接更加紧密配合。BIM 的 3D 模型向 5D 建筑模型转化，实现模型的实时动态监控，能够优化资金、人员、材料及机械设备等资源的合理配置。通过 5D 建筑模型的运用，工程造价管理人员可在任意时间段查看项目的施工信息。

（二）BIM 技术在项目管理领域的应用研究

1.BIM 技术在项目设计管理过程中的应用

BIM 技术越来越受重视，并且逐步应用到项目管理领域的各个阶段中，不过 BIM 技术首先是在我国项目管理领域的设计管理领域中得到应用。在项目管理领域的设计管理领域中 BIM 技术与众不同的是：BIM 技术代表的是一种设计理念而不是仅仅充当画图的工具。在项目设计管理中，BIM 技术主要是通过以数字化的建筑物实体及建筑物的构件作为基础的设计元素并以相应的数据库和单元为基础来创建出一个拥有实际建筑所有特征的虚拟建筑模型，之后再通过 BIM 技术自动计算和反映出这些设计元素之间存在的空间几何关系及功能上的各种联系等，从而方便为设计师提供更加广阔和有利的发挥空间。在项目

设计管理中，BIM 技术最为主要的应用还是体现在协同设计管理中。

2.BIM 技术在施工过程中的应用

目前一个建筑工程项目往往被大量的建筑信息分离，施工过程的反复进行分解得支离破碎，造成这种现象的主要原因就是无法有效地进行建筑项目全生命周期管理，从而极大地提高了项目管理领域中的施工工程管理的难度。不过 BIM 技术能够创建出一个虚拟建筑模型，这个虚拟建筑模型是一个拥有此建筑项目全部相关信息的数据库。因此，管理人员可以通过这个虚拟建筑模型有效地将建筑模型同时间及成本结合到一起，从而解决管理人员无法有效地进行建筑项目全生命周期管理问题。BIM 技术在建筑结构施工管理过程中的主要应用包含三维碰撞检查和施工模拟等技术。

（1）三维碰撞检查

在二维图纸的设计中，建筑设计图纸、结构设计图纸及水暖电等各专业的设计图纸是经统一汇总之后，再由项目的总图工程师根据自己所学过的专业知识及多年来积累的经验，去发现和解决各学科的设计图纸之间存在的碰撞和不协调问题，这项工作往往会耗费总图工程师大量的时间和精力，才能发现和解决图纸上存在的问题。虽然目前国内外也都有部分软件可以解决三维碰撞问题，但是这部分软件的主要功能是通过可视化技术来提高工程项目管理人员的工作效率，而不是像 BIM 技术一样，可以有效地让项目的管理人员在工程开始施工之前就可以对整个建筑工程项目进行建筑物与管线设备之间的碰撞检查。同时也可以对整个建筑工程项目进行管线与设备之间的碰撞检查，从而从一开始就有效地解决施工中可能会出现的硬碰撞和软碰撞等一些问题，有效地优化施工过程的管理，减少因发生碰撞的问题而导致材料浪费和重复返工问题的可能性，并且能优化管线的排布方案。

（2）施工模拟

施工进度的控制是全生命周期管理中的重要控制内容，影响施工进度的关键因素主要有进度计划、技术力量、天气情况等。虽然在每个项目的实施之前，项目的管理人员肯定会制订出一份详细高效的施工进度计划，但是事实上在实际的施工过程中往往都会出现实际施工进度与管理人员制订出的施工进度计划存在着较大的偏差的情况，并且随着施工进度的进展，存在的进度偏差将会逐步累积。当我们在施工过程中采用了 BIM 技术以后，就能实现施工模拟，因为 BIM 技术能够将建筑物与施工现场的虚拟模型及施工资源等相关信息和施工进度结合到一起，再以施工时间为维度，建立清楚的施工信息模型，从而可以协助管理人员进行施工进度管理，减少进度偏差的发生。同时 BIM 技术中的施工模拟技术还可以跟踪施工项目的进程，检验已制订的施工进度计划是否合理有效，并能够辨别实际施工进度比施工进度计划提前或滞后，从而减少施工进度管理中的疏漏，保证实际施工进度与施工进度计划相一致。

（3）BIM 技术在运维阶段的应用

BIM 技术的出现，使得建筑运营维护阶段有了全新的技术支持，大大减少了数据资料丢失的可能性，全面提高了运营维护阶段的管理效率。如果能够在项目的设计阶段，就可以利用 BIM 技术进行设计管理，那么无论在施工过程中变更多少次设计，也可以将数据资料及时地反映在本项目的存储档案中，因此管理人员也能够在运营维护阶段得到最完整、最详细的数据资料。同时当我们在运营维护阶段使用了 BIM 技术之后，我们还可以基于 BIM 技术的可视化功能，快速地找到建筑设施与附近管线的空间关系方便我们准确地制订新增或移除管线或设施的施工计划，并且不会出现实际情况与模型不一致的情形，从而提高我们对建筑的运营维护管理。

第二节　隧道施工顺序及开挖方法

隧道施工应根据隧道进口、出口、洞身所处的工程地质情况和地理位置及工期要求，合理规划隧道洞口的平面布置、作业区段的划分、洞口施工的处理，确定切实可行的施工方法，合理、科学调配资源。其主要施工顺序为：洞口平面布局→洞口边仰坡、天沟等排水处理→确定开挖方法及支护类型（超前支护，初支）→超前支护→开挖→初支→防水层施作→衬砌施作→其他附属工程施工。

根据围岩的不同，隧道施工大体可分为全断面法、台阶法和台阶分部开挖法，如表 2-1 所示。

表 2-1 隧道施工方法分类表

施工方法			特点
全断面法		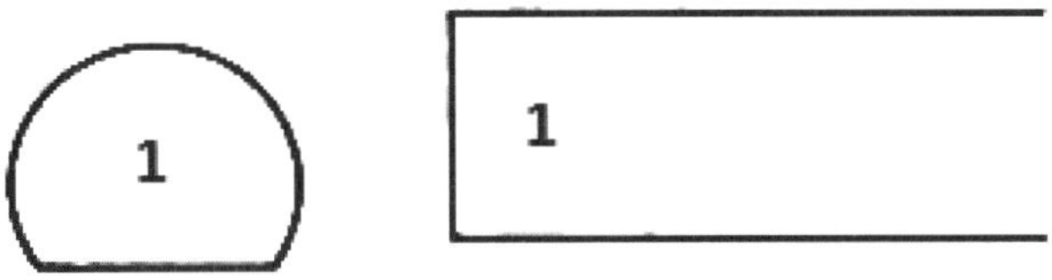 1　　1	常用在 I~ Ⅱ类硬岩中，利于组织大型机械化作业，提高施工速度，可采用深孔爆破
台阶法	长台阶法 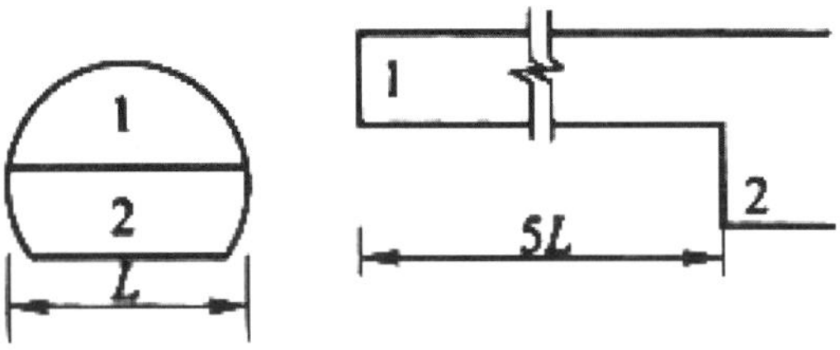	1　2　L　　1　2　5L	多用于Ⅳ ~V 类较软而节理发育的围岩中。一般上台阶超前 50 m 以上或大于 5 倍洞跨，施工中上下部可配属同类较大型机械平行作业或交替作业。在短隧道或 I~I 类硬岩长隧道可一次将上半断面挖通后，再挖下断面，施工干扰少，机械配套，测量较简单，可进行单项作业

续表

施工方法		特点
台阶法	短台阶法	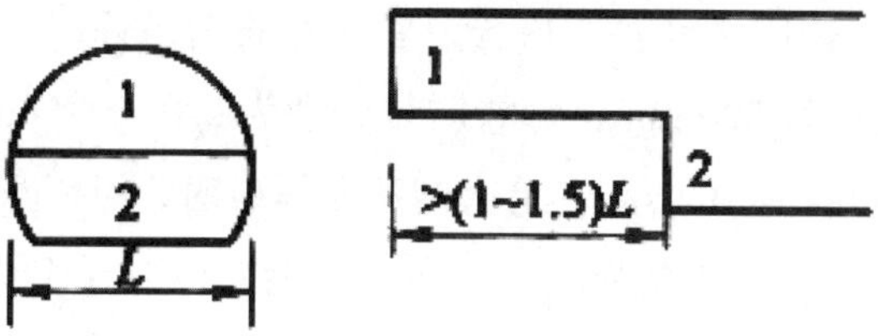 上台阶长度小于5倍洞跨，但大于1~1.5倍洞跨，适用于Ⅳ~Ⅴ类围岩；可缩短仰拱封闭时间，改善初期支护受力条件，但上台阶施工干扰较大
	超短台阶法	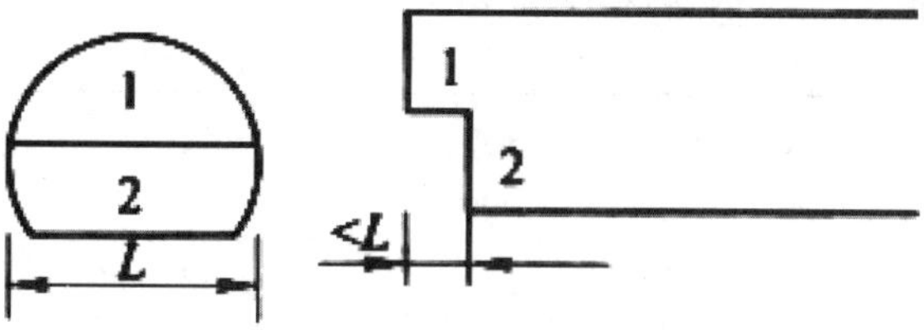 上台阶仅超前3 m~5 m，断面闭合较快。此法多用于机械化程度不高的各类围岩地段，当遇软弱围岩时需慎重考虑，必要时采用辅助施工措施稳定开挖工作面，以保证施工安全
台阶分部开挖法	环形开挖留核心法	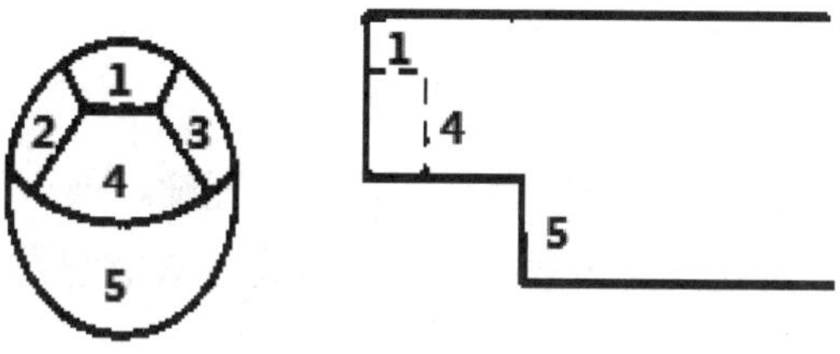 适用于一般土质或易坍塌的软弱围岩地段。核心土支挡开挖工作面，利于及时施作拱部初期支护，增强开挖工作面稳定。在拱保护下开挖核心土，安全性好，一般环形开挖进尺为0.5 m~1 m，不宜过长，上下台阶可用单臂掘进机开挖。上下台阶距离在洞跨10 m左右时取1倍洞跨，洞跨为5 m左右时可取2倍洞跨
	单侧壁导坑法	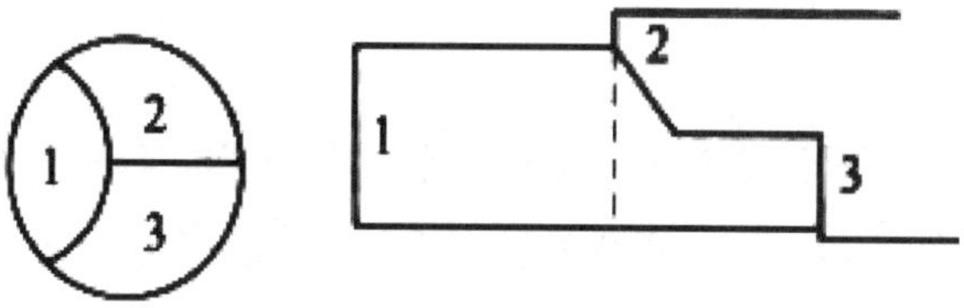 适合于围岩较差、跨度大、地表沉陷难于控制时。此法单侧壁导坑超前，中部和另一侧的断面用正台阶法施工，故兼有正台阶法和双侧导坑法的优点，且洞跨可随机械设备等施工条件决定
	双侧壁导坑法	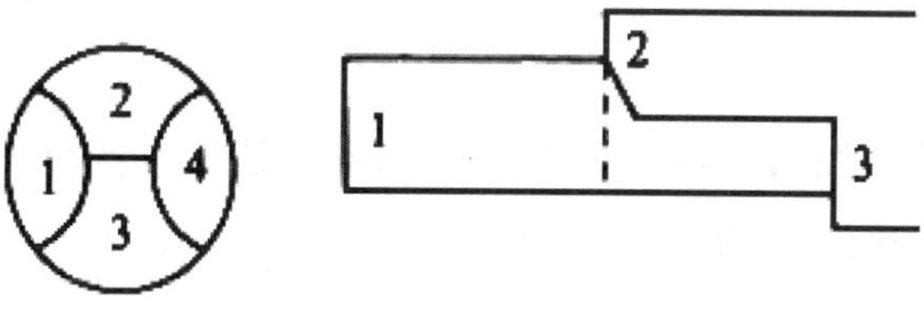 适用于浅埋大跨度隧道，地表下沉量要求严格，围岩条件特别差时配合辅助施工方法安全可靠，但速度慢、造价高

一、全断面法

对于Ⅰ、Ⅱ级围岩或比较完整、坚硬的Ⅰ级围岩隧道，为提高工作效率，常采用全断面法施工。开挖方式为爆破法。

1. 施工要求

隧道实施光面爆破一次成型，机械化挖装、运输施工。炮孔采用气腿式风动凿岩机

YT-28 成孔，孔径 38～42 mm，要求炮眼残留率在 90% 以上。

2. 爆破器材

根据爆破规模及岩石特性，选用 2 号岩石粉状及乳化炸药为主炸药，药卷直径采用 φ25 mm 和 φ32 mm 两种，长度均为 200 mm，每卷质量分别为 0.1 kg 和 0.15 kg。采用非电毫秒导爆管雷管起爆，延期间隔≥ 50ms。在单次同断面爆破时，可以采用跳段法，如一个分六段的爆破，首先为 1、3、5 段，接着为 2、4、6 段。非电毫秒雷管各段延时见表 2-2。

表 2-2　非电毫秒雷管各段延时表

段数	延时（ms）	段数	延时（ms）	段数	延时（ms）
1	13	6	150	11	460
2	25	7	200	12	550
3	50	8	250	13	650
4	75	9	310	14	760
5	110	10	380	15	880

3. 爆破设计参数选择与计算

（1）周边眼的确定

周边眼的确定应根据设计文件提供的地质资料，首先合理确定最小抵抗线 W，再据此计算出爆破孔距 A，A=0.8 W。为达到光爆效果，可适当减小 W 的数值。

（2）炮眼长度

炮眼的长度主要取决于设计的爆破开挖进尺，它与岩石的状态、开挖面积的大小及形状等多种因素有关，一般为 1.5～3.5 m。

（3）单孔装药量

周边眼的装药量应严格控制，药量沿炮眼全长合理分布，并合理选择炸药品种和装药结构。周边眼宜选用小直径药卷和低爆速炸药，其装药量应具有所需的应力能量，同时又不至于造成对围岩的严重破坏。施工中应根据炮眼孔距 A、最小抵抗线 W、石质及炸药种类等因素综合考虑选择和调整，一般单位炮眼长度装药量（线装药密度）控制在 0.04～0.4 kg/m。

（4）炮孔布置

炮孔布置应结合开挖断面的轮廓线，在上述确定了最小抵抗线 W、孔距 A、炮眼长度的基础上，合理布设掏槽眼、辅助眼、周边眼、底板眼。

表 2-3　全断面法爆破参数表

岩石种类	饱和单轴抗压极限强度 Rb（MPa）	装药不耦合系数 D	周边眼间距 A（cm）	周边眼最小抵抗线 W（cm）	相对距 A/W	周边眼装药集中度 g（kg/m）
硬岩	>60	1.25～1.50	55～70	70～85	0.8～1.0	0.30～0.35
中硬岩	30～60	1.50～2.00	45～60	60～75	0.8～1.0	0.20～0.30
软岩	≤ 30	2.00～2.50	30～50	40～60	0.5～0.8	0.07～0.15

注：①软岩隧道光面爆破的相对距宜取小值；

②装药集中度按 2 号岩石硝铵炸药考虑，当采用其他炸药时，应进行换算，换算指标主要是猛度和爆力（平均值），换算系数 K：K=(2 号岩石炸药猛度 / 换算炸药猛度 +2 号岩石炸药爆力 / 换算炸药爆力)/2。

（5）装药结构及堵塞

掏槽眼、辅助眼、底板眼可采用孔底集中装药结构，其 A/W 以 0.6~0.8 为宜，并采用炮泥全长堵塞。周边眼可采用小直径药卷连续或间隔装药结构，导爆索全长铺设，并加强孔口堵塞。

（6）起爆顺序

各炮孔起爆顺序为：掏槽眼→扩槽眼→辅助眼→周边眼→底板眼。辅助眼由内向外逐层起爆。

（7）起爆网络的连接

采用非电毫秒雷管簇联连接，即并串联联合起爆，每簇传爆雷管两发，起爆的导爆管数不超过 20 根，用胶布均匀绑扎在传爆雷管的周围，最后用两发电雷管串联，起爆器引爆。

爆的炸断，设计采用孔内微差起爆网络。各炮孔内采用非电毫秒雷管微差起爆，不但能控制同段的最大药量，还能有效地控制每段雷管间的起爆时间，控制爆破震动。在掏槽眼、辅助眼、底板眼及周边眼中，每相邻段别雷管间隔时差为不小于 50 ms，这样可以降低爆破震动危害。为保证周边眼起爆的同时性，周边眼每孔均伸出导爆索至孔外 30 cm 左右，并与孔外主传爆索相连接，绑扎牢固，确保传爆，主导爆索由非电毫秒雷管起爆。

4. 钻爆作业

（1）钻孔：采用人工配合凿岩机钻孔，凿岩机采用 YT-28 型。钻孔作业的误差控制：掏槽眼的眼口、眼底间距误差不大于 5 cm；周边眼的间距允许误差为 5 cm；辅助眼眼口排距、行距误差不大于 10 cm。除掏槽眼外，所有炮眼眼底需在同一垂直面上。

（2）装药起爆：钻眼完毕经检查合格后，方可装药。炮眼装药量严格按设计要求执行，特别是起爆毫秒雷管段别不能弄混。周边眼采用小药卷连续装药或间隔装药结构。

如眼数较多时，一次起爆规模较大，为了减少爆破震动，应采取分段间隔起爆。所有炮眼在装药后均要堵塞，堵塞长度不得短于 200 mm。起爆前要对网路进行检查，每束塑料导爆管均要捆扎结实，一切就绪后方能起爆。

（3）爆破作业要严格执行有关安全规定。爆破作业必须由经专门培训并经考试合格的人员进行。

二、台阶法

对于 I 级围岩或岩面较好的Ⅳ级围岩隧道，可采用上下台阶法施工。对Ⅳ或 V 级围岩隧道，可采用预留核心土台阶法施工。

1. 上下台阶法（短台阶）

技术措施

（1）开挖应按设计要求进行超前支护。

（2）上台阶开挖每循环开挖进尺控制在 0.5 ~ 1.5 m 内，轮廓线尽可能圆顺，以减小应力集中。

（3）开挖后应尽早封闭拱顶及掌子面。

（4）下台阶开挖每一循环进尺视土体的稳定情况在 0.5 ~ 1.5 m 选择，下台阶落后于上台阶 3.0 ~ 5.0 m。

（5）应使每分部及早封闭成环。

（6）施工过程中做好隧道内引排水工作，保证开挖无水施工。

（7）对于局部松垮地段，开挖时应采用 C25 喷射混凝土封闭掌子面，必要时采取对掌子面注浆的措施，以保持开挖面的稳定及防止拱顶沉降。

（8）及时进行监控量测，及时反馈结果，及时分析洞身结构的稳定性，为支护参数的调整、灌注二次衬砌的时机提供依据。

（9）应及时对隧道环境水进行取样化验，对有侵蚀性地段应采用侵蚀性混凝土。

2. 预留核心土台阶法施工方法

开挖前，先沿初衬拱圈施打 φ42 mm 超前小导管并注浆加固地层，然后环形开挖上台阶土体，预留核心土，其正面投影面积不少于上台阶开挖面积的一半。挂网初喷混凝土，架设初支格栅及临时仰拱格栅，施打径向锚杆，挂网喷混凝土。为防止拱脚下沉，拱脚放置钢板并设置锁脚锚杆。上台阶开挖 4 ~ 5 m 时，开挖下台阶，初喷混凝土后架设下台阶格栅，施打锚杆，喷混凝土封闭，至此完成一个循环。Ⅰ、Ⅳ级围岩段采取微震控制爆破施工。

3. 环形台阶预留核心土法

环形台阶预留核心土法是将隧道断面分成上、中、下三个台阶开挖，上部采用留核心土法开挖，中部分左右两部分依次开挖，下部（仰拱）一次开挖。隧道断面较小或地质情况较好的隧道可取消中部台阶，只分两台阶开挖。

4. 技术措施

（1）开挖前先采用小导管超前注浆支护。

（2）采用超前小导管预注浆对地层进行加固后，预留核心土人工开挖，先拱顶、后拱脚，人工翻渣至下台阶，上部每循环开挖进尺控制在 0.5 m 内，轮廓线尽可能圆顺，以减少应力集中。

（3）开挖后应尽早封闭拱顶及掌子面暴露面。

（4）同一台阶中的各部开挖，相互滞后距离以不大于 5 ~ 7 m 为宜。各台阶距离不大于 10 ~ 14 m。

（5）核心土增强了开挖面的稳定，但开挖中围岩要经受多次扰动，而且断面分块多，支护结构形成全断面封闭的时间长，这些都有可能使围岩变形增大。因此，常要结合辅助施工措施对开挖工作面及其前方岩体进行预支护或预加固。

（6）每开挖分部开挖后应及时施作周边初期支护，使每分部及早封闭成环。

（7）施工过程中做好隧道内引排水工作，保证开挖无水施工。

（8）对于局部松垮地段，开挖时采用 C25 喷射混凝土封闭掌子面，必要时采取对掌子面注浆的措施，保持开挖面的稳定及防止拱顶沉降。

（9）应按有关规范及标准图的要求，及时进行监控量测，及时反馈结果，及时分析洞身结构的稳定性，为支护参数的调整、灌注二次衬砌的时机提供依据。

三、CD 法

1. 施工方法

隧道分为左、右导坑进行开挖，每侧导坑又分为两步台阶。为保护好围岩，尽量采用机械辅以人工开挖。每循环进尺为每榀钢架间距长度，施工时先沿隧道拱部开挖轮廓线打超前小导管加固地层，之后开挖①部土体→初喷混凝土封闭→架设钢架→设置锚杆及锁脚锚管→喷锚支护。①部掘进 3 ~ 5 m 后，即可类似开挖支护②部，实现一侧封闭。③、④部施工同①、②部。③部施工与②部错开 15 m 以上距离，④部与③部错开 3 ~ 5 m。CD 法主要适用处于Ⅰ、Ⅳ级围岩的双线隧道。

2. 施工步骤

CD 法施工步骤见表 2-4。

表 2–4　CD 法施工步骤表

序号	施工步骤图	说明
1	①	一、①部开挖支护 1. 施作 φ42 小导管注浆超前支护 2. 开挖①部土体 3. 初喷混凝土 4. 架立拱部钢格栅，并设置系统锚杆及锁脚锚杆 5. 上部中隔壁支护 6. 挂网喷射混凝土
2	① ②	二、②部开挖支护 1. ①部开挖支护 3 ~ 5 m 后，开挖②部土体 2. 初喷混凝土 3. 架立拱部钢格栅，并设置系统锚杆 4. 下部中隔壁支护 5. 挂网喷射混凝土

续表

序号	施工步骤图	说明
3	① ② ③	三、③部开挖支护 1. 施作 φ42 mm 小导管注浆超前支护 2. 开挖③部土体 3. 初喷混凝土 4. 架立拱部钢格栅，并设置系统锚杆及锁脚锚杆 5. 挂网喷射混凝土
4	① ③ ② ④	四、④部开挖支护 1. ③部开挖支护 3~5 m 后，开挖④部土体 2. 初喷混凝土 3. 架立拱部钢格栅，并设置系统锚杆 4. 挂网喷射混凝土
5		五、浇筑底板混凝土 1. 分段拆除临时中隔壁 2. 基面抹平处理 3. 施作仰拱无纺布及防水板 4. 设置 5 cm 厚砂浆保护层 5. 绑扎仰拱钢筋； 6. 浇筑仰拱混凝土及回填
6		六、施作边墙及拱部衬砌 1. 施作拱墙防水层（无纺布 +PVC 防水板） 2. 绑扎边墙及拱部钢筋 3. 立模，浇筑边墙及拱部混凝土

3. 技术措施

（1）在①部与③部开挖之前，对拱部周边部位应按设计要求施作超前支护。

（2）按①部先行开挖，随即依次开挖②部、③部、④部。采用机械及人力配合风镐开挖，出渣车出土。每次开挖进尺为一榀钢架距离。

（3）每一分部开挖后及时施作周边、中壁墙，使每分部及早封闭成环。

（4）步骤变化处之钢架（或临时钢架）应设 φ42 mm 锁脚钢管，以确保钢架基础稳定。

（5）钢架之间纵向连接钢筋应按要求，及时施作并连接牢固。

（6）右部导洞滞后于左部导洞的开挖距离不小于 3~5 m。

（7）中隔壁应在全断面成环且各部位的位移收敛后才能拆除。

（8）施工中，应按有关规范及标准图的要求，进行监控量测，并及时反馈结果，及时分析洞身结构的稳定性，为支护参数的调整、灌注二次衬砌的时机提供依据。

（9）应及时对隧道环境水进行取样化验，对有侵蚀性的地段，二衬应采用侵蚀性混凝土。

四、CRD 法

1. 施工方法

CRD 法施工基本与 CD 法相同，不同之处在于增设了临时仰拱，进一步强化了开挖过程中掌子面的稳定。其做法为：

先开挖隧道左侧的①部，施作部分中隔壁和横隔板，再开挖②部并初支，然后开挖隧道另一侧的③部并施作初支，完成横隔板施工，再施作④部的土方开挖及初支，最后开挖最先施工一侧的剩余土体，并延长中隔壁，开挖另一侧剩余土体。为保护好围岩，围岩尽量采用机械辅以人工开挖，每循环进尺为每榀钢架间距 0.5 m。

2. 施工步骤

CRD 法施工步骤见表 2-5。

表 2-5 CRD 法施工步骤表

序号	施工步骤图	说明
1	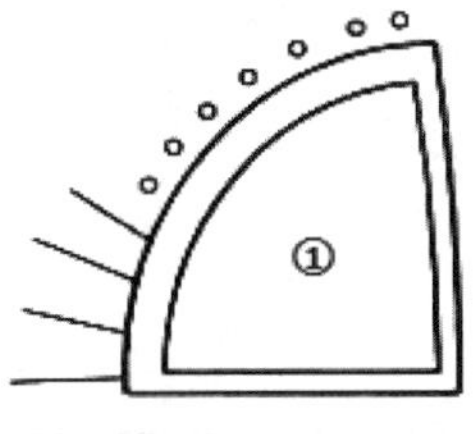 ①	一、①部开挖支护 1. 施工 φ108 mm 注浆大管棚 2. 施作 φ42 mm 小导管注浆超前支护 3. 开挖①部土体 4. 初喷混凝土 5. 架设拱部钢格栅及临时支护，设置系统锚杆及锁脚锚杆 6. 挂网喷射混凝土封闭
2	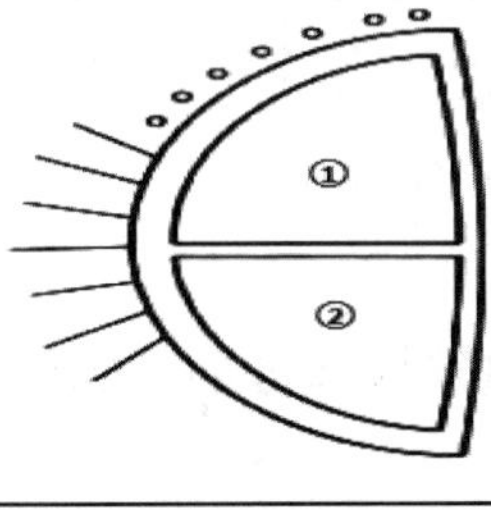 ① ②	二、②部开挖支护 1. ①部开挖支护 3~5 m 后，开挖②部土体 2. 初喷混凝土 3. 架设钢格栅及临时支护，设置系统锚杆 4. 挂网喷射混凝土封闭
3	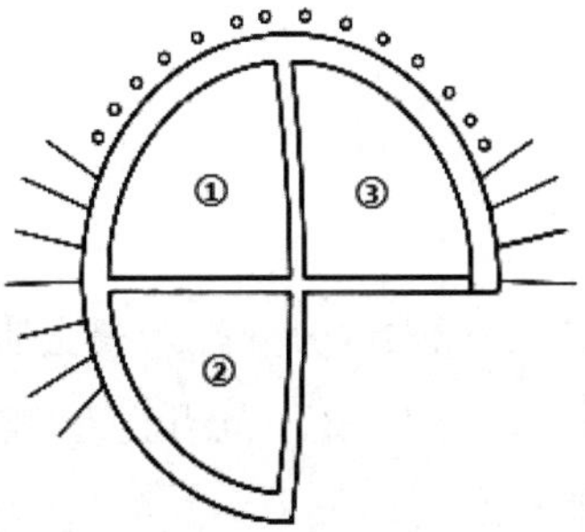 ① ③ ②	三、③部开挖支护（在②部开挖支护 15 m 后进行） 1. 施工 φ108 mm 注浆大管棚 2. 施作 φ42 mm 小导管注浆超前支护 3. 开挖③部土体 4. 初喷混凝土 5. 架设拱部钢格栅及临时支护，设置系统锚杆及锁脚锚杆 6. 挂网喷射混凝土封闭

续表

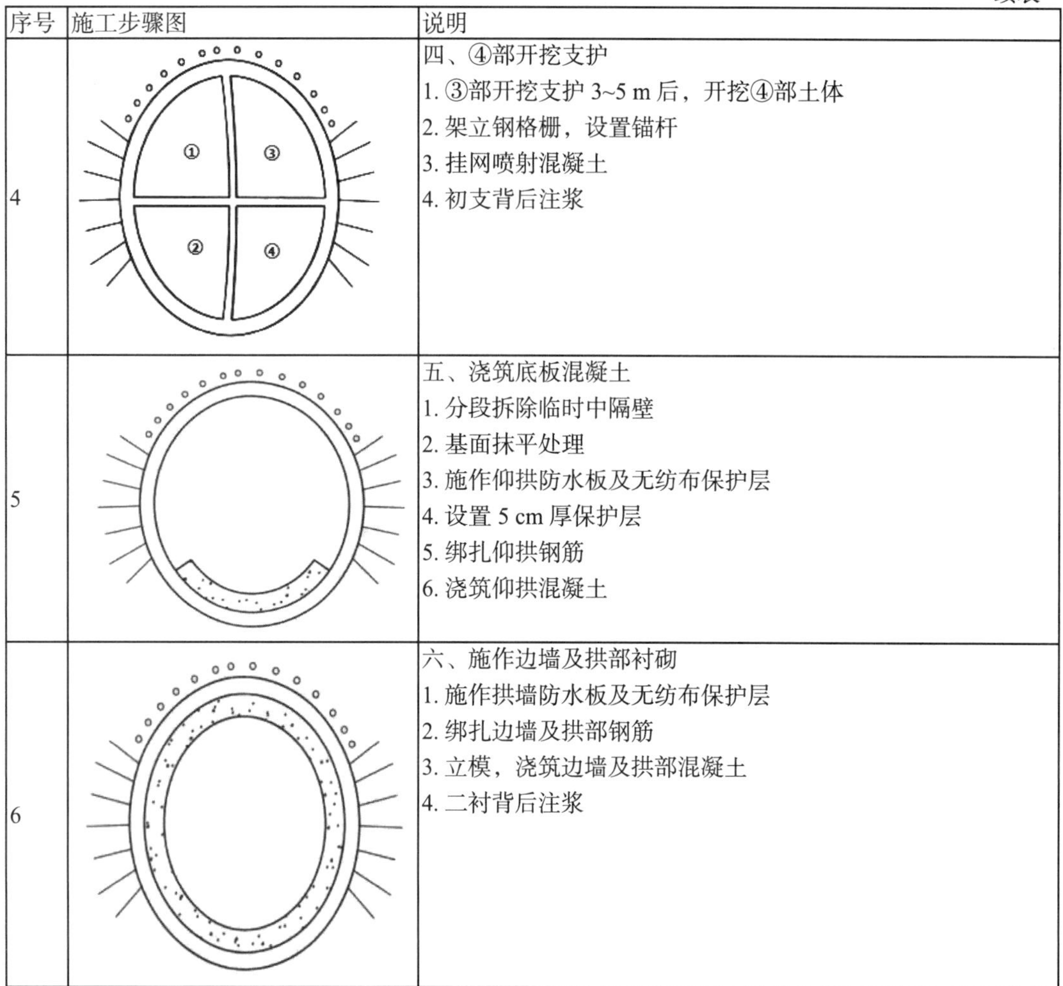

序号	施工步骤图	说明
4	① ③ ② ④	四、④部开挖支护 1. ③部开挖支护 3~5 m 后，开挖④部土体 2. 架立钢格栅，设置锚杆 3. 挂网喷射混凝土 4. 初支背后注浆
5		五、浇筑底板混凝土 1. 分段拆除临时中隔壁 2. 基面抹平处理 3. 施作仰拱防水板及无纺布保护层 4. 设置 5 cm 厚保护层 5. 绑扎仰拱钢筋 6. 浇筑仰拱混凝土
6		六、施作边墙及拱部衬砌 1. 施作拱墙防水板及无纺布保护层 2. 绑扎边墙及拱部钢筋 3. 立模，浇筑边墙及拱部混凝土 4. 二衬背后注浆

3. 技术措施

（1）应压注双液浆，即水泥—水玻璃双液浆加固地层及止水。

（2）各部初支、中隔壁柱及临时仰拱一定要及时跟上，尽早闭合成环。

（3）锁脚锚杆一定要符合施工规范的要求。

（4）一定要保证系统锚杆、钢筋网、钢拱架、连接钢筋在喷射混凝土后形成整体。

（5）严格开挖工艺，保证开挖过程中土体的稳定。

五、双侧壁法

1. 施工方法

双侧壁法是将隧道断面分成左右两个侧壁坑和中洞核心三大部分开挖。视土质情况，侧壁坑可以分两层或三层开挖，中洞核心部分也可分两层或三层开挖。先开挖左侧壁坑并进行初支，然后开挖右侧壁坑及施作初支，最后开挖中洞核心。

2. 技术措施

（1）机械开挖各部导坑时，为保证土体稳定，采用人工配合整修，必要时喷 5 cm 厚混凝土封闭掌子面。

（2）做好型钢钢架和 I20 临时钢架的接长及连接，及时安装锁脚锚管，挂钢筋网，复喷混凝土至设计厚度。

（3）加强监控量测及对监控量测结果的分析。只有待初期支护变形稳定后，才能拆除临时支护，施作仰拱及二次衬砌。

六、偏洞法施工方法

偏洞法多适用于双线或多线隧道施工。施工中先采用 CRD 法开挖正线右线的单洞，并进行初期支护，浇筑底板及二衬结构，再采用 CRD 法开挖较大的单洞，并进行初期支护，浇筑底板及二衬结构。

1. 施工中，左右洞按单洞前后错开施工。

2. 对先施工的单洞，中墙部分、顶部围岩应根据具体情况加强支护。

3. 后施工的单洞应特别注意不对称受力点的影响。

一是开挖后要及时施作二次衬砌，最大限度地缩短不对称结构，确保结构在时间和空间上的安全性。

二是在开挖靠中墙部分的围岩时，应通过控制爆破，减少对中墙的破坏。下台阶开挖时，可先施工远离中墙一侧围岩，以增加靠中墙一侧围岩的爆破临空面。

七、中导洞法

对于隧道开挖断面面积为 100~300 m^2，围岩为Ⅲ级或Ⅳ的大断面隧道，如为双线且含有渡线或安全线等三线以上的隧道断面，则可采用中导洞法施工。

1. 施工方法

先将中导洞贯通，再施工两侧隧道。中导洞采用上下台阶法施工，右侧大洞隧道采用双侧壁法施工，左侧小洞隧道采用 CD 法施工。

2. 施工步骤

（1）开挖中导洞上台阶，及时初喷，架设钢格栅，施打锚杆，挂网喷混凝土。

（2）开挖中导洞下台阶，及时初喷，架设钢格栅，连接筋施工，锚杆施工，喷射早强混凝土封闭。

（3）浇筑中导洞中隔墙。

（4）待中隔墙达到设计强度后，采用 CD 法分四步开挖施工左侧隧道。

（5）当左侧隧道施工完成 15~30 m 后再用 CRD 法施作右侧隧道。

3. 技术措施

（1）施工双连拱隧道时对周边围岩存在多次扰动，可能会使中隔墙顶部存在受力复杂的塑性区，因此，施工时应特别重视中隔墙的受力平衡及其稳定。

（2）中导洞初支施作完后，应尽快施作中隔墙。

（3）中导洞下台阶开挖每一循环进尺视土体的稳定情况在 0.5~1.0 m 选择，下台阶落后于上台阶不宜大于 3.0~5.0 m。

（4）步骤变化处之钢架（或临时钢架）应设 φ42 mm 锁脚钢管，以确保钢架基础稳定。

（5）在进行左侧 CD 法施工及右侧 CRD 法施工时，应同时遵守前述的措施。

（6）加强监控量测，及时分析监测数据，只有在断面变形稳定后，方能拆除临时支护及中隔壁。

第三节　前支护

一、大管棚施工

1. 施工准备

根据用于管棚施工的机械设备情况，在开挖至管棚施工段时，预留下台阶不开挖，作为管棚施工操作平台。

2. 套拱施工

采用 C25 混凝土套拱作为管棚的导向拱。套拱在隧道衬砌的外轮廓线以外。护拱内设 2~3 榀用 I20a 工字钢制作的钢拱架，作为环向支撑，管棚的导向管焊接固定在钢拱架上。

3. 管棚制作

管棚采用 φ108（φ60）mm 钢管制作，壁厚 6 mm，管壁打孔，布孔采用梅花形，孔径为 10~16 mm，孔间距为 15 cm，钢管尾留 2~3 m，不钻孔作为止浆段。

4. 钻孔

采用管棚钻机钻孔。为减少因钻具移位引起的钻孔偏差，钻进过程中经常采用测斜仪量测钻杆钻进的偏斜度，发现偏斜超过设计要求时及时纠正。

钻孔直径：中 108 mm 管棚采用 φ127 mm 的钻孔直径。

钻孔平面误差：径向不大于 20 cm。

5. 清孔、顶管、放钢筋笼

用高压风或清水清孔。钻孔检测合格后，将钢管连续接长（钢管搭接方式采用螺纹连接），用钻机旋转顶进，将其装入孔内。在钢管中增设钢筋笼，以增强钢管的抗弯能力。钢筋笼由 4 根 φ22 mm 主筋和固定环组成。

管棚钢筋笼布设如图 2-1 所示。

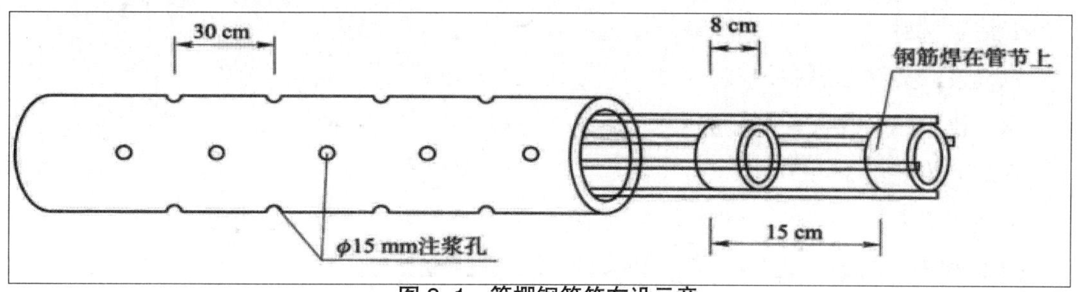

图 2–1　管棚钢筋笼布设示意

6. 注浆

注浆浆液采用 42.5 级普通硅酸盐水泥，水泥浆水灰比为 0.5 ：1~1 ：1。当地下水发育时，注浆浆液改为水泥—水玻璃，水玻璃浓度为 35~40° Be'。注浆压力采用 0.5~1.0 MPa，施工中应根据实际情况调整。

注浆实施过程中，应采用全孔压入方式向大管棚内压注水泥浆，选用大功率注浆泵注浆。注浆前先进行现场注浆试验，确定注浆参数及外加剂掺入量后再用于实际施工。注浆按先下后上、先稀后浓的原则进行。注浆量由压力控制，达到标准后关闭止浆阀，停止注浆。

7. 施工有关注意事项

（1）孔口位于开挖轮廓外边缘，外插角为 1° ~1.5° ，钻孔最大下沉量控制在 20~30 cm 以内。

（2）管棚钢管不得侵入隧道开挖线内，相邻的钢管不得相撞，也不得相交。

（3）钻孔过程中，在开孔后 2 m、孔深 1/2 处、终孔处三次进行斜度量测。如误差超限，应及时改进钻孔工艺进行纠偏。至终孔仍超限时，则需封孔重钻。

（4）钢管与管箍丝扣必须上满，使各管节连成一体，受力后保证不脱开。

（5）注浆压力一般为 0.5~1.0 MPa，并稳定 15 分钟。若注浆量超限，未达规定压力，则仍需继续注浆，并调整浆液，直至符合注浆质量标准方可终止注浆，确保管棚与围岩固结紧密，增强其整体性。

二、小导管施工

在隧道工作面开挖前，沿隧道拱部开挖轮廓线外打入带孔小导管，并通过小导管向围岩压注起胶结作用的浆液，在隧道轮廓线外形成一个 0.6~1.2m 厚的弧形加固圈。在此加固圈的保护下即可安全地进行开挖作业。

1. 小导管结构

小导管前端加工成锥形，以便插打，并防止浆液前冲。小导管中间部位钻 φ10 mm 的注浆孔。注浆孔呈梅花形布置（防止注浆出现死角），间距为 15em，尾部 1 m 范围内不钻孔以防漏浆，末端焊直径为 6 mm 的环形箍筋，以防打设小导管时端部开裂，影响注浆管连接。

2. 注浆材料

双液浆：又称 CS 浆

水灰比：0.8 ∶ 1~1.5 ∶ 1

水玻璃浓度：35~40° Be'。

3. 注浆工艺

（1）小导管安设：

1）用 YT-28 风钻或用重锤将小导管送入孔中，然后检查导管内有无充填物。如有充填物，用吹管吹出或掏勾勾出。

2）用塑胶泥（40° Be' 水玻璃拌和 52.5 级水泥即可）封堵导管周围及孔口。

3）严格按设计要求打入导管，管端外露 20 cm，以安装注浆管路。

（2）注浆浆液配制及搅拌：

1）水泥浆搅拌在拌和机内进行。根据拌和机容量大小，严格按要求投料。水泥浆浓度根据地层情况和凝胶时间要求而定，一般应控制在 1.5 ∶ 1~1 ∶ 1。

2）搅拌水泥浆的投料顺序为：在加水的同时将缓凝剂一并加入并搅拌，待水量加够后继续搅拌 1 分钟，最后将水泥投入并搅拌 3 分钟。

3）缓凝剂掺量根据所需凝胶时间而定，一般控制在水泥用量的 2%~3%。

4）注浆用水玻璃的浓度一般为 35° Be'，浓水玻璃液的稀释采用边加水，边搅拌，边用波美计测量的方法进行。

5）制备水泥浆或稀释水玻璃时，严防水泥包装纸及其他杂物混入，注浆时设置滤网过滤浆液，未经滤网过滤的浆液不得进入泵内。

（3）小导管注浆采用双液注浆法，使用双浆泵将浆液输入至孔口混合器，经分浆器流入导管进入地层。注浆施工时应注意以下几点：

1）注浆口最高压力须严格控制在 0.5 MPa 以内，以防压裂工作面。

2）进浆速度不宜过快，一般控制每根导管双液浆进浆量在 30 L/min 以内。

3）导管注浆采用定量注浆，即每根导管内注入 400 L 浆液后即结束注浆。如压力逐渐上升，流量逐渐减少，虽然未注入 400 L 浆液，但孔口压力已达到 0.5 MPa 时也应结束注浆。

（4）注浆时，水泥浆与水玻璃浆的体积比（即 C ∶ S）应按所需凝结时间选定，一般应控制在 1 ∶ 0.6~1 ∶ 1。

（5）注浆结束后应及时清洗泵、阀门和管路，保证机具完好，管路畅通。

（6）注浆量的估算：

为了获得良好的固结效果，必须注入足够的浆液量，确保有效扩散范围。注浆范围为开挖轮廓线外 0.3~0.5 m，并使浆液在地层中均匀扩散。浆液单孔注入量 Q 和围岩的孔隙率有关，根据扩散半径及岩层的裂隙进行估算，其值为：

$$Q=\eta R_2 L(\mathrm{m}^3)$$

式中：

R——浆液扩散半径（m），取相邻孔距的一半加 0.1 m；

L——压浆段长度（m）；

η——扩散系数，根据地质勘探报告选用。

第四节　初期支护

隧道衬砌大多采用复合式衬砌结构，即以锚杆、钢筋网、喷射混凝土和钢架为初期支护，以模筑钢筋混凝土为二次衬砌组成。各种断面支护衬砌参数根据有关规范的技术原则，结合工程类比和数值分析计算的方法，按照设计文件确定。各隧道衬砌断面支护参数见表 2-6 和表 2-7。

表 2-6　单线隧道复合衬砌设计参数表

围岩级别	初期支护							二衬厚度（cm）	
	喷射混凝土厚度（cm）		锚杆			钢筋网	钢架		
	拱、墙	仰拱	位置	长度（m）	间距（m）			拱、墙	仰拱
Ⅱ	4	—	—	—	—	—	—	25	—
Ⅲ	6	—	局部设置	2.0	1.2-1.5	—	—	25	—
Ⅳ	10	10	拱、墙	2.0~2.5	1.0~1.2	必要时设置	—	30	
Ⅴ	14	14	拱、墙	2.5~3.0	0.8~1.0	拱、墙、抑拱	必要时设置	35	35
Ⅵ	通过实验确定								

表 2-7　双线隧道复合衬砌设计参数表

围岩级别	初期支护							二衬厚度（cm）	
	喷射混凝土厚度（cm）		锚杆			钢筋网	钢架		
	拱、墙	仰拱	位置	长度（m）	间距（m）			拱、墙	仰拱
Ⅱ	5	—	—	2.0	1.5	—	—	30	—
Ⅲ	10	10	局部设置	2.0~2.5	1.2-1.5	必要时设置	—	35	35

续表

围岩级别	初期支护							二衬厚度（cm）	
	喷射混凝土厚度（cm）		锚杆			钢筋网	钢架	拱、墙	仰拱
	拱、墙	仰拱	位置	长度（m）	间距（m）				
Ⅳ	15	15	拱、墙	2.5~3.0	1.0~1.2	拱、墙、抑拱	必要时设置	35	35
Ⅴ	204	20	拱、墙	3.0~3.5	0.8~1.0	拱、墙、抑拱	拱、墙、抑拱	40	40
Ⅵ	通过实验确定								

新奥法区间隧道初期支护有锚杆、型钢钢架或格栅钢架、挂钢筋网和喷射混凝土等几种，根据隧道断面和围岩级别选择不同的支护组合。

一、锚杆施工工艺

隧道使用的锚杆有中空注浆锚杆、砂浆锚杆、药卷锚杆和自进式对拉锚杆等类型。各类锚杆施工方法如下：

1. 中空注浆锚杆

中空注浆锚杆是一种可测长排气的中空注浆锚杆。中空注浆锚杆由锚头与锚杆体连接。锚杆体上设有止浆塞垫板及紧固螺母，具有沿锚杆体轴向设置、位于锚杆体外侧并与锚杆体连接的测长排气管。测长排气管前端封头与锚头平齐，测长排气管后端开口，并伸出锚杆体，测长排气管管壁上遍布可阻止水泥砂浆进入的气孔，结构简单，使用方便，既可在锚杆施工后方便地检查锚杆体真实长度，确保锚固施工质量，又可在注浆施工时排出锚孔中的空气，有利于注浆施工的进行。

工程中常采用带排气装置的 φ25 mm 中空锚杆。锚杆设置钢垫板，垫板尺寸为 150 mm × 150 mm × 6 mm。

中空锚杆孔使用手风钻或凿岩台车钻孔。钻孔前，根据设计要求定出孔位，钻孔保持直线并与所在部位岩层结构面尽量垂直，钻孔直径 φ42 mm，钻孔深度大于锚杆设计长度 10 cm。中空注浆锚杆施工程序如下：

钻孔完成后，用高压风吹净孔内岩屑；将锚头与锚杆端头组合后送入孔内，直达孔底；固定好排气管，将止浆塞穿入锚杆末端与孔口齐平，并与杆体固紧；锚杆末端戴上垫板，然后拧紧螺母；采用锚杆专用注浆泵向中空锚杆内压注水泥浆，水泥浆的配合比为 1 ：（0.3~0.4），注浆压力为 1.2 MPa，水泥浆随拌随用。

2. 砂浆锚杆

系统锚杆和临时支护常采用 φ22 mm、φ25 mm 两种直径的砂浆锚杆。

（1）准备工作

检查锚杆类型、规格、质量及其性能是否与设计相符。根据锚杆类型、规格及围岩情况准备钻孔机具。

（2）钻孔

砂浆锚杆钻孔采用手风钻或凿岩台车进行，孔眼间距、深度和布置应符合设计参数的要求，其方向垂直于岩层层面。

（3）锚杆安装及注浆

砂浆锚杆由人工配合机械安装，采用砂浆锚杆专用注浆泵往孔内压注早强水泥浆。砂浆配合比（质量比）：砂灰比宜为 1 ∶ 1~1 ∶ 2，水灰比宜为 0.38~0.45。

注浆开始或中途停顿超过 30 分钟时，应用水润滑注浆管路。注浆孔口压力不得大于 0.4 MPa。

注浆时，注浆管要插至距孔底 5~10 cm 处，随水泥浆的注入缓缓匀速拔出，随即迅速将杆体插入，锚杆杆体插入孔内的长度不得短于设计长度的 95%。若孔口无砂浆溢出，将杆体拔出后重新注浆。

3. 药卷锚杆

系统锚杆和临时支护有时采用 φ25 mm 直径的药卷锚杆。

（1）准备工作

检查锚杆类型、规格、质量及其性能是否与设计相符。根据锚杆类型、规格及围岩情况准备钻孔机具。

（2）钻孔

药卷锚杆钻孔采用手风钻或凿岩台车进行，孔眼间距、深度和布置应符合设计参数的要求，其方向垂直于岩层层面。钻孔完成后，用高压风水洗孔。

（3）锚杆安装

安装前，先将“药卷”在水中浸泡，浸泡时间按说明书确定，不能浸泡过久，保证在初凝前使用完毕。安装时，用锚杆的杆体将药卷匀速地顶入锚杆安装孔，边顶边转动杆体，使药卷在杆体周围均匀密实，但不可过搅。安装好后，用楔块将锚杆固定好。

4. 自进式对拉锚杆

为增强岩体的稳定性，在两条隧道间距较小的部位常设置若干根自进式对拉锚杆。

（1）自进式锚杆采用气腿钻或潜孔钻机钻进。自进式锚杆安装前，先检查锚杆体中和钻头的水孔是否畅通。若有异物堵塞，须及时清理干净。

（2）锚杆体钻进至设计深度后，先用水和空气洗孔，再将钻机和连接套卸下，并及时在锚杆两端头安装垫板及螺母，临时固定杆体。

（3）锚杆灌浆料宜采用纯水泥浆或 1 ∶ 1 水泥砂浆，水灰比宜为 0.4~0.5。采用水泥砂浆时，砂子粒径不应大于 1.0 mm，并通过试验确定。

（4）自进式锚杆在确认达到施工图纸或监理人指示的钻孔要求后，及时进行注浆锚固。注浆后，在砂浆凝固前，不得敲击、碰撞和拉拔锚杆。浆体强度达设计要求后，可上紧螺母，并按设计要求用扭力扳手张拉。

二、型钢钢架及格栅钢架制作安装

1. 新奥法隧道工程施工所用钢拱架可采用型钢、工字钢、钢管或钢筋制成。现场通常采用的是工字钢和 φ25 mm 钢筋制作。

2. 钢拱架安装工艺流程如图 2-2 所示。

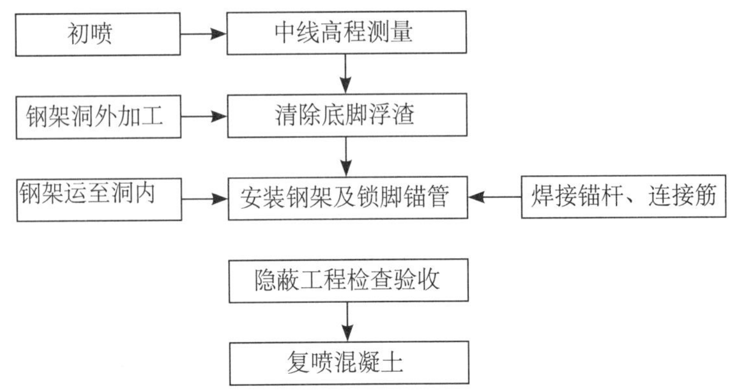

图 2-2　钢拱架安装工艺流程

钢架按设计要求预先在洞外钢构件场地加工成型，在洞内用螺栓连接成整体。型钢钢架采用冷弯成型；格栅钢架采用胎模焊接。钢架加工焊接不得有假焊，焊缝表面不得有裂纹、焊瘤等缺陷。每榀钢架加工完成后，放在水泥地面上试拼，周边拼装允许误差为 +3 cm，平面翘曲小于 2 cm，施工图纸有要求时按图纸要求执行。钢架在初喷混凝土后应及时架设。

钢架安装前清除基底虚渣及杂物。钢架安装允许偏差：钢架间距、横向位置和高程与设计位置的偏差不超过 +5 cm，垂直度允许误差为 ±2°，施工图纸有要求时按图纸要求执行。钢架拼装可在开挖面以外进行，各节钢架间以螺栓连接，连接板密贴。沿钢架外缘每隔 2 m 用混凝土预制块楔紧。钢架底脚置于牢固的基础上。钢架尽量密贴围岩并与锚杆焊接牢固，钢架之间按设计要求设置纵向连接筋连接。

采用分部开挖法施工时，钢拱架拱脚打设锁脚锚杆或锁脚锚管。下半部开挖后，钢架及时落底接长，封闭成环。钢架与喷混凝土形成一体，钢架与围岩间的间隙用喷混凝土充填密实；钢架全部喷射混凝土覆盖，保护层厚度应满足设计要求。

3. 常用钢拱架支护设计参数见表 2-8。

表 2–8　常用钢拱架支护设计参数表

围岩级别	荷载系数 μ	钢拱架类型	每榀轴线间距（m）
Ⅳ	0.25	三肢格栅钢架	1.0
	0.4	三肢格栅钢架 + 喷射混凝土	
	0.3	工字钢架	
	0.35	工字钢架 + 喷射混凝土	
Ⅴ	0.2	四肢格栅钢架	0.8
	0.6	四肢格栅钢架 + 喷射混凝土	
	0.4	工字钢架	
	0.45	工字钢架 + 喷射混凝土	
Ⅵ	0.1	四肢格栅钢架	0.6
	0.15	四肢格栅钢架 + 喷射混凝土	
	0.1	工字钢架	
	0.1	工字钢架 + 喷射混凝土	

4. 除应控制好安装误差，保证节点连接平顺并打好锁脚锚杆外，还应注意以下几点：

（1）钢拱架的安设应在开挖后的 2 小时内完成。

（2）钢拱架应尽可能多地与锚杆露头及钢筋网焊接，以增强其联合支护效应。

（3）可缩性钢拱架的可缩性节点不宜过早喷射混凝土，待其收缩合拢后，再补喷射混凝土。

（4）喷射混凝土时，应注意将钢拱架与岩面之间的间隙喷射密实。

（5）喷射混凝土应分层分次完成。初喷混凝土应尽早进行，复喷混凝土应在量测指导下进行，以保证其适时、有效。

5. 钢筋网施工

挂网使用的钢筋须经试验检测合格，使用前除锈，在洞外钢筋加工场区制作成钢筋网片，用起重机经施工竖井吊入，然后用汽车运输到工作面，采用机械配合人工安装，安装时搭接长度为 1~2 个网格。钢筋网应贴近岩面铺设，并与锚杆和钢架焊接牢固。按照设计图纸要求，钢筋网焊接在钢架靠近岩面一侧或内外双层布置，以确保整体结构受力合理。喷混凝土时，减小喷头至受喷面距离和控制风压，以减少钢筋网振动，降低回弹。钢筋网喷混凝土的内外保护层厚度须符合设计要求。

6. 喷射混凝土

喷混凝土料采用商品混凝土，通过混凝土搅拌运输车直接向洞内送料，或用混凝土搅拌运输车运输到洞口后，用起重机械经施工竖井吊入，转由小型汽车运输至洞内。喷混凝土量较少时，在业主授意下，也可在工点生产区适当位置设立混凝土搅拌机，现场拌制喷混凝土料。喷混凝土采用湿喷工艺。

（1）原材料要求

砂选用颗粒坚硬、干净的中、粗砂，符合国家二级筛分标准，细度模数应大于 2.5，含水率控制在 5%~7%，含泥量不大于 3%；碎石选用坚硬耐久、最大粒径不大于 15 mm 的碎石，含泥量不大于 1%；水泥用 R42.5 普通硅酸盐水泥；使用的外加剂根据设计要求确定。

速凝剂等外加剂选择质量优良、性能稳定的产品。速凝剂在使用前，要做与水泥的相容性试验及水泥净浆凝结效果试验，保证喷射混凝土凝结时间控制在规范要求范围内。

（2）湿喷混凝土施工方法

混凝土喷射机安装调试好后，在料斗上安装振动筛，以避免超粒径骨料进入喷射机；喷射前首先清除基面松动岩块，对个别欠挖部分进行凿除、对个别超挖部分喷射混凝土补平；用高压水冲洗基面，对遇水易潮解的岩层，则用高压风清扫岩面；检查喷射机工作是否正常；要进行喷射试验，一切正常后可进行混凝土喷射工作。混凝土喷射送风之前先打开计量泵（此时喷嘴朝下，以免速凝剂流入输送管内），以免高压混凝土拌和物堵塞速凝剂环喷射孔；送风后调整风压，控制在 0.45~0.7 MPa，若风压过小，粗骨料则冲不进砂浆层而脱落，风压过大将导致回弹量增大。可按混凝土回弹量大小、表面湿润易黏着力度来掌握。喷射压力根据喷射仪表反馈的信息及时调整风压和计量泵，控制好速凝剂掺量。

（3）为保证喷射混凝土的厚度和质量，喷射混凝土分两次完成，即初喷和复喷。初喷在刷帮、找顶后进行，喷射混凝土厚度 4~5 cm，及早快速封闭围岩，开挖后由人工在渣堆上喷护。复喷是在初喷混凝土层加固后的围岩保护下，完成立拱架、挂网、锚杆步骤等作业后进行的。

喷射混凝土分段分片、分层进行，由下向上，从无水、少水向有水、多水地段集中。在有水或多水段，采用干喷止水或用小导管引流后再喷混凝土。施喷时，喷头与受喷面基本垂直，距离保持为 1.5~2.0 m，并根据喷射效果适时调整。

设钢架时，钢架与岩面之间的间隙用喷射混凝土充填密实，喷射顺序为先下后上，对称进行，先喷钢架与围岩之间的空隙，后喷钢架之间部分，钢架应被喷射混凝土覆盖，保护层不得小于 4 cm 或符合设计要求。喷前先找平受喷面的凹处，再将喷头呈螺旋形缓慢均匀移动，每圈压前面半圈，绕圈直径约 30 cm，力求喷出的混凝土层面平顺光滑。一次喷射厚度控制在 5~8 cm 以下，每段长度不超过 6 m，喷射回弹物不得重新用作喷射混凝土材料。新喷射的混凝土按规定洒水养生。回弹量取决于混凝土的稠度、喷射技术骨料级配等多种因素。要将边墙部分回弹率控制在 15% 以内，拱部回弹率控制在 20% 以下。施工前应制定作业指导书，并在施工中根据实际情况不断完善。

在实际工作中，应尽快摸索掌握有关工作风压、喷射距离、送料速度三者之间的最佳参数值，使喷射的混凝土密实、稳定、回弹最小。必要时，在混凝土中掺加硅粉或粉煤灰，以增加混凝土的和易性，以减少回弹。

第五节　全断面注浆加固

当隧道穿越富水地段时，为确保施工安全，应采用全断面注浆加固或半断面注浆加固，其范围为至隧道断面轮廓外 4 m。

1. 全断面加固方案

全断面注浆纵向长度一般为 12 m，径向加固范围为隧道开挖工作面及开挖轮廓线以外 4 m。为减少注浆盲区，在前 8 m 注浆盲区内增设补浆孔。

2. 注浆材料

注浆材料以普通水泥—水玻璃双液浆为主，以普通水泥、超细水泥单液浆为辅。普通水泥为 R42.5 硅酸盐水泥，水玻璃浓度为 35° Be'，模数为 2.4~2.8，浆液配合比见表 2-9。

表 2–9　浆液配比参照表

序号	名称	浆液配合比	
		水灰比	体积比
1	普通水泥—水玻璃双浆液	（0.8-1）：1	1 ：（1-0.3）
2	普通水泥单浆液	（0.8-1）：1	
3	超细水泥单浆液	（0.8-1.2）：1	

3. 注浆参数

选择双液注浆。水泥浆水灰比 1 ：1，即 15 袋水泥搅拌 1 m^3 浆液，用 750 L 水。水玻璃浆浓度为 30~35° Be'，实际注浆过程中，根据浆液变化及压力变化情况，可适当调浓或调稀一级，以确保施工质量，施工过程做好施工记录。注浆压力设计值根据断面、地面隆起情况取 3~5 MPa，注浆时要严格控制压力，防止因地面隆起而破坏地面结构。根据现场监测情况，可适当调整注浆压力。

4. 注浆有限扩散半径

注浆有限扩散半径 R=1.5 m。

5. 注浆结束标准

按设计要求达到注浆压力，并持续 30 分钟，且进浆量明显减少。

6. 封闭死角注浆

检查孔不出水后，在断面底部按断面 45° 方向进行死角注浆封闭。全断面超前注浆参数见表 2-10。

表 2-10　全断面注浆参数表

序号	参数名称	参数值		备注
1	加固范围	纵向	12 m	
		径向	工作面及开挖轮廓线 4m	
2	扩散半径	1.5m		
3	注浆终压	3~5 MPa		
4	注浆孔直径	开孔 φ125 mm，灌浆 φ83 mm		
5	注浆速度	5~10 L/min		
6	终孔间距	1.7 m		
7	注浆方式	前进式、后退式、PVC 管孔底注浆		分段长度 1~2 m
8	注浆孔数量	71 个		根据断面大小确定
9	孔口管	L=1.5 m，φ108 mm，壁厚 5 mm		

7. 注浆作业

注浆采取从下向上、间隔跳孔、先外圈后内圈的顺序进行。

8. 注浆工艺流程

（1）施工准备

根据现场情况，焊接搭设钻机平台。平台结构为双层工字钢结构，每层高度为 3.2 m，其他尺寸根据现场和钻机布置需要而定，保证平台强度以便架立钻机打孔，确保安全。

（2）测量放线及标定孔位

施工前，测量组根据设计图纸放出断面中心点，现场按设计要求在掌子面上标出开孔位置，采用罗盘仪确定注浆外插角，调整钻机至满足设计钻孔方向要求。

（3）开孔

钻机采用低压力、满转速，直径为 130 mm 的钻头开孔，钻深 2 m，退出钻杆，安装孔口管。

（4）安装孔口管及高压闸阀

开孔完成后，在孔口上安装孔口高压管及高压闸阀。孔口管及高压阀必须事先加工好。

（5）注浆

钻孔至设计位置后，按照注浆方式和注浆工艺流程进行注浆作业。

（6）注浆效果检查

1）注浆结束后，在注浆薄弱区域钻设检查孔，检查孔数量按设计注浆孔数量的 5%~10% 考虑。检查孔要求不涌泥、不涌砂，出水量小于 0.2L/(min·m)，否则应补孔注浆。

2）浆液充填率反算

通过统计总注浆量，反算浆液空隙填充率。浆液填充率要求达到 70% 以上。

（7）主要机械设备及注浆材料配置

主要机械设备及注浆材料配置见表 2-11。

表 2–11　主要机械设备及注浆材料配置表

类别	器具名称	型号及规格	数量	单位	备注
机械设备	钻机	DH90	1	台	履带式全液压
	注浆泵	KBY-50/70	2	台	
	拌浆桶	RJ-300	2	个	
	储浆桶	自制	2	个	
	清水混凝土	自制	2	个	
	止浆塞	锥形橡胶制浆筛	10	个	
	抽水机		2	台	备用
	喷浆泵		1	台	备用
注浆材料	球阀	φ32 mm	20	个	
	快速接头	φ125 mm	50	套	
	孔口管	φ108 mm	300	m	
	PVC 塑料管	φ30 mm	80	m	
	超细水泥	D<20 μ m		t	根据需要
	普通水泥	R42.5		t	根据需要
	水玻璃	35° Be'，模数为 2.4~2.8		t	根据需要
	麻丝			kg	根据需要
	锚固剂			kg	根据需要
	应急材料	方木、木钉扒钉斧头、聚氨酯、沙袋等			

（8）主要人员配备

主要人员配备见表 2-12。

表 2–12　主要人员配备表

序号	工种	人数	职责
1	技术人员	1	对注浆施工负责，协助监测工作
2	工班长	1	负责劳动安排
3	制浆	3	负责制浆和浆液配制
4	机修工	1	负责机械故障排除
5	钻工	1	负责钻机操作
6	泵工	1	负责注浆泵操作
7	杂工	4	钻孔、注浆及其他工作
合计		12	

（9）质量保证措施

在钻孔过程中如发生涌水、涌砂，应及时退钻，并安装好注浆压盖强力注浆。

当采用后退式分段注浆时，待钻至设计深度后，应及时安设止浆塞及法兰盘，将止浆塞放入孔口管内，并用法兰盘固定牢固。钻杆要保持匀速转动，并按设计分段的长度和注浆量进行退钻。

配制浆液要严格按照制浆要求顺序投料，不得随意增减数量。为避免杂物堵管，应设置滤网过滤。浆液搅拌好后放在储浆桶中，在吸浆过程中不停搅拌防止沉淀，以免影响注浆效果。

注浆过程遇突然停电，要立即拆下注浆管，用高压水清洗管内浆液。注浆过程发现注浆量很大，但注浆压力长时间不上升时，可通过调整浆液配合比、缩短凝结时间来达到控制注浆范围的目的。

如注浆过程压力突然上升，应立即停止注浆，打开泄浆阀泄压，查明原因并经处理后继续注浆。注浆过程如发生与其他孔串浆，可关闭该串浆孔继续注浆。若此现象频繁发生，应加大注浆孔间距或钻一孔注一孔，减少串浆现象。

严格按照设计定长进行分段注浆，不得任意延长分段长度，必要时可以进行重复注浆，以确保注浆质量。

注浆时，应根据地质情况调整注浆参数和工艺，严格控制结束标准，保证注浆质量和效果。

（10）安全保证措施

1）施工时应做好排水准备工作及抢险准备工作，防止大量涌水、涌砂。

2）钻孔、灌浆人员应熟练掌握有关作业规程，并戴好防护用具。

3）在扫孔时，人员应撤离至安全地带，防止由孔口吹出的土石块伤人。

4）每次注浆完成后，先泄压，再拆管，防止注浆管内高压伤人。

5）加强地表巡视，发现冒浆及时通知注浆人员。

6）加强地表监测，尤其是对周边建筑物、管线的监测。如发现指标超限，应及时报警，并采取相应措施。

第六节　防水层施工

一、总体布设

新奥法区间隧道防水应遵循“以防为主，刚柔结合，多道设防，因地制宜，综合治理”的原则。

区间结构采用全包防水夹层防水。区间隧道的防水材料一般为无纺布 +PVC 防水板，全包设置。二次衬砌采用 P8 或 P12 防水钢筋混凝土，并掺入外加剂，以减少混凝土微裂缝。

在二衬内每纵向 2 m 设置 2~3 根预埋注浆管（注浆管不得穿透防水层），便于后续注浆堵漏处理，注浆材料为 1 ：（0.4~0.5）普通水泥砂浆；注浆压力宜根据实际情况确定，一般控制在 0.2~0.5 MPa。

表 2–13　隧道防水设计体系表

防水体系		要求内容
结构自防水	混凝土抗渗等级	初支要进行系统注浆，形成初道止水帷幕 二衬：工程埋深 10~20 m 时，抗渗等级为 P8 工程埋深 20~30 m 时，抗渗等级为 P10 工程埋深 30~40 m 时，抗渗等级为 P12
	裂缝控制	裂缝宽度不大于 0.20 mm，且不得有贯穿裂缝
	耐腐蚀要求	处于侵蚀性介质中时，防水混凝土的耐侵蚀要求应根据介质的性质按相关标准执行
接缝防水	施工缝、变形缝、穿墙管、后浇带及各型接头的接缝不得渗漏水	
附加防水层	应能抵抗工程埋深的水压，如采用单质塑料片材，需设置分区注浆系统	

二、防水层施作

1. 砂浆找平层施工

在防水层与初期支护之间设置一层砂浆找平层。找平层使用 1 ： 1 水泥砂浆。

主要工作是凿除初期支护喷射混凝土表面“葡萄状”结块，用电焊或氧焊将初期支护外露的锚杆头和钢筋头等铁件齐根切除，在割除部位用细石混凝土抹平覆盖，以防刺破防水板。凸出部位应凿除，并用 1 ： 1 的水泥砂浆找平；凹坑部位应采用 1 ： 1 水泥砂浆填平，使基面洁净、平整圆顺、坚实，不得有疏松、起砂、起皮等现象。

2. 防水层施工

区间隧道防水层采用无纺布 + PVC 防水板。防水层采用无钉铺设工艺。

3. 施工要领

（1）施工准备

测量隧道断面，利用作业台车对断面再次进行修整。基层平整度采用 1m 的靠尺进行检测。当靠尺至弧形中部的距离小于图纸及规范要求或圆弧的最小半径大于图纸及规范要求时，即满足要求。在砂浆找平层面上标出拱顶中线和垂直于隧道轴线的断面线。

检查防水板的质量，看是否有变色、老化、波纹、刀痕、撕裂、孔洞等缺陷；在防水板边缘划出焊接线和拱顶中线；防水板按实际轮廓线长度截取，对称卷起备用。纵向铺设长度按二衬边拱混凝土长度外大于 50 cm 安排。

（2）无纺布铺设

首先在隧道拱顶标出隧道纵向中线，将无纺布用射钉塑料垫片固定在找平层基面上，并使无纺布的中心线与隧道中心线重合，其搭接宽度不小于 15 cm，侧墙无纺布的铺设位置在施工缝以下 250 mm，以便搭接。塑料垫片在拱部的间距为 0.5~0.7 m，在边墙的间距为 1.0~1.2 m，呈梅花形布设。对于变化断面和转角部位，钉距应适当加密。

（3）防水板铺设

防水板铺设长度与无纺布相同。先在隧道拱顶部的无纺布缓冲层上正确标出隧道纵向中心线，再使防水板的中心线与隧道中心线重合；铺设时，与无纺布一样，从拱顶开始向两侧下垂铺设，边铺边用圆垫片热熔焊接；附属洞室铺设防水板时，按照附属洞室的大小和形状加工防水板，将其焊在洞室内壁的喷锚支护上，并与边墙防水板焊接成一个整体。

防水板的铺设要松紧适度，既能使之紧贴在喷射混凝土表面上，又不致因过紧被撕裂。如果过松，将会使无纺布防水板褶皱堆积形成人为蓄水点。

为防止电热加焊器将防水板烧穿，可在其上衬上隔热纸。防水板一次铺设长度需根据混凝土循环灌筑长度确定，一般应领先于衬砌施工 2~3 个循环。

仰拱防水层铺设完毕后，应立即浇筑 50 mm 厚的 C20 细石混凝土保护层，侧墙防水层须采取临时保护措施避免防水层受到破坏。

（4）防水板接缝焊接

防水板接缝采用爬行热焊机双缝焊接。将两幅防水板的边缘搭接，通过热熔加压而有效粘结。防水板搭接宽度不小于 15 cm，单条焊缝的有效焊接宽度不小于 1.5 cm。热合器预热后，放在两幅防水板之间，边移动融化防水板边顶托加压，直至接缝粘结牢固。

竖向焊缝与横向焊缝成十字相交（十字形焊缝）时，在焊接第二条焊缝前，先将第一条焊缝外的多余边削去，将台阶修理成斜面并熔平，修整长度应大于 12 mm，以确保焊接质量和焊机顺利通过。

焊缝质量与焊接温度、电压和焊接速度有密切关系。施焊前必须先试焊以确定焊接工艺参数。焊接时，不可高温快焊或低压慢焊，以免造成假焊或烧焦、烧穿防水板。加压时应均匀，不可忽轻忽重，以免轻压处产生假焊现象。焊缝若出现假焊、漏焊、烧焦、烧穿现象应进行补焊。防水板被损坏处，必须用小块防水板焊接覆盖。

（5）防水板质量检查

1）外观检查

防水板应均匀连续铺设，焊接采用双焊缝，焊缝应平顺、无褶皱均匀连续，无假焊、漏焊、过焊、焊穿或夹层等现象。

2）焊缝质量检查

防水板搭接部位焊缝为双焊缝，中间留出空隙以便充气检查。检查方法为：先堵住空气道的一端，然后用空气检测器从另一端打气加压。用 5 号注射针头与打气筒相连，并在针头处设压力表。当打气筒充气压力达到 0.25 MPa 时，停止充气，稳压 15 分钟。压力下降幅度在 10% 以内为合格焊缝，否则说明有未焊好之处，应用肥皂水涂在焊接缝上检查，对产生气泡的地方重新焊接，直到不漏气为止。采取随机抽样的原则检查，每 10 条焊缝抽试 1 条。

钢筋在绑扎时要对防水层进行防护。所有靠防水板一侧的钢筋弯钩及绑扎铁丝接口均应设在背离防水板一侧。焊接钢筋时，必须在其周围设防火板遮挡，以免电火花烧坏防水层。混凝土振捣时不能触碰到防水板。

三、施工缝及变形缝防水

1. 施工缝防水处理

（1）环向施工缝设置间距一般取 9~12 m，纵向施工缝可根据实际情况考虑。

（2）施工缝防水材料，采用反应性止水带或缓膨性止水胶，要求防水可靠、耐久、施工方便、有弹性，与混凝土粘结牢固，不得产生缝隙。止水带安装在钢筋混凝土结构厚度的二分之一处，止水带严密连接，不得断开。

（3）施工缝防水设置预注浆系统，与反应性止水带和缓膨性止水胶形成完整的防水。在后浇混凝土衬砌块内预埋注浆管，后浇衬砌完成后，向施工缝内注浆。

（4）施工缝外设置防水卷材加强层，宽度为 500 mm，材质与外包防水卷材相同。

2. 变形缝防水处理

区间隧道与车站的结合部位和区间隧道在与风道、横通道及联络通道相交处应设置变形缝。变形缝宽度为 30 mm。变形缝设钢边（不锈钢）橡胶止水带。变形缝防水处理施工程序和技术要求如下：

（1）首先安设钢边橡胶止水带，安设位置要准确，其中间空心圆环与变形缝中心线重合，并安设到防水钢筋混凝土衬砌厚度的二分之一处，做到平、直顺。止水带之间连接橡胶采用黏结法，钢板采用焊接，要求连接缝严密牢固，钢边橡胶止水带两侧钢板应设置预留孔。预留孔间距为 250 mm，两侧错开布置，以便用铁丝穿孔和钢筋固定牢靠。

（2）当一侧混凝土达到一定强度后拆模。拆模时防止破坏橡胶止水带，在变形缝的缝间设置聚苯板，要求填缝紧密平直，与设计缝宽相同。止水带部位的混凝土必须振捣充分，保证止水带与混凝土咬合密实。振捣时严禁振捣棒触及止水带。

（3）拆模后，将槽体（深 30 mm）内和封口处的预埋泡沫板清除干净，混凝土面平顺、干净、干燥，两侧钢筋不允许侵入槽体内。

（4）槽体内嵌入单组分聚氨酯密封胶。采用胶枪（专用工具）将单组分聚氨酯密封胶填充在槽体内，先打底胶后填密封胶，并用隔离层将密封膏与槽内上下嵌缝材料隔开，只能与槽内两侧混凝土黏结。

（5）底板变形缝槽口内填充聚合物防水砂浆。

（6）顶、侧墙变形缝槽口设不锈钢接水槽，并用 M8 不锈钢膨胀螺栓钉固定在结构上，侧墙用单组分聚氨酯密封胶封堵钢板与混凝土间缝隙，防止槽体内的水流出。

（7）变形缝外设柔性防水加强层，宽度为 600 mm，材质与外包防水层相同。

3. 穿墙管件防水措施

穿墙管件穿过防水层的部位需采用止水法兰和双面胶粘带及金属箍进行防水密封处理。先将止水法兰焊接在穿墙管件上，然后浇筑在模筑混凝土中，必要时在止水法兰根部粘贴遇水膨胀腻子条；双面胶粘带先粘贴在管件的四周，然后再将塑料防水板粘贴在双面胶粘带表面，将防水板的搭接边用手工焊接密实，最后用双道金属箍件箍紧。

第七节　衬砌施工

新奥法区间隧道二次衬砌分为仰拱和边墙拱部进行施工，分块浇筑长度一般为 9~12 m。仰拱衬砌采用定型组合钢模，用钢管脚手架支撑。边墙拱部衬砌分为两种方式：变截面段边墙拱部衬砌采用简易钢平台 + 定型钢拱架作支撑体系 + 定型组合钢模（变断面双线隧道采用小钢模）的模板体系；标准断面边墙拱部衬砌采用钢模液压台车。混凝土采用泵送入模。边墙拱部衬砌滞后仰拱 2~3 个循环段。

一、仰拱及仰拱回填

在二衬施工时，仰拱、仰拱回填须超前施工。单线隧道待隧道贯通后施工仰拱及仰拱回填；双线隧道及大断面隧道待初期支护全断面施作完成后及时施工仰拱及其回填。仰拱衬砌采用上挂式移动衬砌模板。双线隧道由于出渣运输与仰拱施工存在干扰，无法正常作业。为此，采取简易栈桥或自行式仰拱液压栈桥作为临时通道，以保证掌子面正常施工。

自行式仰拱栈桥走行轮可以 90° 旋转，这样栈桥既可纵向走行，也可横向走行，利于半幅清理仰拱，全幅一次灌筑。

仰拱部位端头采用钢制大模板，混凝土由中心向两侧对称浇筑仰拱与边墙衔接处应捣固密实。仰拱一次施工长度应与二次衬砌确定的长度相匹配。仰拱施工完毕后，进行仰拱回填混凝土施工。混凝土采用混凝土泵送入舱，用插入式振捣器捣固。

二、二次衬砌施工

二次衬砌的施作时间应安排在围岩和初期支护变形基本稳定、量测监控数据表明位移率明显减缓时，但是对于破碎围岩或浅埋段等情况，应尽早施作二次衬砌。衬砌施工中应注意及时埋设回填注浆的预埋注浆管及其他附属设施的预埋件。新奥法区间二次衬砌主要使用钢模台车施工，根据单洞单线、单洞双线隧道的断面形式配置相应尺寸的钢模台车。如部分新奥法区间隧道断面尺寸变化频繁、隧道岔口多、断面不规则，则不适合使用钢模台车浇筑。对不适用钢模台车的洞段，应架设满堂式脚手架支撑，使用组合钢模板或定型钢模板浇筑。

1. 衬砌台车

隧道二次衬砌采用整体式液压衬砌台车施工，台车长度一般为9~12 m，挡头模板采用木模。衬砌台车配置数量需满足工期要求。区间长度较短且该段工期相对较长的地段，可考虑与其他工作面共用一个台车。

2. 脚手架支撑

不适用钢模台车浇筑的洞段，分段搭设钢管脚手架支撑，在支撑端头设置可调节丝杠，以便调节模板位置。脚手架搭设严格按照相关规范进行。搭设完成并经检查验收后，再根据隧道断面形式安装定型钢模板或组合钢模板。

3. 钢筋制作及安装

（1）钢筋在洞外下料加工，弯制成型，洞内绑扎。

（2）钢筋焊接：洞内主筋、箍筋采用电弧焊。

（3）钢筋冷拉调直：采用钢筋调直机在洞外进行钢筋的冷拉和调直。

（4）钢筋下料：根据设计图纸的规格尺寸，在下料平台上放出大样，然后进行钢筋的下料施工。

（5）钢筋成型：在钢筋加工平台上根据钢筋制作形状焊接一些辅助设施，钢筋弯曲加工成型。

（6）钢筋骨架绑扎：严格按照图纸尺寸进行绑扎。

4. 混凝土拌制及运输

隧道衬砌均为商品混凝土，采用混凝土搅拌运输车运输。运输过程中，要避免出现离析、漏浆，并要求浇筑时有良好的和易性，坍落度损失减至最小或者损失不至于影响混凝土的浇筑与捣实，确保入模混凝土的质量。

5. 混凝土浇筑

混凝土的入模采用输送泵。灌筑混凝土之前，模板外表面需涂抹脱模剂。灌筑混凝土时，先从台车模板最下排工作窗口左右两侧对称灌注，混凝土快要平齐工作窗口时，关闭工作窗，然后从第二排工作窗口灌筑混凝土，以此类推，最后于拱顶输料管处关闭阀门封顶。脚手架支撑模板段混凝土浇筑顺序与钢模台车浇筑段相同。

采用插入式振捣棒振捣，按“快插慢拔”操作。混凝土分层灌筑时，其层厚不超过振动棒长的1.25倍，并插入下层不小于5 cm，振捣时间为10~30秒。振捣棒应等距离地插入，均匀地捣实全部混凝土，插入点间距应小于振捣半径的1倍。前后两次振捣棒的作用范围应相互重叠，避免漏捣和过捣。振捣时严禁触及钢筋和模板。

6. 衬砌质量控制

合格的原材料、优质的混凝土拌和料和严格的施工控制，对确保混凝土质量来说缺一不可。主要施工环节工艺质量控制措施如下：

（1）混凝土拌和料的监督管理

通过市场调查、比选，选择信誉良好、产品质量稳定可靠的厂商。供货厂商必须具备相应的资质、能力，确保能满足工程混凝土使用数量、高峰强度及质量要求，必须提供产品质量合格证明材料等。

混凝土浇筑开始前，根据施工图纸和相关规范的要求，将混凝土计划浇筑时间、地点、数量、用料强度、级配、强度等级、防水等级、出机口温度及坍落度等相关参数递交给混凝土供应厂商，供应厂商据此进行配合比设计和试验，提供符合要求的混凝土拌和料。委托具有相应资质的试验检测中心对商品混凝土按规范要求进行抽样检测，不合格料禁止用于工程。

（2）运输和泵送

混凝土在运送途中，运输车应保持每分钟 2~4 转的慢速转动。为减少混凝土坍落度损失，保持混凝土必要的工作性，应尽量缩短混凝土运输延续时间。对运到浇筑地点的混凝土应进行坍落度检查，并不得有明显偏差。泵送混凝土操作应符合泵送混凝土的相关规定，先用同水灰比砂浆润滑管道，避免人为因素造成堵管。

（3）浇筑

隧道衬砌施工多在起拱线以下的边墙上出现麻面、水泡和气泡等表面缺陷，严重影响混凝土外观质量及防水性能。缺陷的产生与浇筑和振捣环节的控制有关，应采取综合措施加以改进。为防止混凝土表面缺陷的出现，可采取以下措施：

1）分层分窗浇筑，泵送混凝土入仓应自下而上，从已灌筑段接头处向未灌筑方向分层对称浇灌，防止偏压使模板变形。

2）灌筑下层混凝土时，应开启台车中层窗口，以利排气；同理，灌筑中层混凝土时，应开启台车顶层窗口。灌筑混凝土时，应在泵管前端加长若干米的软管，进入窗口时应伸入窗内并使管口尽量垂直向下，以避免混凝土直接泵向支护面，造成墙角和边墙出现蜂窝麻面。

3）混凝土浇筑时的自由倾落高度不宜超过 2 m。当超过 2 m 时，应采用滑槽、串筒等器具或通过模板上预留的孔口浇筑，杜绝超高度浇筑。

4）严禁在泵送处加水。水灰比是混凝土强度的第一保证要素，有意加水会严重影响混凝土的技术指标。混凝土封顶时应严格操作，尽量从内向端模方向灌筑，以排除空气，保证拱顶灌筑饱满和密实。

5）加强施工组织管理，保证混凝土连续浇筑，避免间歇时间过长。若间歇时间超过 2 小时，则必须按浇筑中断进行工作缝处理。

（4）振捣

插入式振捣器的移动间距不宜大于其作用半径的 1.5 倍，且插入下层混凝土中的深度宜为 5~10 em。每个振点的振捣持续时间，以混凝土不再显著沉落、不再出现气泡和表面明显出现浮浆为度。在振捣过程中要使振捣棒避开钢筋，但要保证钢筋周围的混凝土均匀受振。附着式振捣器开动时间为混凝土浇满附着式振捣器振捣范围时，每次振动时间为1~2 分钟，谨防空振和过振。操作人员还要注意加强观察，防止漏振和过振。

（5）拆模及养护

选择合理的拆模时间，利用全液压衬砌台车液压系统进行脱模。混凝土达到拆模控制强度所需时间应通过试验确定。脱模后要防止衬砌表面受到碰撞。混凝土洒水养护时间不得少于 14 天。

（6）拱顶填充密实

在模板台车上预留观察（注浆）孔，间距为 3~5 m，观察孔用 φ50 mm 锥形螺栓紧密堵塞，混凝土初凝后拧开螺栓，探测拱顶是否回填密实。如果有空洞，在混凝土具备一定强度后且于模板拆除前压浆回填。

如果混凝土灌筑过程中拱顶回填不满，则采取二次浇筑的方法，首先在挡头板位置预留排气孔，然后由内向挡头板方向压灌混凝土。

在挡头板，拱顶下 L/4 处预埋注浆管，间距为 3 m。如果发现有空洞，在混凝土具备一定强度后且于模板拆除前压浆回填。

（7）施工注意事项

1）衬砌施作前先检查断面尺寸，并报请监理工程师检查。检查合格后，根据有关测量数据将衬砌台车就位，并调试配套有关设备。

2）首先测量定位。测量工程师和隧道工程师共同进行水平、高程测量放样。通过轨道将台车移至衬砌部位，调好高程，按隧道衬砌内轮廓线尺寸调整好模板支撑杆臂。将基础内杂物和积水清除干净，斜坡基底要修凿成水平或台阶状，确保边墙混凝土基础稳固。

3）根据技术交底的中线和高程铺设衬砌台车轨道，要求使用标准枕木和接头夹板，轨距与台车轮距一致，左右轨面高差小于 10 mm，启动电动机使衬砌台车就位，涂刷脱模剂。

4）启动衬砌台车液压系统，根据测量资料使钢模定位，保证钢模衬砌台车中线与隧道中线一致，拱墙模板成型后固定，测量复核无误。

5）清理基底杂物、积水和浮渣，装设挡头模板，按设计要求装设橡胶止水带，并自检防水系统设置情况。自检合格后，报请监理工程师进行隐蔽检查，经监理工程师签字同意后灌筑混凝土。

6）当衬砌段地下水较大时，要加强对地下水的检测，采取注浆封闭，做好防水处理后再进行衬砌。

7）施工缝端头必须进行凿毛处理，用高压水冲洗干净。

8）按设计要求预留沟、槽、管、线及预埋件，并同时施作附属洞室混凝土衬砌。

9）混凝土衬砌灌筑过程中，要杜绝破坏防水层现象发生。施工缝接头处要严防漏浆，确保接缝质量。

三、回填注浆

在二衬施工完成后，为防止二衬与防水层之间形成空洞，需及时进行二衬后的注浆，其纵向注浆管设于拱顶模筑衬砌外缘、防水板内侧，纵向注浆管孔径为 φ20 mm，采用聚乙烯管。在防水板敷设完成后，将注浆管胶粘于防水板内侧，结合 9~12 m 的衬砌段施工缝布置，注浆管按设计要求布置，两端分别与预设的 φ20 mm 镀锌钢管注浆口连接。镀锌钢管突出衬砌内缘 3~5 cm，以便于连接注浆管。环向间距为 2~3 m，纵向间距为 2.5 m。

回填注浆材料采用 1 ：1 水泥浆液。水泥浆采用浆液搅拌机拌和，单液注浆泵注浆。注浆采用隔孔注浆方式，当发生各孔串浆现象时，采用群孔注浆方式。注浆压力为 0.2~0.3 MPa，注浆严格按设计和施工规范进行。注浆材料、注浆方式及注浆压力等参数根据注浆试验结果及现场情况调整。注浆作业中认真填写注浆记录，随时分析和改进作业。

第八节　附属结构施工

一、竖井施工

竖井是为增加新奥法施工的工作面而设置的，属临时结构。

1. 做好场地的平整及总体规划，包括井架布设、拌和站位置的摆布、材料堆放、钢筋焊接及排水等，均应统筹规划好。

2. 严格控制好锁口梁的施工质量，这是施工过程中进出洞的第一道卡。

3. 搞好维护结构施工或井壁支护施工。

4. 如采用格栅钢架加固井壁，一定要按设计要求使格栅钢架闭合成环，且与锚杆、连接钢筋成一整体。

5. 混凝土喷射一定要保证喷射厚度及喷射质量。

6. 搞好洞口排水及井内施工中的排水。如发现漏水，一定要先堵漏再往下施工。

7. 严格竖井与横通道接口处（即马口）的施工质量，切忌将竖井一下施工到底再回过头来施工横通道，要根据横通道开口部分的施工进度，逐渐将竖井施工到设计高程。

8. 做好附属设施的预留，包括下井楼梯和正洞施工时的风、水、电等管线的安装路径规划。

9. 搞好监控量测，随时观察竖井工作时的变形及位移情况。

10. 井架设计合理。起吊能力、斗容量应根据承担的工程内容、工作量大小、工期要求，综合、科学计算确定。

二、工作风井施工

当区间长度超过 600 m 时，须在区间适当部位设立工作风井。工作风井是永久结构，其寿命按 100 年考虑。

此基坑分两级，一级大基坑采用锚杆土钉加固，二级深坑采用桩基围护结构。和区间相连的通道，一般采用新奥法施工。

三、联络通道及泵房施工

当地铁区间较长时，常设一处或多处联络通道及泵房。

联络通道及废水泵房一般采用新奥法施工。某些情况下，也采用冷冻法施工。以下重点讲述位于盾构区间内的联络通道及水泵房施工。在盾构区间管片拼装完一个月左右后，即可按设计部位进行联络通道及废水泵房的施工。

1. 地层加固

（1）旋喷桩地基加固

根据工程地质条件及其他施工条件，采用“旋喷桩临时加固土体，新奥法暗挖构筑”的施工方案，加固必须在盾构机到达前进行。加固范围为隧道左线中心至右线中心，旁通道上下各 3 m，沿隧道轴线方向 9 m。旋喷桩桩径为 φ800 mm，间距为 600 mm，采用梅花形布置。旋喷桩要求水泥浆液压力不小于 20 MPa，并可根据需要加入适量的外加剂及掺合料，用量应通过试验确定，水泥浆液的水灰比为 1.0~1.5。加固后的土体应有很好的均质性、自立性，其无侧限抗压强度为不小于 0.8 MPa，渗透系数小于 10 cm/s。

（2）型钢支架安装

开挖施工之前，需在通道开口处隧道中设置简易预应力隧道支架，以减轻联络通道开挖对隧道产生不利的影响。简易预应力隧道支架为圆形支架，每榀钢支架间距为 2.5 m，在联络通道两侧沿隧道方向对称布置，两榀支架间用 67 mm × 67 mm 等边角钢搭焊组合。

架设时要有专人负责指挥，拼装时螺栓必须拧紧，每榀支架有八个支点，由六个 50 t 螺旋式千斤顶提供预应力，施加预应力时每个千斤顶要同时慢慢平稳加压，且以压实支撑点为宜。高处千斤顶应固定在支架上，防止脱落。要定期检查千斤顶压力情况，发现情况要及时处理。

2. 开挖与结构施工方案

联络通道开挖构筑施工占用一侧隧道，在联络通道开口处搭设工作平台，利用隧道作为排渣及材料运输通道。经探孔试挖确认可以进行正式开挖后，先切开特殊环管片，然后根据“新奥法”的基本原理进行暗挖法施工。联络通道采用矿山全断面法施工，二次衬砌（现浇混凝土）在初期支护完成后施作。

（1）开管片

管片表面用切割机切割分块，然后用风镐破除。

开管片时，准备 2 台 32 t 千斤顶，5 t、10 t 和 2 t 手拉葫芦各一个。两台千斤顶架在被开管片两侧，中间用一根横梁直接相连，在管片破除过程中要注意观察管片外移情况，并随时注意调整 2 t 手拉葫芦的拉紧程度和方向。

（2）开挖顺序

根据工程结构特点，联络通道开挖掘进采取分区分层方式进行。

开挖掘进采用短段掘进技术，开挖步距控制在 0.5 m 左右。由于旋喷桩加固强度高，普通手镐无法施工，须采用风镐进行挖掘。为了提高挖掘效率，加快施工进度，缩短土体暴露时间，风镐尖需做特殊处理，并要求每个掘进班配备 5~6 把风镐，以避免不能正常工作而影响施工进度。在掘进施工中，根据外露土体的加固效果及监控监测信息，及时调整开挖步距和支护强度，确保安全施工。

（3）支护方式

采用二次支护方式。首先采用小导管超前注浆，第一次支护（临时支护）采用型钢支架加砂浆锚杆，挂网喷射混凝土，第二次支护（永久支护）采用现浇钢筋混凝土。

（4）结构施工

应按防水施工→钢筋捆扎→模板定位→混凝土灌筑的顺序组织施工。

（5）应注意的问题

1）在隧道的一条线路中搭设管片割除及联络通道施工的平台，尽量不影响正常区间施工时的交通。

2）在管片切割处的上下两侧应进行管片加固，加固长度为两侧各 6~7 环。采用型钢框架结构加固最好。

3）正式开口切除管片前，一定要确认土体加固、注浆堵漏等质量可靠，做到施工时不坍塌、不漏水。

4）严把锁口处的施工质量，做好超前支护及锁口梁的施工。

5）加强监控量测。

第九节　地质预报

根据新奥法施工区间地质条件，采用红外线探测仪、地质雷达、超前钻孔探测及地质素描等综合地质预报技术，长距离预报与短距离预报相结合，预测开挖工作面前方一定范围内的工程地质。施工中将超前地质预报工作纳入施工步骤管理，由专人负责。

超前地质预报主要设备配置见表 2-14。

表 2-14　超前地质预报主要设备配置表

序号	设备名称	备注
1	SIR-3000 型地质雷达	15~20 m
2	红外探水仪	20~30 m
3	GLP150 型全液压钻机（超前水平地质钻机）	5 m

超前地质预报的重点内容是预测开挖面前方地质情况，如围岩整体性、断层、软弱围岩破碎带有无涌水、突泥等不良地质的前方位置和对施工的影响，地下水活动情况等。

一、地质预报计划

施工过程中必须将超前地质预报纳入施工步骤管理，做到先探测后施工，不探测不施工。

实施计划总的思路是：地质预报与设计勘察地质资料相结合，一般地段采用地质素描、超前钻孔对前方地质情况在设计勘察基础上进一步细化、补充和验证，地质复杂、周围环境敏感地段采用地质雷达、红外线探水及孔内成像等先进技术手段，对前方复杂地质进行综合分析研究，拟定相应对策以指导施工。多管齐下，力争把发生地质灾害的概率降至最低。

超前地质预报计划见表 2-15。

表 2-15　超前地质预报计划表

预测预报手段	仪器	预报内容	预报频率及计划
地质素描	罗盘仪、地质锤、放大镜、皮尺、数码相机等简单工具	对开挖面围岩级别、岩性、围岩风化变质情况、节理裂隙、产状、破碎带分布和形态、地下水等情况进行观察和测定后，绘制地质素描图，通过对洞内围岩地质特征变化分析，推测开挖面前方地质情况	地质素描在每次开挖后进行
地质雷达周边探测	SIR-3000 型地质雷达	重点进行隧道周边的地质体探测，查找地质破碎带及其他不良地质体，防止开挖通过后，隧道顶板、底板及侧壁出现灾害性的突水突泥	每隔 30~40 m 内
红外探水	红外探水仪	根据构造探测结果，趋近不良地质体和地质异常体时，利用便携式红外线探水仪进行含水构造探测。当洞内个别区段渗水量较大时，亦用红外探水仪探测预报，探明隧道周边隐伏的含水体	每隔 20~30 m 对掌子面进行一次含水构造探测
钻孔射频透视技术	KSY-1 型钻孔窥视仪	利用钻孔射频透视法探测掌子面前方隧道开挖断面内的水型导水通道，查明其空间分布，以便制定相应措施，在施工时预防和整治	依据红外探水和高密度电法探测结果确定进一步探测的距离和频率

续表

预测预报手段	仪器	预报内容	预报频率及计划
水平超前钻孔	钻机选型用GLP150型全液压钻机	将超前钻孔作为主要的探测手段，用以验证超前地质预报的精度，并直接探明前面围岩地段的涌水压力及其含量。按隧道全长进行探测，孔径50 mm	每次钻孔深度30 m，必要时进行取芯分析

二、预报方法

1. 地质素描

地质素描是根据岩体节理产状确定不稳定块体出露位置。地质素描预测法分为岩层岩性及层位预测法、条带状不良地质体影响隧道长度预测法及不规则地质体影响隧道长度预测法三种。对掌子面已揭露出的岩层进行地质素描（观察岩石的矿物成分及其含量，结构构造特征和特殊标志），给予准确定名，测量岩层产状和厚度。测量该岩层距离已揭露的标志性岩层或界面的距离，并计算其垂直层面的厚度。

将该岩层与地表实测地层剖面图和地层柱状图相比较，确定其在地表地层（岩层）层序中的位置和层位。依据实测地层剖面图和地层柱状图的岩层层序，结合TSP探测成果，反复比较分析，最终推断出掌子面前方一定范围内即将出现的不良地质在隧道中的位置和规模。

施工过程中，每次爆破后由地质工程师进行地质素描，内容包括掌子面正面及侧面稳定状态、岩层产状、岩性风化程度、节理裂隙发育程度（产状、间距、长度、充填物、数量）、喷射混凝土开裂及掉块现象、涌水情况、水质情况、水的影响、不良气体浓度等，同时定期对地表水文环境进行观测和监测记录，及时了解隧道施工对地表水的影响，确定施工控制措施，最终绘制出掌子面地质素描图和洞身地质展示图。

及时对洞内涌水进行水质分析和试验，提交分析和试验结果，对影响隧道衬砌结构的水质提出处理意见，并上报技术部门，以利于采取有效地防护措施。

2. 地质雷达预报

（1）地质雷达或ZGS型智能工程探测仪是通过发射天线T将高频电磁波以脉冲形式发射至地层中，再由天线R接收反射回的信息，最后通过分析，达到对短距离进行超前预报的目的。地质雷达或ZGS型智能工程探测仪探测范围为前方30 m内，可作为补充设计地质勘察的辅助手段。

（2）数据处理及资料判释地质雷达数据处理的目的是排除随机和规则的干扰，以最大可能的分辨率在图像剖面上显示反射波，提取反射波的各种参数（包括振幅、波形、频率等）帮助判释。

（3）地质雷达反映的是地下介质的电性分布，将其转化为地质体分布时必须把地质、钻探、地质雷达记录三方面的资料有机结合，以获得检测对象的整体状况。

3. 红外探测

（1）探测内容：

地下岩体、水体由于分子振动和转动，每时每刻都在向外界发射红外波段的电磁波，从而形成红外辐射场。物理场具有密度、能量、方向等信息特征，所以地质体不同，红外辐射场也不同。红外探测仪通过探测隧道前方地段红外辐射场强的变化来确定地质异常体的存在。

红外探测仪可以测出沿隧道轴线一定范围内的围岩场强值，根据这些场强值可绘出一系列的曲线。当隧道掌子面前方围岩的介质相对正常时，所获得的红外探测曲线近似为直线，离散度较小，该红外辐射场就为正常场意味着被探隧道掌子面前方 20~30 m 范围内不存在含水构造的地质异常体。当掌子面前方或隧道外围存在含水构造时，曲线上的数据产生突变，含水构造产生的红外辐射场叠加到围岩的正常辐射场上使探测曲线发生弯曲，形成异常场。

但红外线探测仪也存在局限性，它只能探测含水断层、含水破碎带、含水溶洞、含水陷落柱、地下暗河等，更多定量的信息则难以得到。

（2）现场探测进入探测地段，沿隧道边墙以 5 m 点距用粉笔或油漆标好探测顺序号，直至掘进工作面。在掘进工作面，先对前方进行探测。在返回的路径上，每遇到一个顺序号，就在隧道中央分别用仪器的激光器打出光斑，使光斑落在左侧边墙中心位置、拱部中线位置、右侧边墙中心位置、隧底中线位置，并扣动扳机分别读取探测值，做好记录，然后转入下一序号点，直至全部探完。也可以在掘进断面上自上而下测五排数据，每排五个点，做好记录，进行对比。

（3）资料处理：

将探测数据输入计算机，由专用软件绘成顶板探测曲线、底板探测曲线和两边墙探测曲线，断面上测的四排探测数据也分别绘制成曲线。通过分析，对隧道前方的地质情况作出预报。

红外探测曲线以直角坐标系表示，其中纵轴表示红外辐射场场强值，横轴表示以某点为起点的隧道距离（断面曲线图横轴则表示隧道断面上的 5 个测点及间距）。探测曲线大致平行于横坐标表示正常，反之则表示异常。

4. 超前水平钻探

超前水平钻探是隧道施工期超前地质预测预报最直接、最有效地方法，也是对其他探测手段成果的验证和补充。通过钻孔钻进速度测试和对钻孔岩芯的观察及相关试验可获取隧道掌子面前方岩石的强度指标、可钻性指标、地层岩性资料、岩体完整程度及地下水等诸方面的资料。与地震波反射法、地质雷达探测法相比，超前水平钻探法具有更直观、更准确的特点。超前水平钻探法主要用于探测煤层、瓦斯、断层、溶腔、突水、涌泥等不良地质。超前水平钻探法探测的距离长，探明的不良地质距工作面较远，便于提前调整施工方案和技术措施。

超前水平钻探法地质预报为单孔，孔深一般为10~20 m，采用水平地质钻机接杆钻孔。

为防止遇高压水时突水失控，开孔采用φ120 mm钻头，孔内放入3.0 m长的φ108 mm钢管作为孔口管，孔口管伸出掌子面50 cm，孔壁间用环氧树脂加水泥浆锚固，孔口管伸出部分安封闭装置，并与注浆泵连接，以便遇高压水时及时封堵并注浆。

钻孔时，作业平台要平稳、牢固，钻机施工时不晃动。

施钻过程中，由地质工程师详细记录钻速、水质、水量变化情况，并对岩芯进行统一编录、收集，综合判断预报前方水文、地质情况。

三、预报效果检查

开挖到预报位置时，将实际地质进行素描，和预报地质资料进行对比，以此来评价预报的准确性，积累经验，为以后的预报提供参考，并及时将预测数据、结果反馈至设计单位，作为调整设计、改变施工方案的依据。

第三章 盾构法在地铁施工工程中的应用

在地铁施工中，隧道工程建设至关重要，而通过采用盾构施工技术，可以将盾构机作为隧道的掘进设备，以盾构机的盾壳作为支护，施工效果显著。因此，对盾构技术在地铁施工中的应用进行详细探究具有十分重要的现实意义。前面对新奥法施工技术进行讲述，本章对盾构法展开讲述。

第一节 概述

一、概述

盾构法施工是使用盾构机在地下掘进，边防止开挖面土砂崩塌，边在机内安全地进行开挖作业和衬砌作业，从而构筑成隧道的施工法。按照这个定义，盾构施工法由稳定开挖面、盾构机挖掘和衬砌三大要素组成。

初期的盾构法施工是用手掘式或机械开挖式盾构机，结合使用压气施工法边保证开挖面稳定，边进行开挖。在围岩渗漏很严重的情况下，用注浆法进行止漏，而对软弱地基，则采用封闭式施工。经过多年对盾构技术的研究开发和应用，盾构机已演变成现在非常盛行的泥水式和土压式两种。这出两种机型的最大优点是在开挖功能中考虑了稳定开挖面的措施，将盾构施工法三大要素中的前两者融为一体，无需辅助施工措施，就能适应地质情况变化大且范围较广的地层。

在隧道的一端建造竖井或基坑，将盾构安装就位。盾构从竖井或基坑的墙壁开孔出发，在地层中沿着设计轴线，向另一竖井或基坑的孔洞推进。盾构推进中所受到的地层阻力，通过盾构千斤顶传至盾构尾部已拼装的隧道衬砌结构上，再传到竖井或基坑的后靠壁上。盾构机是这种施工方法中主要的独特施工机具。

盾构法施工是在闹市区和水底的软弱地层中修建地下工程较好的施工方法之一。近年来，盾构机械设备和施工工艺的不断发展，适应大范围的工程地质和水文地质条件的能力大为提高。各种断面形式和具有特殊功能的盾构机械（急转弯盾构、扩大盾构、地下对接盾构等）相继出现，其应用在不断扩大，盾构法施工具有作业在地下进行，不影响地面交通，减少噪声和振动对附近居民的影响，施工费用受埋深的影响小，有较高的技术经济优越性，盾构推进、出土、拼装衬砌等主要工序循环进行，易于管理，施工人员较少，穿越江、河、海时，不影响航运，施工不受风雨等气候条件影响等有利特点。这些优点将对城市地下空间利用的发展起到有力的技术支持作用。

二、盾构施工法发展

盾构施工法开挖面稳定技术的历史，是从压气施工法的“气”演变到泥水式的“水”和土压式的“土”。“开挖面稳定”和“盾构开挖”的技术已达到较完善的程度。目前盾构一般指密封式的泥水式和土压式盾构。泥土加压式盾构机因其具备用地面积小、适用土质广、残土容易处理等优点，在建筑物密集的市区，使用数量逐年增加。

最近，盾构机技术的发展动向是：开发超大断面的盾构机和MF盾构机、DOT盾构机等多断面盾构机，加上在衬砌和开挖方面采用ECL施工法的技术，采用管片自动组装装置的省力化，以及用自动测量进行开挖控制，用计算机进行各种施工管理实现管理系统化等的开发研究，对提高盾构法施工的安全性、施工性和经济性展示了更加广阔的应用前景。

第二节　盾构机基本构造

一、盾构机的种类

盾构机是盾构法施工的主要机械，按开挖面与作业室之间隔墙构造可分为全开敞式、半开敞式及密封式3种。

全开敞式，是指没有隔墙和大部分开挖面呈敞露状态的盾构机。根据开挖方式不同，又分成手掘式、半机械式及机械式3种。这种盾构机适用于开挖面自稳性好的围岩。在开挖面不能自稳的地层施工时，需要结合使用压气施工法等辅助施工法，以防止开挖面坍塌。

半开敞式，是指挤压式盾构机，这种盾构机的特点是在隔墙的某处设置可调节开口面积的排土口。

密封式，是指在机械开挖式盾构机内设置隔墙，将开挖土砂送入开挖面和隔墙间的刀盘腔内，由泥水压力和土压提供足以使开挖面保持稳定的压力。密封式盾构机又分成泥水式盾构机和土压式盾构机。

1. 手掘式盾构机

手掘式盾构机的正面是开敞的，通常设置防止开挖顶面坍塌的活动前檐和上承千斤顶、工作面千斤顶及防止开挖面坍塌的挡土千斤顶。开挖采用铁锹、镐、碎石机等开挖工具，人工进行。

这种盾构机适应的土质是自稳性强的洪积层压实的砂、砂砾、固结粉砂和黏土。对于开挖面不能自稳的冲积层软弱砂层、粉砂和黏土，施工时必须采取稳定开挖面的辅助施工法，如压气施工法、改良地层、降低地下水位等措施。目前手掘式盾构机一般用于开挖断面有障碍物、巨砾石等特殊场合，而且应用逐年减少。

2. 半机械式盾构机

半机械式盾构机进行开挖及装运石渣都采用专用机械，配备液压铲土机、臂式刀盘等挖掘机械和皮带运输机等出渣机械，或配备具有开挖与出渣双重功能的机械，以图省力。

为防止开挖面顶面坍塌，盾构机内装备了活动前檐和半月形千斤顶。由于安装了挖掘机，再设置工作面千斤顶等支挡设备是较困难的。

与手掘式盾构机一样，采用确保开挖面稳定的措施。适应土质以洪积层的砂、砂砾、固结粉砂和黏土为主。也可用于软弱冲积层，但需同时采用压气施工法，或采取降低地下水位、改良地层等辅助措施。

3. 机械式盾构机

机械式盾构机前面装备有旋转式刀盘，增大了盾构机的挖掘能力，开挖的土砂通过旋转铲斗和斜槽装入皮带输送机。由于围岩开挖和排土可以连续进行，缩短了工期，减少了作业人员。

在开挖自稳性好的围岩时，机械式盾构机适应的土质与手掘式盾构机、半机械式盾构机一样，需采用辅助施工方法。

4. 密封式机械盾构机的通用机构由刀盘、刀盘支承和切削刀头构成，分别介绍如下：

（1）刀盘

1）刀盘形状。目前广泛使用的刀盘，其纵断面形状有垂直平形、抽芯形和鼓筒形等。图 3-1（a）所示的垂直平形刀盘是以平面状态切削和稳定开挖面。

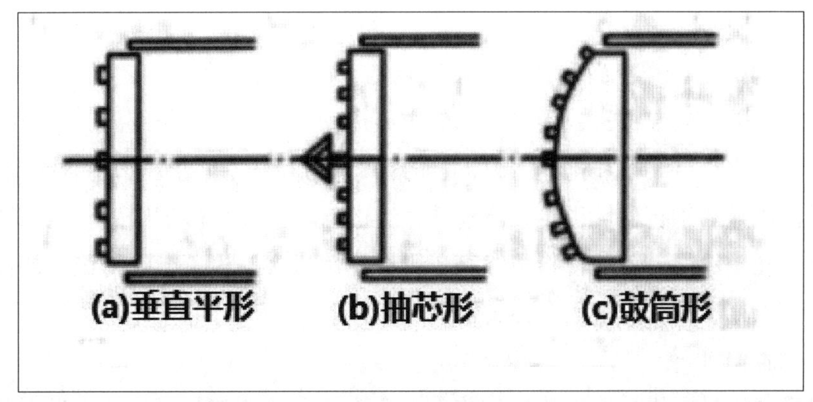

图 3–1　刀盘形状

抽芯形刀盘的形状，如图 3-1（b）所示，在刀盘中心装备有突出的刀头，“抽芯”就是为了提高开挖性能和方向性而采用的形状。

鼓筒形刀盘的形状如图 3-1（c）所示，设计中引入了岩石掘进机的设计思路，主要用于巨砾层和岩石。

2）刀盘正面形状

面板形：是用面板防止开挖面过度坍塌，有利于开挖面稳定。在面板上设有切口开闭装置，以便在开挖停止时关闭切口，防止切口引起开挖面坍塌；也可用来调节土砂排出量。开挖黏性土时，由于土砂黏在面板表面，常妨碍刀盘旋转，而且会扰乱开挖面，故必须予以注意。

轮辐形：轮辐形以减轻切刀的实际负荷扭矩，增大排出开挖土砂的效果，将土腔内的土压有效传递给开挖面。

（2）刀盘支承。

切削刀支承方式有中心轴方式、中间支承方式和周边支承方式。

1）中心轴方式。切削刀由中心轴支承，滑动部位的密封短，扭矩损失小。由于构造简单、制造方便，这种方式常用于中小直径的盾构机，缺点是机内空间除去驱动部件所占用之外所剩很小，难以处理大砾石。

2）中间支承方式。用多根横梁支承切削刀，常用于大中直径的盾构机。用于小直径盾构机时，横梁间隔变窄，土砂难于流动，必须充分研究防止横梁附近黏性土附着的问题。

3）周边支承方式。切削刀用框架支持，机内中心部位的空间变宽，对处理大砾石及障碍物有利。但是，必须充分研究土室内土砂容易同时旋转的问题，特别应注意防止切削刀周边的土砂附着和固结的问题。

（3）切削刀头。刀头种类有 T 形刀头、屋顶形刀头、薄壳式刀头和齿式刀头，可根据土质选用。T 形刀头和屋顶形刀头主要用于砂、粉砂和黏性土等比较软弱的围岩。提高了耐磨性的薄壳式刀头和对付砾石的齿式刀头，主要用于砾石层、岩层和风化花岗岩等硬质围岩。

5. 挤压式盾构机

挤压式盾构机是在开挖面的稍后方设置隔墙，在隔墙上设有孔口面积可调的排土口。盾构机正面贯入围岩向前推进，使贯入部位土砂流动，由孔口部位绞出，进行排土。开挖面的稳定是靠调节孔口大小和排土阻力，使千斤顶推力和开挖面土压力达到平衡来实现的。

这种盾构机适用于自稳性很差、流动性很大的软黏土和粉砂质围岩，而不适用于含砂率高的围岩和硬质地层。若液性指数过高，则流动性过大，也不能获得稳定的开挖面。由于适用地质范围狭窄，目前采用这种盾构机的工程较少。

6. 泥水式盾构机

泥水式盾构机是在机械式盾构机的前部设置隔墙，装备刀盘面板、输送泥浆的送排泥管和推进盾构机的盾构千斤顶，在地面上还配有分离排出泥浆的泥浆处理设备。

开挖面的稳定是将泥浆送入泥水室内，在开挖面上用泥浆形成不透水的泥膜，通过该泥膜保持水压力，以对抗作用于开挖面的土压力和水压力。

开挖的土砂以泥浆形式输送到地面，通过处理设备离析为土粒和泥水，分离后的泥水进行质量调整，再输送到开挖面。由于不能用目视直接检查开挖面围岩状态，所以采用一系列掘进管理系统进行集中管理。

一般泥浆处理设备设在地面，比其他施工方法需要更大的用地面积，这是这种盾构机在城市区应用的不利因素。

泥水式盾构机适用的地质范围很大，从软弱砂质土层到砂砾层都可以使用。直到数年前，采用泥水式盾构机的工程都比用土压式盾构机的多。但由于难以确保竖井用地，近年来泥水式盾构机的选用逐渐减少。

7. 土压式盾构机

土压式盾构机，是在机械式盾构机的前部设置隔墙，使土室内和排土用的螺旋输送机内充满开挖渣，依靠盾构机千斤顶的推力给土室内的开挖土砂加压，使土压作用于开挖面以使其稳定。

螺旋输送机有轴螺纹式、无轴带式和有轴螺纹与无轴带式组合式 3 种，可根据地质条件选用。一般选用有轴螺纹式。无轴带式用于砾石层开挖，由于中心无轴，所以对挖除大砾石非常有利。有轴螺纹式保持压力的效果较好，而无轴带式因其中心开口较大，保持压力效果不佳，故常在排土口设置滑动闸门等止水装置。

这类土压式盾构机又分为一般土压式盾构机和泥土加压式盾构机。

（1）一般土压式盾构机。土压式盾构机是将刀盘开挖的土砂充满土室，由盾构千斤顶的推进力加压，使土压作用于整个开挖面，以稳定开挖面，同时由螺旋输送机进行排土。

这种盾构机是在挤压式盾构机上安装刀盘进行开挖，同时使开挖的土砂流动，以便排土。适用于仅仅可用切削刀开挖且含砂量小的塑性流动性软黏土。

（2）泥土加压式盾构机。泥土加压式盾构机装备有注入添加材料，促进开挖土砂塑性流动的机构和强力搅拌添加材料及开挖土砂的搅拌机构，通过盾构千斤顶的推进力对土室内搅拌后的土砂（泥土）加压，并使该泥土压力作用于整个开挖面，使开挖面获得稳定，同时用螺旋输送机排土。

添加材料有膨润土、cmC、黏土、高吸水树脂、发泡剂等，可根据土质选用。

这种盾构机适用范围较广，可用于冲积黏土、洪积黏土、砂质土、砂、砂砾、卵石等土层，以及这些土层的互层。

由于泥土加压式盾构机适用的土质范围广，竖井用地比较少，所以近年来得到广泛采用。

这种盾构机又分成搅拌全部开挖土的泥土加压式盾构机和搅拌部分开挖土的泥浆加压式盾构机。

1）泥土加压式盾构机。在泥土加压式盾构机刀盘后部设置了强制搅拌整个土室的搅拌翼。在开挖土砂中添加膨润土、cmC、黏土或起泡材料等，将开挖土砂变成塑性流动性和防渗性的泥土，这种泥土充满土室和螺旋输送机内，通过盾构千斤顶的推力使泥土受压，使开挖面土压和水压平衡，稳定开挖面。

这种盾构机的刀盘形状多为轮辐形的，设有面板，故开挖面是开敞的，容易进行土压管理，适用于大范围的土质。

2）泥浆加压式盾构机。泥浆加压式盾构机是在刀盘开挖的土砂内注入膨润土、cmC、黏土或起泡剂等泥浆材料，在土室内搅拌，使开挖土变成泥浆，将成为浆状的泥土充填到无轴带式螺旋机内并对其加压，在其压力与地下水压力和围岩土压力达到平衡的状态下进行排土。

这种盾构机主要适用于巨砾层。由于土室内的搅拌效果仅限于无轴带式螺旋机的前部，对整个土室不起作用，且保持压力的效果和止水性均不太好，故在开挖面坍塌概率大的情况下使用这种盾构机值得研究。

二、盾构机机型的选择

盾构机机型是决定工程成效的重要因素，选择盾构机应综合考虑，以获得经济、安全、可靠的施工方法。一般考虑如下几点：

1. 适用于本工程围岩的机型；
2. 可以合理使用的辅助施工方法；
3. 满足本工程施工长度和线形的要求；
4. 后续设备、始发地等施工满足盾构机的开挖能力配套；
5. 工作环境。

对于地质条件变化很大的地区，即施工沿线地质变化较大，一般选择适合于施工区大多数围岩条件的机型。机型取决于围岩条件。

为了减少辅助施工法并保证施工安全可靠，选择能保持开挖面稳定和适应围岩条件的盾构机型非常重要。

第三节　盾构法 /TBM 施工

一、盾构法施工

盾构法施工的主要工序有：盾构机的出发与到达，土体开挖与推进，衬砌拼装与防水等。其中出发与到达是盾构机掘进施工中最容易产生事故的两道工序，也是最关键的工序。

（一）盾构机出发

盾构机进出洞时，均要保证不能给竖井的挡土结构背面周围路面和埋设物等带来不良的影响。盾构机出发是指使用安装在竖井内临时组装的管片、反力架等设备，把盾构机在座架上推进，从出发口处贯入围岩并沿着规定路线开始推进的一系列准备工作。

1. 盾构机出发的施工要点

（1）盾构机的安装

所谓安装是指把盾构机组装在竖井内设置的座架上，进入设定位置。设定位置是以设计的中心位置及高度为主，进行若干修正而求出的。所谓修正，是指在软弱围岩中盾构机贯入时，考虑到盾构机下沉而需事先留出一些富余量（数厘米左右），以便盾构机准确就位。

（2）反力架设备

该设备主要是以临时组装的管片和型钢为主材，为保证其能够承受必需的推力，应具有充足的强度和不发生有害变形的刚度。临时组装的管片，需要确保临时安装时的正确位置，以免给其后组装正式管片精度带来不良影响。

（3）始发口

因为始发口的开口作业引起围岩坍塌的危险较大，所以，必须小范围分片拆除临时挡土墙体，在盾构机前面及时进行支护，不得疏忽大意。通常，在靠近始发口处需设置入口密封圈或浇筑洞口混凝土，以确保施工的可靠性和安全性。在设置入口密封圈时，需要充分注意其材质形状和尺寸是否符合设计要求。

（4）始发方法

盾构机始发的方法很多，根据拆除临时挡土墙方法和防止掘削面地层坍塌方法的不同，主要有掘削面自稳法、拔桩法和直接掘削井壁法等。

这些方法，有单独使用的，有并用的。但不论采用哪种方法，都必须结合土质、地下水、盾构机型、覆土厚度和作业环境等来选定，同时还要考虑安全、经济和工程进度等要求。

2. 盾构机始发的工作内容及工艺流程

盾构机始发施工内容主要包括：出发端头的土体加固、安装盾构出发基座、盾构机下井安装及调试、洞口防水密封的安装、反力设施的安装、负环管片的安装、盾构机试运转、洞门破除等。

3. 盾构机始发的主要施工技术

盾构机出发施工容易发生各种事故，如出现沉降、涌水、涌泥、大面积塌陷等，发生这些事故的主要原因有：洞门土体存在无支撑或欠支撑的时间过长；洞门处地下水存在直接暴露的可能，盾尾未进入洞门不能同步注浆，洞门帘部止水效果有限。所以严格掌握盾构机出发的各项施工技术是保证盾构机安全出发的关键。

（1）始发端头的地层加固

盾构机始发之前，要根据洞口稳定情况评价地层，并采取相应的加固措施。常见的盾构机端头地层加固有搅拌桩、旋喷桩、水平冻结及垂直冻结、SMW 工法等方法，但施工成本、施工速度及施工的安全性各不相同。选择哪一种方法要根据地层具体情况而定，并要严格控制施工过程。

1）加固原则

根据隧道埋深及盾构机穿越地层情况，确定加固方法和范围；充分考虑洞门破除时间和方法，确保洞门破除和盾构机进洞的安全。

2）加固目的

消除构筑竖井时造成的周围土体的松动；防止拆除临时挡土墙时振动的影响；在盾构机贯入掘削面前能使地层自稳及防止地下水流入；降低对入口填塞物的压力；防止因掘削面压力不足引起的掘削面坍塌（特别是泥水式盾构机）；防止地表沉陷或对埋设物产生的影响。

3）加固要求

加固土体无侧限抗压强度≥ 1.0 MPa；渗透系数≤ 1.0 × 10-8 cm/s。

（2）洞门破除

为保证开挖面稳定，洞门破除分两次进行：第一次先将围护结构主体凿除，只保留围护结构的外排钢筋和保护层;在盾构机始发前进行第二次洞门破除，将洞门剩余部分凿除，并确保洞门范围内无剩余钢筋。洞门破除按先下后上、先中间后两侧的顺序进行，切忌大面积同时破除。第二次破除需要速度快，尽量缩短洞门土体无支撑时间。

（3）洞口密封

洞口密封是对起始推进段与盾构机或管片之间的间隙采取的防渗措施，防止地下水和背后所注砂浆外泄，确保施工可靠和安全，即在盾构机开始推进后不久，就可以对开挖面加压，盾构机尾部通过洞口之后，立即进行壁后注浆，尽早稳定洞口。

洞口密封的施工分三步：第一步是在始发井结构施工过程中，要做好预埋件的安装工作，特别注意的是预埋件必须与始发井结构钢筋连在一起，保证预埋件的锚固长度；第二步是在盾构机始发之前完成洞口密封的安装，特别要检查螺栓的紧固程度；第三步是在盾尾进入洞门后，壁后注浆开始前，在洞门密封压板上设置防反转装置。

（4）反力架和始发托架的安装

反力架（后座）设计制造必须满足以下几个要求：

1）要有足够的强度和刚度，保证传力的可靠性。

2）留有足够的空间，使垂直运输和水平运输方便通过，尤其要保证后续台车的通过。

3）保持盾构机推进轴线和后座壁垂直，保证盾构机推进方向的准确。

4）反力架基面要有足够的平整度，以保证管片的拼装质量。

5）反力架的结构形式要根据始发井的结构形式进行设计，要做到因地制宜。

6）反力架的结构最好做成组装的形式，便于吊运和安装。

反力架的安装时间根据始发井的大小来确定，安装好后需对反力架进行加固，保证能提供足够的反力。

盾构机始发托架不仅用作安装和搁置盾构机，更重要的是通过设在托架上的导轨使盾构机进出洞时能获得正确的导向。因此盾构机托架除了要满足承受盾构机自重外，还要满足盾构机在导向钢轨上移动时摩擦力引起的位移。盾构机始发之前，对始发托架两侧用H型钢进行加固。同时在盾构机推进过程中，在中盾和前盾的盾壳上加焊抗扭转牛腿。

导轨需要根据隧道的设计轴线、盾构机进洞时的施工条件等因素决定其平面位置、高程和坡度。在围护结构破除后，始发台与开挖面的空间很大，为保证盾构机在始发时不至于刀盘和盾体悬空太多而产生盾构机“磕头”现象，需要将导轨接长至洞口。同时要求导轨末端留有足够的空间，以满足刀盘旋转。

（5）反力架、钢管片和负环管片

反力架的确定主要依据洞口第一环管片的起始位置、盾构机的长度、洞门的厚度及刀盘在始发前所能到达最远的位置决定。

（6）第一环负环管片安装

在安装负环管片（盾构机始发时，在始发竖井里盾构机的后端是一个反力架，盾构机向前推进时需拼装管片环并向后安装到位以给盾构机掘进提供反作用力，从反力架到始发竖井井壁之间安装的管片就是负环管片，负环管片段实际上全部在始发竖井中）前，为保证负环管片不破坏盾尾尾刷和负环管片能顺利向后推进，在盾尾内安设厚度为盾尾间隙大小的方木，以保证管片在盾构机内的位置准确。

负环管片的最终位置通过推进油缸的行程进行控制，负环管片与钢管片之间的空隙要用钢板或铜板塞满。

（7）盾构机始发

盾构机始发采取小推力、低扭矩向前推进。刀盘进入洞门前，在刀头和铰接密封装置上涂抹油脂，以避免刀盘上刀头损害洞门密封装置。

推进过程中，跟踪加固负环管片。在负环管片脱出盾尾后，及时用钢丝拉结和木楔子等进行加固，以保证在传递推力过程中管片不会浮动和下沉变位。

（8）洞口注浆

当盾尾完全进入洞体以后，停机调整洞门密封，采用壁后注浆的方式进行洞口注浆。

4. 常见问题的预防和处理

（1）洞门失稳

破除洞门时易发生洞门失稳现象，主要表现为土体坍塌和水土流失，其根本原因就是端头加固不好。在小范围的情况下，可在破除洞门混凝土的同时喷混凝土对土体临空面进行封闭。当坍塌失稳情况严重时，只有封闭洞门，重新加固。

（2）密封效果不好

洞门密封效果不好，会造成土体流失，其主要原因也是端头加固不好和洞门密封安装精度不高。在始发过程中发现洞门密封效果不好时，及时通过调整配合比，使注浆后能及早封闭，也可以采用在洞门密封外侧向洞门内部注快凝的双液浆来解决。

（3）地面沉降较大

由于始发的特殊性，往往导致始发阶段的地面沉降量较大。因此在始发阶段应尽快地建立土压平衡模式，并严密注意出土量及土压力情况，同时加大监测频率，控制地面沉降。必要时，通过事先向土仓内灌土，提前建立土压平衡。

（4）始发后盾构机“磕头”

始发推进过程，在盾构刀盘到达掌子面及脱离加固区时，容易出现盾构机“磕头”现象，根据地质条件的不同，有可能出现超限的情况。为此，通常采用抬高盾构机的始发姿态、合理安装始发导轨及快速通过的办法尽量避免“磕头”或减小“磕头”的影响。

（5）支撑系统失稳

反力架、托架、负环管片等支撑系统，在某些情况下会由于盾构机推进的瞬时推力或扭矩较大而产生失稳，这样将导致整个始发工作失败。对于支撑系统失稳只能从预防角度进行，同时在始发阶段对支撑系统加强监测。

（6）盾尾失圆

由于受盾尾钢板的厚度较薄、始发阶段的约束力小、盾构自重和吊装的影响，盾尾一般会出现失圆，从而引起漏浆、损坏尾刷、轴线偏位等现象。可以采用整圆器进行整圆，必要时在拼装管片前人工对盾尾进行校正。

（二）盾构机到达

到达是指盾构机推进到前方事先准备的竖井壁面（亦称到达面），然后把盾构机拉到竖井内。

1. 盾构机到达前的准备工作

在盾构机到达前必须对到达竖井洞口段预先加固，其方法有：注浆加固、深层搅拌桩、旋喷桩等化学加固方法，还有井点降水疏干土体、冻结等物理加固方法。

为确保顺利到达，还应认真研究确定：到达部分附近的地层是否需要预加固及设置出口密封圈；盾构机位置测量方法和隧道内外的联络方法；减慢推进速度，采用微速推进的开始位置；采用泥水加压式盾构机时泥水减压的开始位置；竖井到达面的开挖方法及其开始时间；防止从盾构机主体和到达面的空隙土和砂流入或涌入的对策；到达部分附近的壁后注浆方法；到达竖井内的盾构机承台等临时设备。

盾构机进出竖井前后 50 m 是盾构法施工最困难的地段之一。经常因为地层处理不当引起洞口周围大面积土体的塌陷。在软黏土地质条件下，如果洞口封门材料强度低，抗渗透能力差，则不能起到挡土止水及保证井内工作空间的效果。相反，如果封门材料太硬，洞周土体加固强度过高，又会造成盾构刀盘切削困难。盾构进出竖井必须解决以下几个问题：封门材料选择和制作，洞周土体的滑移和沉陷，盾构机水平和竖直方向的偏移。

同济大学地下建筑与工程系和上海市基础工程集团有限公司试验研究用膨胀珍珠岩、砂和水泥制作封门填充材料，成功用于上海闸北电厂引水隧道东区水井盾构封门，该封门既能抵抗较大的侧向水土压力，又便于盾构机刀盘切削。上海延安东路南线 2 号井采用

C10级素混凝土作为封门材料。泥水盾构机刀盘可以直接切削素混凝土进入检修井，代替了传统方法（人工凿除地下连续墙或低药量密孔松动爆破），节约了拆除封门钢筋混凝土结构的劳动力，使盾构机直接进入土体，从而加快了施工进度。

2. 盾构机到达的方法

盾构机到达方法有两种：一种是盾构机到达后拆除到达竖井的挡土墙再推；另一种是事先拆除挡土墙，再推进到指定位置。

（1）盾构机到达后拆除挡土墙再推进方法

该方法是将盾构机推进到到达竖井的挡土墙外，利用地层加固使地层自稳，同时拆除挡土墙，再将盾构机推进到指定位置。

该方法拆除挡土墙时，盾构机刀盘与到达竖井间的间隙小，故自稳性强。但由于工序少，便于施工，而被广泛用于地层稳定性好的中小断面盾构工程。

（2）盾构机到达前拆除挡土墙再推进方法

该方法事先要拆除挡土墙，所以要在拆除前进行高强度的地层加固，在井内构筑易拆除的钢制隔墙，然后从下至上拆除挡土墙，用水泥土或贫配比砂浆顺次充填地层及加固体与隔墙间的空隙。待完成换填水泥土或贫配比砂浆后，将盾构机推进到隔墙前，拆除隔墙，完成到达。因为不让盾构机继续推进，所以有防止地层坍塌之效果，洞体防渗性能也很强。但地层加固的规模增大，而且必须设置隔墙，故扩大了到达准备作业的规模。这种方法多在大断面盾构工程中使用。

3. 盾构机到达的工作内容

工作内容包括：盾构机定位及接收洞门位置复核测量、地层加固、洞门处理、安装洞门圈密封设备、安装接收基座等。

（1）盾构机定位及接收洞门位置复核测量在盾构机推进至盾构到达范围时，对盾构机的位置进行准确的测量，明确成洞隧道中心轴线与隧道设计中心轴线的关系，同时应对接收洞门位置进行复核测量，确定盾构机的贯通姿态及掘进纠偏计划。在考虑盾构机的贯通姿态时注意两点：一是盾构机贯通时的中心轴线与隧道设计轴线的偏差，二是接收洞门位置的偏差。综合这些因素在隧道设计中心轴线的基础上进行适当调整。纠偏要逐步完成，每一环纠偏量不能过大。

（2）出洞段的土体加固

到达前一个月进行端头加固，常用的加固方法有高压喷射注浆法、深层搅拌法、冻结法和素混凝土灌注桩法。根据地质情况选择合适的加固方法，并检查加固效果是否满足盾构机到达掘进要求。

（3）洞门破除

在盾构机距离端头墙前一星期时，对洞门进行第一次破除，先将围护结构的主体凿除，只保留围护结构的外排钢筋和保护层。待盾构机进入加固范围时快速将洞门围护结构剩余部分破除，确保钢筋割除干净。

（4）安装洞口密封圈

洞口密封圈由止水垫圈、防止垫圈反转的压板及固定它们的铁件构成，在修筑混凝土洞口时密封圈被固定在混凝土洞口上。

（5）安装接收基座

接收基座的中心轴线应与隧道设计轴线一致，同时还需要兼顾盾构机出洞姿态。接收基座的轨面高程除了适应线路情况外，还要适当降低 20 mm，以便盾构机顺利驶上托架。为保证盾构机刀盘贯通后拼装管片有足够的反力，将接收基座以盾构机出洞方向 5% 的坡度进行安装。特别注意对接收基座的加固，尤其是纵向的加固，保证盾构机能顺利到达接收基座上。

4. 盾构机到达施工

盾构机到达施工是指从盾构机距离接收井（或矿山法隧道扩大段）之前 50 m（称为到达段）时，到盾构机贯通区间隧道进入接收井被推上盾构机接收基座的整个施工过程。施工时应注意下面几点：

（1）根据盾构机的贯通姿态及掘进纠偏计划进行推进，纠偏要逐步完成，每一环纠偏量不能过大。

（2）在盾构机距离端头墙 50 m 时，选择合理的掘进参数，逐渐放慢掘进速度，控制在 20 mm/min 以下，推力逐渐降低，缓慢均匀地切削洞口土体，以确保到达端墙的稳定和防止地层坍塌。

（3）盾构机进入到达段后，加强地表沉降监测，及时反馈信息以指导盾构机掘进。

（4）盾构机刀盘距离贯通还剩 10 m 时，在掘进过程中，专人负责观测出洞洞口的变化情况，始终保持与盾构机司机联系，及时调整掘进参数。

（5）在拼装的管片进入加固范围后，浆液改为快硬性浆液，提前在加固范围内将泥水堵住在加固区外。

（6）当最后一环管片拼装完成后，通过管片的二次注浆孔，注入双液浆进行封堵。注浆的过程中要密切关注洞门的情况，一旦发现有漏浆的现象立即停止注浆并进行处理。

（7）当盾构机前盾被推出洞门时，通过压板卡环上的钢丝绳调整折叶压板，使其尽量压紧帘布橡胶板，以防止洞门泥土及浆液漏出。在管片拖出盾尾时再次拉紧钢丝绳，使压板能压紧橡胶帘布，让帘布一直发挥密封作用。

（8）由于盾构机到站时推力较小，致洞门附近管片环与环之间连接不够紧密，因此做好后 20 环管片的螺栓紧固和复紧工作，并用槽钢沿隧道纵向拉紧后 20 环管片，使后 20 环管片连成整体，防止管片松弛而影响密封防水效果。

5. 常见问题的预防和处理

（1）洞门失稳

破洞门时易发生洞门失稳现象，主要表现为土体坍塌和水土流失，其根本原因就是端头加固不好。在小范围的情况下，可在破除洞门的同时，喷混凝土对土体临空面进行封闭。

当坍塌失稳情况严重时，只有封闭洞门，重新加固。

（2）密封效果不好

洞门密封效果不好，会造成土体流失，其主要原因也是端头加固不好和洞门密封安装精度不高。在到达过程中发现洞门密封效果不好时，及时通过调整配合比，使注浆后及早封闭，同时调整紧固钢丝绳，使帘布紧贴管片。也可以采用在洞门密封外侧向洞门内部注快凝双液浆的办法来解决。

（3）地面沉降较大

由于到达的特殊性，土压力太大容易造成前方洞门坍塌，太小容易引起沉降量增大。到达阶段应加大监测频率，并严密注意出土量及土压力情况，控制地面沉降。

（4）洞门附近管片松弛

由于盾构机到达时盾构机的推力较小，洞门附近管片环与环之间连接不紧密，容易引起管片松弛，可以采用多次紧固螺栓和用槽钢纵向将管片连接成整体来预防。

（三）土体开挖与推进

盾构法施工的出发和到达固然重要，但所需时间相对于整个区间施工来说还是较短的，工程量也是较少的。而整个区间土体开挖与盾构机的推进才是工程的主体，所需要的时间也是较长的，在施工中应重点注意以下几个问题。

1. 千斤顶的配置

盾构机是在千斤顶的推力作用下前进的，因此要正确选择推进千斤顶及其数量，以确保所需的推力。合理地使用盾构千斤顶对正确地沿预定的线路进行推进是至关重要的。推进方向是由施加的推力、千斤顶的位置来决定的，必须事先考虑曲线、坡度等来选择千斤顶的个数和位置。有时在曲线、坡道、蛇行修正等场所，只用单侧的千斤顶推进。

（1）盾构千斤顶的选择和配置

盾构千斤顶的选择和配置应根据盾构的灵活性、管片的构造、拼装衬砌的作业条件等来决定。选定盾构千斤顶必须注意以下事项：

1）采用高液压系统，使千斤顶机构紧凑。目前使用的液态系统压力值为 30~40 MPa。

2）千斤顶的重量要尽可能地小，且经久耐用易于维修、保养和更换。

3）千斤顶要均匀地配置在靠近盾构外壳处，使管片受力均匀。

4）千斤顶应与盾构轴线平行。

（2）千斤顶数量

千斤顶的数量要根据盾构直径、千斤顶推力、管片的结构、隧道轴线的情况综合考虑。一般情况下，中小型盾构每只千斤顶的推力为 600~1 500 kN，在大型盾构中每只千斤顶的推力多为 2 000~4 000 kN。

盾构千斤顶的数量 N 可按下式确定：

$$N=\frac{D_e}{0.3}+(2\sim3)$$

式中 D_e——盾构外径，m。

（3）千斤顶的行程

盾构千斤顶的行程应考虑到盾尾管片的拼装及曲线施工等因素，通常取管片宽度加上 100~200 mm 的余裕量。

另外，成环管片总有一块封顶块存在，若采用纵向全插入封顶成环时，在相应的封顶块位置应布置数只双节千斤顶，其行程大致是其他千斤顶的一倍，以满足拼装成环需要。

（4）千斤顶的速度

盾构千斤顶的速度必须根据地质条件和盾构形式来决定，一般取 50 mm/min 左右，且可无级调速。为了提高工作效率，千斤顶的回收速度要求越快越好。

（5）千斤顶块

盾构千斤顶活塞的前端必须安装顶块，顶块必须采用球面接头，以便将推力均匀分布在管片的环面。另外，根据管片材质的不同，还必须在顶块与管片的接触面上安装橡胶或其他柔性材料的垫板，对管片面起到保护作用。

盾构机推进时所需的推力会由于围岩条件（粒度组成、围岩强度、密实度、地下水压等）、盾构形式、超挖量、有无蛇行修正、隧道曲率半径、坡度等情况而有所不同。以不对管片产生不良影响为基础，注意始终使用适当的推力。

2. 不得破坏开挖面的稳定

闭胸式盾构机因同时进行开挖和推进，所以要确保开挖面的稳定，避免发生过量取土和压力舱内堵塞。敞胸式盾构机要根据围岩的情况，开挖后立即推进或开挖同时推进，以免开挖面发生破坏。管片组装完成后，要尽快地进行开挖、推进，而且要尽量减少开挖面的暴露时间。

对于土压平衡盾构机要实现开挖面的稳定，可以通过两条途径：控制土舱压力与开挖面地层压力的差值；控制排土量。土压平衡盾构机是借助土舱压力来平衡工作面的水土压力，以减少推进对地层的扰动。工程实践表明，这是一个动态平衡状态，由于推进速度和排土量的变化，土舱压力也会在地层侧压力值附近波动。因此，应特别注意调整推进速度和排土量，使压力波动控制在最小幅度，始终保持在：

$$p=p_z+p_w\leqslant p_i$$

式中 p——土舱压力，kPa；

p_z——侧向土压力，kPa；

p_w——侧向水压力，kPa；

p_i——密封舱压力，kPa。

由于超挖使土舱压力减少到地层主动土压力，欠挖使土舱压力增大到地层被动土压力时，土体均可产生塑性滑移和失稳。对气压盾构机、泥水盾构机和早期开敞胸板的网格盾构机在施工中也有类似的情况。实践证明，当满足 pi ≥（1.15~1.20）（pz+pw）时，地表变形比较小。盾构机未到达时，地表略有 3~5 mm 隆起，随后为沉降所抵消。

土压平衡盾构机推进中的主要控制参数有：刀盘和密封舱的压力、排土量和推进速度、螺旋出土器转速、千斤顶总顶力和分区千斤顶顶力、注浆压力和时间、注浆量和注浆方式、浆液性能、盾构机的坡度和姿态、管片拼装偏差等。当然这些施工参数与隧道所处区域的水文地质条件和隧道埋深相关。在盾构机推进洞内 50~100 m 范围内，结合地表沉降、土体的水平垂直变形、孔隙水压力、比贯入阻力、标贯指数等参数的量测数据，对盾构机推进的施工参数进行优化选择和实验。其目的在于使盾构机达到最佳的推进状态，即对周围地层及地表面扰动小，地层强度、超孔隙水压力变化小，盾构机推进速度快，轴线控制和管片拼装质量好。

3. 不能损坏管片等后方结构物

推进时最好在考虑了管片强度的基础上，尽量减小每台千斤顶推力。为了减小每台千斤顶推力，尽量使用更多的千斤顶来产生所需的推力。在曲线部分、坡度变化部分、蛇行修正部分等不得不使用部分千斤顶时，也要注意尽量使用多个千斤顶。

当要采用的推力可能损伤管片等后方结构物时，必须对管片进行加固。不得已时，闭胸式盾构机可使用全面外扩式或部分外扩式超挖刀进行超挖；而敞胸式盾构机在确保开挖面稳定的基础上进行超前开挖。

4. 尽量防止横向、纵向和转动偏差的发生

在盾构机推进时，要正确掌握盾构机的位置和方向，同时，使推力作用在适当的位置。当盾构机通过曲线部分、坡度变化部分或进行蛇行修正时，可使用部分千斤顶。为使盾构机中心线和管片面尽量正交，在推进时可采用锥形管片或者锥形管片环。

盾构机的横向偏差、纵向偏差和转动偏差，往往是由于围岩阻力、千斤顶操作误差、盾构机的结构特性、土质变化、管片刚度和测量误差等综合因素引起的，要根据测量取得的数据提前进行修正。

软弱地基或管片的结构等原因，盾构机发生前端低头时，对闭胸式盾构机来说，一般是对下侧的千斤顶加朝上的力矩向前推进；而对于敞胸式盾构机来说，一般采用在盾构机前端底部浇注混凝土或进行化学加固等方法进行地基改良，或在盾构机前面底部加上抗力板等方法来推进。

另外，敞胸式盾构机在方向急剧变化时，对于可进行超前开挖的土质，有时也采用先进行超前开挖再进行推进的方法。对长径比大的盾构机，因为难以弯曲，可借用反力板辅助转向。

蛇行修正最好尽早进行，趁蛇行量小时进行修正。急剧的方向修正往往会增加相反一侧的蛇行量，造成在盾尾内管片组装的困难，最好考虑在较长的区间内逐渐地进行修正。在推进过程中，土质突变经常是导致蛇行运动的原因，故对土质的变化要予以关注。

横向、纵向和转动偏差要用测锤、倾斜仪、回转罗盘经纬仪等来检测并适当选定千斤顶来进行修正。对于闭胸式盾构机，转动偏差多通过改变刀盘的旋转方向，施加反向的旋转力矩进行修正，转动偏差的发生会引起施工效率的下降。

（四）衬砌拼装与防水

软土层盾构法施工的隧道，衬砌多数都采用预制衬砌管片拼装而成，很少采用复合式衬砌或挤压混凝土整体式衬砌。

预制拼装衬砌通常由称作“管片”的多块弧形预制构件拼装而成。为了闭合拼装方便，通常将管片分成 AB 和 KE 两种类型，而 K 形管片又有半径方向插入与纵向插入之分。衬砌环的拼装程序有“先纵后环”和“先环后纵”两种。先环后纵法是拼装前缩回所有千斤顶，将管片先拼装成圆环，然后用千斤顶使拼好的圆环沿纵向与已安装好的衬砌靠拢联结成洞。此法拼装的特点是环面平整纵缝质量好，但可能形成盾构机后退。先纵后环因拼装时只缩回该管片部分的千斤顶，其他千斤顶则轴对称地支撑或升压，所以可有效地防止盾构机后退。

管片拼装是盾构法施工的一个重要工序，整个工序由盾构司机、管片拼装机操作工和拼装工三个特殊工种配合完成。在整个施工过程中必须由专人负责指挥，拼装前应全面检查拼装机械、工具和索具。施工前应根据所用管片形式和特点详细向施工人员作技术和安全交底。衬砌拼装系统最常用的是杠杆式拼装器，它由举重臂和驱动部分组成。举重臂采用杠杆作用原理，一端为卡钳装置，另一端为可调节的平衡锤。举重臂的功能是夹住管片或衬砌构件，将其送到需要安装的位置。驱动部分由液压系统及千斤顶组成，采用手动操纵阀能驱动举重臂作平面旋转与径向移动。举重臂多数安装在盾构机支承环上，也有与盾构机脱离安装在车架上的。

1. 准备工作

在衬砌管片拼装前必须做好下述准备工作：

（1）盾构推进油缸顶块与前一环管片环面必须有足够的空间可使封顶块插入成环；检查管片与盾尾间隙，结合上一环状态，决定本环拼装时的纠偏量及纠偏措施。盾构纵坡和拼装机在平面、高程的偏离值，决定了管片拼装位置和调整的纠偏值。

（2）清除上一环环面和盾尾内杂物，检查上一环环面防水密封条是否完好，如有损坏应及时修补；发现环面质量问题，应在下一环管片拼装时，进行纠正。

（3）按有关盾构设备操作要求，全面检查拼装机的动力及液压设备是否正常，举重臂是否灵活与安全可靠。

（4）管片在地面上按拼装顺序排列堆放，粘贴好防水密封条等防水材料。准备管片连接件和配件、防水垫圈等，并随第一块管片运至工作面。

2. 拼装作业

管片拼装时，一般应先拼装底部管片，然后自下而上左右交叉拼装其他管片，每环相邻管片应均匀拼装并控制环面平整度和封的尺寸，最后插入封顶块成环。

管片拼装成环时，应逐片初步拧紧连接螺栓，脱出盾尾后再次拧紧。当盾构掘进至下一环衬砌时，在环管片拼装之前，应对相邻已成环的（3 环范围内的）管片连接螺栓进行全面检查并再次紧固。逐块拼装管片时，应注意确保相邻两管片接头的环面平整、内弧面平整、纵缝密贴。

封顶块插入前，检查已拼管片的开口尺寸，要求略大于封顶块尺寸。拼装机把封顶块送到位，伸出相应的千斤顶将封顶块管片插入成环，对圆环进行校正，并全面检查所有纵向螺栓。封顶成环后进行测量，并按测得的数据对圆环进行校正，然后再次测量并做好记录。最后拧紧所有纵向和环向螺栓。

按各块管片位置，缩回相应位置的千斤顶，形成拼装空间使管片到位，然后伸出推进千斤顶完成管片的拼装作业。盾构司机在反复伸缩推进油缸时必须做到保持盾构机不后退、不变坡、不变向，同时应与拼装操作人员密切配合。

3. 防水

在含水土层中采用盾构法施工时，其钢筋混凝土管片除应满足强度要求外，还应解决防水问题。管片拼接缝是防水的关键部位，目前多采用纵缝、环缝设防水密封垫的方式。防水材料应具备抗老化性能，在承受各种外力而产生往复变形的情况下，应有良好的黏着力、弹性复原力和防水性能。特种合成橡胶比较理想，实际应用也较多。

（五）盾构法施工的工序

主要施工工序为：

1. 在盾构法隧道的起始端和终端各建一个工作井，亦称出发井和到达井。

2. 盾构机在起始端工作井内安装就位。

3. 依靠盾构千斤顶推力（作用在已拼装好的衬砌环和工作井后壁上）将盾构机从起始工作井的墙壁开孔处推进。

4. 盾构机在地层中沿着设计轴线推进，在推进的同时不断出土和安装衬砌管片。

5. 及时向衬砌背后的空隙注浆，以防止地层移动，同时可以固定衬砌环的位置。

6. 施工过程中，适时施作衬砌防水。

7. 盾构机进入终端工作井后拆除，如施工需要，也可穿越工作井再向前推进。

（六）施工注意事项

1. 盾构始发

（1）始发基座安装时，要求整个台面处于同一平面上，高度偏差不大于 30 mm，前端左右高程偏差不大于 20 mm；始发基座与隧道设计轴线的坡度偏差不大于 5‰；盾构始发后在软岩地层中易出现下沉而偏离隧道轴线，故对始发的高度应预先调整。当盾构在曲线地段始发时，应根据始发段的长度、盾构主机长度、盾构在曲线上的具体位置、盾构始发处的地层状况在曲线的切线与割线之间选择定位位置。

（2）始发基座的主要作用是稳妥、准确地放置盾构机，并在基座上进行盾构机安装与试掘进，所以基座必须有足够的强度、刚度和安装精度，并且考虑盾构机安装调试作业方便。

（3）反力架应与后井壁贴紧，后座的环面应与推进轴线垂直。后座可采用钢管片或钢筋混凝土管片拼成开口环或用钢结构形式，开口长度要满足盾构施工的垂直吊运需要，开口段的上半部分应设有稳固的后支撑体系，横向开口尺寸要保证施工期间设备、盾构施工车架能够顺利通过。

（4）在选择洞口地层加固方法时，主要考虑洞口破除后在主动土压力作用下洞口土体的抗弯抗折强度。选择洞口加固技术措施时，可单独使用一种或多种方法，但必须满足施工的安全、进度和经济三项要求。

（5）钢板桩封堵采用槽钢组合成矩形断面，安装于盾构井井壁洞口外侧或内侧，井壁外侧钢板桩应竖直安装，而内侧的钢板桩一般是横向安装于洞口处，始发井宜采用外封门形式。

（6）为保证盾构始发掘进段土体的稳定性，需对加固区域土体进行无侧限抗压强度、渗透系数等指标检测，并提供检测报告。

（7）盾构机安装调试运转正常后，即开始在基座导轨上逐环向前推进，直至盾构机刀盘最前端离洞口封门一定距离时停止，此距离按洞口的封门形式而定，当采用外板桩封门时一般为 15~20 cm。

（8）第一环负环管片定位时，应先保证管片横断面与路线中线垂直，待管片完成定位后，将管片与反力架之间的空隙填充密实。

（9）盾构机始发施工中，在负环管片开始后移时，应通过控制推进油缸行程的方法控制负环管片后移，所有推进油缸行程应尽量保持一致。

（10）盾构机在始发基座上向前推进时，由于始发基座条件的限制，一般盾构机的上部千斤顶在一定时间内不能使用，为此要精心调整盾构机正面土体反力以少用或不用底部范围千斤顶，防止盾构上飘及反力架因受力不匀而破坏。当盾构机始发覆土较浅时，为防止盾构机进洞上飘，需要使用上部推进千斤顶时，则必须安装有足够强度和刚度的支撑，以将上部顶力传至后井壁。

（11）为防止管片发生旋转，始发阶段应注意扭矩控制，一般情况下，始发阶段的盾构机扭矩值不得大于正常掘进的 70%。

（12）在盾构机始发阶段，应注意各部位油脂的使用和消耗情况。

盾构机施工时，一般根据盾构的长度、现场及地层条件将起始段定为 50~100 m。起始段掘进是掌握、了解盾构性能及施工规律的过程。

2. 盾构掘进

（1）作业前，必须根据隧道地质条件、埋深、地表环境、盾构机姿态、施工监测结果及从上个作业班盾构机姿态测量报表分析出盾构机的推进趋势，通过地面变形测量数据，评定平衡土压力值设定的正确程度，进一步调整施工参数，制定当班盾构机掘进指令，并及时跟踪调整。

（2）盾构机掘进施工指令一般包括以下内容：当班每环推进时的姿态纠偏值、掘进时的土舱压力、注浆压力与每环的注浆数量、管片选型、最大掘进速度与推进油缸行程差、最大推力、最大扭矩、螺旋输送机的最大转速、扭矩等。

（3）在盾构机推进时，操作人员应不断观察设定土压力值、推进速度、推进油压、盾构姿态、刀盘油压及转速、螺旋机的油压及转速、进土速率及盾构机的推进油缸伸出长度偏差等是否均在优化施工参数范围内，发现有异常情况应及时调整，并做好详细记录。

（4）设备操作按盾构机设备操作规程和安全操作规范进行。

（5）壁后注浆应与盾构机推进同步，注浆要根据盾构机的轴线与隧道轴线相对差值、隧道埋深、土质渗透性能等调整注浆数量和注浆压力，通过地面变形观测评定注浆效果，据此调整注浆数量或位置。注浆司机应做好施工记录。

（6）盾构施工必须严格控制地层变形，使其变形量控制在允许范围内。在施工过程中及时进行监控量测，进行信息反馈，按优化的施工参数控制盾构推进速度、出土量、注浆数量、注浆压力（浆液出口处压力）、注浆时间和注浆位置，并做好记录。

（7）为确保盾构机与管片位置的正确性，必须经常进行人工复核测量，每周不少于1次，最长掘进距离不应超过 150 m。

（8）每天人工测量管片位置 1 次，在硬岩、地下水比较丰富地段浅埋隧道地段或发现管片位移较大的地段应加大人工测量频率。根据测量结果进行管片位置与位移分析，通过信息反馈，进行掘进参数（盾构姿态、注浆参数、浆液胶凝时间等）的调整。

（9）盾构机操作人员必须严格执行指令，谨慎操作，对初始出现的小偏差应及时纠正，避免“蛇形”前进现象，盾构机一次纠偏量不宜过大，以减少对地层的扰动。

（10）特殊原因造成盾构机偏离设计轴线过大，需要进行长距离纠偏时，要根据偏离的实际情况，制定纠偏方案，逐步进行纠偏。

（11）可根据盾构机穿越地层土质状况，向土舱内添加泥浆、水、泡沫剂、聚合物等，通过刀盘的旋转来搅拌切入的土体，使其具有良好的流动性和止水性，以改良舱内土质并保持塑流状态，能使土舱内建立平衡土压力。

（12）排土方式一般为钢制斗车装运，在做计划时应综合考虑隧道断面大小、运输距离、一次掘进排土量作业循环等因素选定斗车容量与数量。排出的渣土一般呈流动性，应进行泥土固化处理，方法有：太阳晒干处理，水泥、石灰类添加剂处理和高分子添加剂处理。目的是要使泥土达到可运输状态和弃置堆放条件，减少对道路和环境的污染。

（13）若盾构机停止掘进时，应根据停顿时间长短、环境要求、地质条件做好开挖面、盾尾密封及盾构防后退工作。

（14）遇到盾构机和注浆设备发生故障、施工运输故障及地质意外变化可能危及盾构与隧道安全时，必须暂停施工。待找出原因、排除故障后方可继续施工。

（15）一般盾构机停止三天以上时，开挖面应进行封闭，盾尾与管片间的空隙作嵌缝密封处理，并在支承环的环板与已建成的隧道管片环面之间进行适当支撑，以防止盾构在停顿期间后退。当地层软弱和流动性较大时，盾构中途停顿须及时采取防止泥土流失的措施。

3. 轴线控制

（1）盾构轴线的控制是盾构机推进施工的一项关键技术。轴线方向控制主要是依靠测量的精确性，在实际施工中盾构机推进轴线控制不可能是理想状况。轴线控制不佳的原因是地质不均匀引起正面阻力不均匀及施工操作技术水平不高。控制好盾构的推进轴线，才能保证管片拼装的位置准确和隧道竣工轴线误差控制在允许范围内。

（2）盾构机推进及管片拼装施工时，为了减少由于盾构机自转所产生的施工困难，应控制盾构机旋转量在 ±42° 以内。在施工中防止过量旋转的措施有：

1）改变刀盘的旋转方向。

2）改变管片拼装左、右交叉的先后次序。

3）调整两腰推进油缸轴线，使其与盾构轴线不平行。

4）当旋转量较大时，可在盾构机支承环或切口环内单边加压重。

5）盾构机在硬岩、地下水比较发育地段、浅埋隧道地段或软弱土层中推进时，特别是在曲线段盾构机逐环转折推进时会引起盾尾后一段隧道的位移，导致测量的后视标志点移动。因此，在盾构机推进轴线和成环管片中心的测量中必须定时严格复测后视标志点的移动值，并及时进行调整，确保盾构机推进导向测量的正确性。

4. 盾构纠偏

在实际施工中，盾构机推进方向可能会偏离设计轴线并超过管理警戒值。在稳定地层中掘进时，因地层提供的滚动阻力小，可能会产生盾体滚偏差；在线路变坡段或急弯段掘进时，有可能产生较大的偏差。应及时调整盾构机姿态，纠正偏差。纠偏需要注意下面两个问题：

（1）盾构机内径与管片外径两者之间有一定施工间隙，盾构纠偏只能在此范围内调整，过量纠偏会使盾壳卡住管片，导致管片被挤坏或增加下一环管片拼装的困难。

（2）纠偏应及时和连续，而且不要过量纠偏。过大纠偏会使盾构轴线与隧道轴线产生较大的夹角，影响盾尾密封效果，产生盾尾漏浆，无法保证空隙填充密实。过量纠偏还会增加盾构对土体的扰动，这些因素都将增大地面变形。

5. 盾构到达

盾构到达是指在稳定地层的同时，将盾构机沿所定路线推进到竖井边，然后从预先准备好的大开口处将盾构机拉进竖井内，或推进到到达墙的指定位置后停下等待一系列的作业。一般距离到达井 50 m 范围为到达段。盾构到达应注意下面几个问题：

（1）盾构到达前需对到达洞口土体进行加固，按照环境、地质条件、洞门尺寸及深度、洞口封门形式来确定洞口土体加固处理方案（降水、化学压浆或其他地基加固方法、土体加固强度及范围），并对土体加固效果进行鉴定。当加固条件受到限制或加固效果不良时，必须采取其他技术措施，保证盾构到达。

（2）到达井内的盾构接收基座应符合技术要求，导轨应可调节，以适应盾构到达时的姿态。在曲线地段，接收基座应根据曲线在该位置的切线方向进行定位。

（3）盾构机掘进至离洞口封门结构 100 m 时，必须做一次盾构推进轴线方向的传递测量，以逐渐调整盾构轴线。

（4）为防止由于盾构机推力过大和防止切口开挖面土体挤压损坏洞口封门结构，当切口离封门结构 30~50 cm 时停止推进，并使切口开挖面压力降到最低值，以确保洞口封门拆除时的安全。

（5）盾构机停止推进后按计划方法与工艺拆除封门，然后尽快地连续推进和拼装管片，使盾构机能在最短时间内全部进入接收井内的基座上。洞口与管片的间隙必须及时处理，并确保不渗漏。

6. 盾构机调头

盾构机调头是指区间施工到达目的地之后，从左（右）线转到右（左）线，重新开始掘进的过程。盾构机调头方法很多，可根据竖井尺寸、设备、盾构直径、重量及移动距离等决定。由于盾构设备重量大、体积大，因此起吊、移动调头工作时间长，必须预先编制调头方案，做到可靠、安全。盾构机在竖井内调头时，要有调头设施。盾构机在竖井内水平移动距离较大时，可采用移车台。小直径且重量轻的盾构，可用起重机直接起吊调头。盾构机调头时的注意事项如下：

（1）刀具更换。刀具更换是一项复杂工序。首先除去压力舱中的泥水、残土，清除刀头上黏附的泥沙，确认要更换的刀头，运入工具，设置脚手架，然后拆去旧刀具，换上新刀具。更换刀具停机时间比较长，容易造成盾构整体沉降，引起地层及地表沉降，损坏地表及地下建（构）筑物。因此要求：

1）更换前做好准备工作，尽量减少停机时间。

2）更换作业尽量选择在中间竖井或地层条件较好、较稳定地段进行。

3）在地层条件较差的地段进行更换作业时，必须带压更换或对地层进行预加固，确保开挖面及基底的稳定。

（2）更换刀具的人员必须系安全带，刀具的吊装和定位必须使用吊装工具。

（3）做好更换记录。更换记录主要包括刀具编号、原刀具类型、刀具磨损量、修复刀具的运行记录、更换原因、更换刀具类型、更换时间和更换人员等。

7. 特殊地段盾构施工

（1）浅覆土层盾构施工

1）严格管理开挖面压力。覆土荷载减小，使开挖面压力允许的管理幅度缩小，即使少量的误差，也可能给开挖面稳定带来很大影响。因此，在掘进时，应特别注意泥浆或添加剂的性质及对开挖面压力的管理，尽量减小对地表或地下建（构）筑物的影响。开挖压力管理值可以通过实验来确定。

2）浅覆土地段的壁后注浆。由于盾尾空隙会立即影响到地面或地下建（构）筑物，要做充分的壁后注浆管理工作以控制地层变形。宜使用有早期强度的壁后注浆材料，采用同步注浆方法进行施工。注浆参数等可以通过实验来确定。

3）穿越河流的浅覆土施工。应对开挖面的稳定、泥浆或添加材料的泄漏或喷出采取预防措施，还应注意采取相应措施防止隧道的上浮或管片的变形。

（2）小半径曲线盾构施工

1）超挖量。用部分外扩式超挖刀进行开挖时，超挖量大，使得小半径曲线施工较为容易。但是，这样会产生由于围岩的松动、壁后注浆材料绕入开挖面而使推进反力下降，隧道变形增大。因此，要考虑地层的稳定性，把超挖量控制在允许范围内。

2）壁后注浆。小半径曲线施工时，管片从盾尾脱出后如果不能立即与围岩形成一体，盾构推进就不能充分取得反力，导致产生较大的管片变形和隧道位移的危险性。应选择体积变化小、早期强度高的注浆材料。考虑到超挖量，注入量也需要适当增加。为了防止注入材料绕入开挖面等，可在管片背面安装填充袋并向该袋内注入混凝土。

3）线路测量。应根据需要增加测量频率。

4）在地层稳定性差的地段，为了防止曲线部分超挖引起地层松动，可采用化学加固或高压喷射水泥砂浆等辅助施工法。

（3）大坡度区段盾构施工

1）盾构前部比较重，上坡掘进时需要加大下半部盾构千斤顶推进能力。对于后方台车应采取防止脱车措施。

2）大坡度施工中的壁后注浆材料，宜采用体积变化小、早期强度高的瞬结性材料。下坡度时，壁后注浆材料绕入开挖面的可能性大，应注意采取措施解决这一问题。

（4）地下管线区段盾构施工

应特别注意详细查明地下管线分布、管线类型和业主提出的允许变形值，制定具体保护措施。

（5）地下障碍物处理

要详细查明地下障碍物的具体位置与实物，原则上采取提前在地面上拆除和回填的办法处理。在洞内拆除困难很大，国内也尚无这方面经验。因此，采取洞内拆除，需进行可行性研究和有效地安全措施。

（6）穿越建（构）筑物施工

对地表已有建（构）筑物进行加固或对盾构隧道上方与建（构）筑物之间地层进行加固，应根据具体地层、埋深隧道直径、建（构）筑物现状等条件，制定加固范围与方法。宜通过试验段施工，根据量测评定其效果来选择合理的方法。

（7）小净距隧道施工

小净距隧道双洞的中间岩柱宽度介于连拱隧道和双线隧道之间，一般小于 1.5 倍隧道开挖断面的宽度。小净距隧道施工的相互影响因施工条件各不相同，一般要考虑：

1）后续盾构的推进对先行隧道的挤压和松动。

2）后续盾构的盾尾通过时对先行隧道的松动。

3）后续盾构的壁后注浆对先行隧道的挤压。

4）先行盾构引起的地层松弛对后续盾构的偏移等。

伴随以上现象会发生管片变形、接头螺栓的变形和断裂、漏水、地表下沉量的增大等。观测到异常变形时，应立即停止施工，查明原因，同时根据情况，采用辅助工法进行施工。

（8）穿越江河地段施工

江河部分施工地层情况和地下水流动情况，对选择盾构机类型和制定施工措施非常重要，必须详细进行水文地质调查，包括地质钻孔的位置与对施工的影响。

1）河床地质和水文地质条件复杂，在水底部分水压力比覆土压力更大，必须根据地层的水土压力设定适合的开挖面压力。

2）预测盾构施工对堤岸、周边结构物的影响，根据需要采用辅助工法保证堤岸周边结构的安全。

3）除了要考虑开挖面的稳定、泥浆和添加材料的泄漏或喷出外，还需要特别考虑隧道上浮和管片的变形问题，并采取相应措施加以解决。

（9）砂卵石地段施工

盾构机在砂卵石地段施工时，刀具磨耗大，更换刀具频繁。对于较大直径砾石的处理，其方法是在开挖面上安装特种刀具或选用带破碎机的盾构机进行施工，也可采用爆破方法破碎大直径砾石。对于采用泥水平衡盾构机的排渣管道，应注意防止砾石引起的堵塞。

8. 管片与拼装

盾构机推进时，依次把将要脱离盾尾的成环管片环向、纵向螺栓用扳手拧紧至设计要求。拼装过程中，遇有管片损坏，应及时使用规定材料修补；管片损坏超过标准时，应调换；在拼装过程中应保持成环管片的清洁，如后期发现损坏的管片也必须进行修补。

平面曲线段隧道使用楔形环管片拼装后形成曲线，拼装方法与直线段施工相同。

为了保证隧道曲线精度，必须保证楔形管片成环精度，而且要求第一环管片定位准确。

9. 壁后注浆与隧道防水

壁后注浆是盾构法施工必不可少的工序。壁后注浆起着控制地层变形、减少隧道沉降、加强衬砌防水性能和改善衬砌受力状态（保持管片衬砌拼装后的早期稳定）的作用。在盾构施工时，可选择合理的位置注浆，实现盾构纠偏。

（1）壁后注浆

1）常规要求

注浆工艺的选择应根据隧道变形及地层变形的控制要求决定。注浆工艺一般有同步注浆、即时注浆、二次补强注浆等类型。浆液应根据地层性质、地面荷载情况、允许变形速率等要求进行合理选定。惰性浆液一般不适于对地面和隧道沉降要求高的工程。

注浆原材料的选用应按地层条件、施工条件和材料来源合理选定。浆液必须满足工程使用要求：注浆作业中不产生离析；具有较好的流动性，易于注浆施工；压注后浆液固化收缩率小；有较好的防渗性能；压注后强度能很快超过土层。

注浆原材料使用前必须进行材料试验，符合要求后方可正式用于工程。

2）注浆参数的选择

在管片外部土压力大或地下水头压力大的地段，注浆压力应根据计算决定。

注浆出口压力应稍大于注浆出口处的静止土压力 0.1~0.2 MPa。通过计算的注浆压力不应出现过大浆液溢出地面或造成地表隆起，也不应过小而降低注浆作用。

同步或即时注浆的注浆量宜按下式计算：

$$Q=\lambda V$$

式中 Q——注浆量，m^3；

λ——充填系数，根据地质情况、施工情况和环境要求确定；

V——充填体积，m^3，计算公式如下：

$$V=\pi(D_2-d_2)L/4$$

其中 D——盾构切削外径，m，

d——预制管片外径，m，

L——每次充填长度，m。

上述计算值，可在施工中按注浆效果进行调整。注浆量与盾构推进时扰动土层的范围有关，扰动范围是变量，一般情况下充填系数取 1.30~1.80。在裂隙比较发育或地下水量大的岩层地段，充填系数一般取 1.50~2.50。

3）注浆设备

注浆设备按采用的注浆工艺合理选择，主要包括浆液拌制机、注浆泵、软管、管接头、阀门控制系统等。选用的设备应保证浆液流动畅通，接点连接牢固，不漏浆。

浆液拌制机宜用强制式搅拌机，其容量要与施工用浆量相适应。拌浆站必须配有浆液质量测定的稠度仪，随时测定浆液流动性能。

4）注浆作业

注浆时要随时观察注浆状况，控制好注浆压力并记录注浆点位置、压力，注浆量。当注浆作业发生故障时，应立即通知停止盾构掘进施工，及时排除故障。

注浆结束时应在一定压力下关闭浆液分配系统，同时打开回路管停止压浆。注浆管路内压力降至零后拆下管路并清洗干净。

5）注浆质量控制

注浆质量控制以达到保护工程环境效果为目的，一般采用注浆压力、注浆数量进行双重控制。

（2）隧道防水

盾构隧道渗漏水的位置是管片的接缝、管片自身小裂缝、注浆孔和手孔等，其中以管片接缝处为防水重点。

为了保证隧道防水，应注意以下几点：

1）隧道管片接缝防水的构造形式截面尺寸和材料性能，是根据隧道纵向变形允许值和计算出的管片环缝张开值确定的，故接缝防水密封垫的防水效果是盾构隧道的防水重点。

管片螺栓孔的防水按设计要求和构造尺寸制成环状垫圈，依靠紧固螺栓而达到防水目的。必要时，应按设计要求进行螺栓孔注浆。

隧道变形缝和柔性接头是变形集中、变形量大的特殊部位，因此防水处理和结构施工应严格按设计要求实施，以达到隧道整体防水的目的。

2）管片接缝防水密封条为工厂制造，厂方应按设计生产，必要时应在现场实际验证。

3）作业前的运输、堆放、翻动等工作均不得损坏管片防水槽等关键部位；防水密封条粘贴后，在运输时应保护好，发现问题及时修补后，方能下井进行拼装。

10. 盾构法施工中地面沉降及控制

盾构法隧道施工会引起较大的地面沉降，特别是在软土条件下，即使采用世界上最先进的盾构机，用盾构法修建隧道也要产生一定的沉降。盾构选型合理，施工工艺先进，施工技术参数合理，可以将地面沉降控制在较小的范围（+1~3 cm）。要减少盾构法施工对周围环境的影响，其主要的关键技术是保持开挖面的稳定和管片脱出盾尾后及时注浆填充间隙。

（1）地面沉降的原因

盾构推进过程中引起地面沉降的原因大致可分为土体损失和土体固结两个方面，具体是：

1）密封舱压力不足，前方土体松弛。

2）螺旋出土器转速过快，出土量过多。

3）盾构纠偏或曲线推进时，造成过量超挖。

4）盾构外壳拖带土体，增加土体的损失。

5）管片衬砌接缝不密封，水和泥浆渗入造成土体损失（流砂地层尤为明显）。

6）盾构外壳直径与管片拼装后隧道外径不同，产生建筑间隙，管片脱出盾尾，土体失稳塌陷。

7）隧道衬砌变形。

8）推进过程中土体孔隙水压力变化和土体的固结沉降。

9）土体由于施工扰动引起次固结沉降。

10）注浆填充材料凝固收缩产生的沉降。

上述 1)~5）条，必须保证开挖面稳定，控制挖土速度，不断优化掘进施工参数，用信息反馈指导施工来控制；6)~10）条，必须依靠同步注浆、二次压浆和后续补浆，选择合理的浆液材料和注浆方法，有效控制土体沉降和变形。

依据理论分析和大量的实测资料，可将盾构法施工引起的地面沉降分为五个阶段：盾构到达前、盾构到达时、盾构通过时、管片脱出盾尾时及长期变形阶段。各阶段地层移动预测可以由塑性理论和固结理论公式分别求解，因为客观环境因素复杂，介质材料参数取值不准，计算结果仅能作为工程技术参考。

（2）地面沉降的控制措施

防止盾构机推进引起地表沉降的措施主要有：

1）对盾构机推进中的施工参数进行优化，确保开挖面的土体应力接近初始地应力场，控制出土速度，不超挖和欠挖。

2）管片脱出盾尾时，于衬砌背后适时注浆，控制好注浆压力、浆液材料性质、注浆量等，这些均是防止隧道上部土体塌陷、后期固结变形的有效方法。

3）盾构机进出工作井前后 50 m 是施工中控制地表沉降的关键地段，可采取恰当的洞周围土体加固方法。

二、TBM 施工

（一）掘进机法的基本概念

掘进机法是利用岩石隧道掘进机在岩石地层中暗挖隧道的一种施工方法。施工时所使用的机械通常称为隧道掘进机，英文名称是 Tunnel Boring Machine，简称 TBM。它是利用回转刀盘又借助推进装置的作用力从而使得刀盘上的滚刀切割（或破碎）岩面以达到破岩开挖隧道（洞）的目的。按岩石的破碎方式，大致分为挤压破碎式与切削破碎式 2 种：前者是将较大的推力给予刀具，通过刀具的楔子作用将岩石挤压破碎；后者是利用旋转扭矩在刀具的切线方向及垂直方向上进行切削。如果按刀具切削头的旋转方式，可分为单轴旋转式与多轴旋转式 2 种。作为构造来讲，掘进机是由切削破碎装置、行走推进装置、出渣运输装置、驱动装置、机器方位调整机构、机架和机尾，以及液压、电气、润滑、除尘系统等组成。

（二）隧道掘进机施工法在国内外的应用

隧道掘进机施工法始于 20 世纪 30 年代，限于当时的机械技术和掘进机技术水平，掘进机的应用事例相当少。50—60 年代随着机械工业和掘进机技术水平不断提高，掘进机施工得到了很快的发展。据不完全统计，世界上采用掘进机施工的隧道已超过 1000 座，总长度超过 4 000 km。掘进机施工法已逐步成为长大隧道修建中主要选择的施工方法之一。

掘进机施工的事例中值得一提的是英吉利海峡隧道的贯通运行，它体现了掘进机法施工技术的最高水平。英吉利海峡隧道全长 48.5 km，海底段长 37.5 km，隧道最深处在海平面下 100 m。这条隧道全部采用掘进机法施工技术，英国侧共用 6 台掘进机，3 台掘进机施工岸边段，3 台掘进机施工海底段，施工海底段的掘进机要向海峡中央单向推进 21.2 km，与法国侧向英国方向推进而来的掘进机对接贯通施工。法国侧共用 5 台掘进机，2 台机器施工岸边段，3 台机器施工海底段。海峡隧道由 2 条外径 8.6 m 的单线铁路隧道及 1 条外径为 5.6 m 的辅助隧道组成。掘进机在地层深处要承受 10 个大气压的水压力，单向作距离 21.2 km 推进，推进速度达到平均进尺 1000 m/ 月。因此，掘进机的构造先进性及其配套设备的可靠性和耐久性均需采用高标准、高质量、高技术设计和制造，同时在材质方面必须要耐磨耗及耐腐蚀的材料。所以该隧道的建成标志着掘进机法施工技术的最新水平，也是融合了英、美、法、德等国家掘进机法施工技术于一体的最高成就。

我国隧道掘进机研究开发和制造是从20世纪60年代中期开始的。先后在云南的西洱河水电站引水隧道、引滦入津工程的新王庄隧道陡河电站的引水隧道、引大入秦总干渠38号隧道、北京落坡岭水电工程、贵州猫跳河水电站引水隧道、江西萍乡煤矿、山西怀仁煤矿、山西古交煤矿、云南羊场煤矿、福建龙门滩引水隧道等工程的施工中使用。这些隧道用全断面岩石掘进机掘进施工，月平均进尺20~300 m，国产机型累计总掘进长度约12 km。

虽然在我国隧道掘进机的制造和施工也积累了不少经验，但和国外先进国家相比，还有很大差距。掘进速度相差2.5倍左右，机械性能、隧道施工适应性、配套设备、设计制造、施工操作、机械设备维修保养、施工管理等都有待深入探索、研究和提高。

引进全断面隧道掘进机施工，推动我国隧道快速掘进的一个施工实例是甘肃省引大（大通河）入秦（秦王川）大型跨流域灌溉工程，也是世界银行贷款建设的项目，按世界银行采购指南进行国际竞争性招标。总干渠的主要项目中30A隧道（又称水磨沟隧道）是引大入秦工程次长的一条无压输水隧道，长度11 649 m，隧道最大埋深330 m，穿过岩性软硬不同的地层。采用的是美国罗宾斯掘进机制造厂商生产的套筒式盾构型岩石掘进机。该机包含了现代高科技成果，如液压传动和电子技术等，是目前隧道施工中最先进的施工机械设备。开挖施工的隧道直径5.53 m，预制混凝土衬砌直径4.8 m，预制混凝土衬砌厚度30 cm。

此外，在修建秦岭隧道（长18 km）时，首次使用了大型硬岩掘进机开挖。该机由德国WIRTH公司生产。机型为TB880E敞开式TBM，开挖断面为圆形，开挖直径为8.8 m，掘进行程1.8 m。它是集液压、电气、电子、机械于一体的先进的隧道掘进机，自身配有超前钻探、激光导向（ZED）、监测监控、通风除尘、围岩支护与加固（喷锚、钢拱架安装、岩石注浆）和数据采集（WADS）等自动化系统。

可以预见，随着我国国民经济建设的发展，国家的能源、交通、冶金矿山、煤炭工业也需要相应地进行大规模建设。这些工程大都有相应的隧道（洞）或巷道，都需要钻爆法和掘进机去开挖施工。

近年来，先进的全断面掘进机在地下工程中越来越显示其功能的优越性。尤其是套筒式盾构型岩石掘进机及相配套的工艺装备，在隧道施工作业（如开挖、出渣、衬砌灌浆等平行作业）中能实现一次成洞，可有效地利用隧道空间，保证施工作业安全、高效和快速。因此，应大力发展掘进机法修建隧道，这不仅会促进我国隧道（洞）或巷道施工技术的大发展，而且具有战略意义。

（三）隧道掘进机的分类

隧道掘进机法与以往的钻爆法不同，它不使用火药，而是利用掘进机在开挖面上连续切削或将岩石先行破碎后再掘进。它的特点是：全断面机械破碎，联合作业连续掘进。比之常规施工方法，掘进速度快、洞壁光滑匀整、超挖量小、操作安全，可以大大地降低工人的劳动强度和改善作业条件。隧道掘进机是目前隧道开挖施工中一种较为理想的专用机械设备。

由于当前隧道的用途和施工方法种类很多，机器构造形式多种多样，现场条件又很不同，对应于这些，每个施工工法都有各自的特色。因此，对隧道掘进机进行分类是困难的。最常用的分类方法是根据使用目的、工程地点、开挖对象、围岩、施工方法等对隧道掘进机进行分类。

1. 按切削方式分类

当前世界上使用的隧道掘进机，可大致分为全断面切削方式和部分断面切削方式 2 类。部分断面切削方式是挖掘煤炭用的机械在隧道挖掘施工上的应用，全断面切削方式开挖的断面一般是圆形的。

2. 按开挖地层分类

（1）土质隧道掘进机。目前通用的土质隧道施工专用机械设备的各种形式掘进机分类方法有以下几种：

1）根据开挖面上的挖掘方式，可以分为人工挖掘（手掘）式、半机械挖掘式和机械挖掘式；

2）根据切削面上的挡土方式，可以分为开放型方式和封闭型方式（土体能自稳时采用开放型方式，土体松软而不能自稳时则用封闭型方式）；

3）根据向开挖面施加压力的方式，可分为气压方式、泥水压力方式、削土加压方式和加泥方式。

（2）岩石隧道掘进机。掘进机生产的机器构造形式多种多样，从世界范围内使用的掘进机来看，是根据制造商生产的掘进机在各自范围自行分类。

如罗宾斯将隧道掘进机分为三大类：

1）桁架式掘进机，该类掘进机常用于软岩开挖。

2）撑板式掘进机，用于不易塌落或密实的岩石。

3）盾构式掘进机，能用于混合型地层（部分硬的黏土或坚实的砂土层）。

（四）隧道掘进机（TBM）法的优缺点

1.TBM 法的优点

（1）掘进效率高。掘进机开挖时，可以实现连续作业，从而可以保证破岩、出渣、支护一条龙作业。特别在稳定的围岩中长距离施工时，此特征尤其明显。与此对比，钻爆法施工中，钻眼、放炮、通风、出渣等作业是间断性的，因而开挖速度慢、效率低。掘进效率高是掘进机发展快的主要原因。

（2）掘进机开挖施工质量好，且超挖量少。掘进机开挖的隧道（洞）内壁光滑，不存在凹凸现象，从而可以减少支护工程量，降低工程费用。而钻爆法开挖的隧道内壁粗糙不平，且超挖量大，衬砌厚，支护费用高。

（3）对岩石的扰动小。掘进机开挖施工可以大大改善开挖面的施工条件。而且周围岩层稳定性较好，从而保证了施工人员的健康和安全。

（4）施工安全，近期的TBM可在防护棚内进行刀具的更换，密闭式操纵室和高性能的集尘机的采用，使安全性和作业环境有了较大的改善。

2.TBM法的缺点

（1）掘进机对多变的地质条件（断层、破碎带、挤压带、涌水及坚硬岩石等）的适应性较差。但近年来随着技术的进步，采用了盾构外壳保护型的掘进机，施工既可以在软弱和多变的地层中掘进又能在中硬岩层中开挖施工。

（2）掘进机的经济性问题。由于掘进机结构复杂，对材料、零部件的耐久性要求高，因而制造的价格较高。在施工之前就需要花大量资金购买部件和制造机器，因此工程建设投资高，难用于短隧道。

（3）施工途中不能改变开挖直径。如用同一种机型开挖不同直径的断面，在硬岩的情况下更换附属部件，在数十厘米范围内，还是可能的。

（4）开挖断面的大小、形状变更难，在应用上受到一定的制约。

三、隧道掘进机的基本构成和性能

（一）TBM工法的基本构成

TBM工法的基本构成要素大体上可分为开挖部、反力支承靴部、推进部和排土部几个部分。

1. 开挖部

（1）开挖机制。开挖岩层所使用的TBM刀具，不是用于开挖软弱土层的锯齿形刀具，而是所谓的滚刀（回转式刀具）。该滚刀以一定的间距安设在刀盘上，掘进时，滚刀向岩层挤压，把岩层压碎，进行开挖。

具体来说，施工时用刀具的刀刃接触部，把岩层破碎成粉末，并从该区域龟裂向岩层深处传播，沿着在刀头间产生的裂隙，形成岩片而剥离。上述龟裂发生地模式视围岩的岩类、岩性而异。为了有效地开挖，使刀头极力剥离出较大的岩片，刀头承受的荷载、安装间距等机械要素是实现高效率开挖的重要参数。

（2）滚刀。滚刀是由回转的刀体和装备有刀具的刀头环构成。刀头环具有能够更换的结构。最新的刀头环采用了算盘状的刀圈，材质也改为镍铬钼合金钢系。

TBM的掘进性能，与刀具的性能密切相关。在高速施工的条件下，开发长寿命、大型化的刀具是极为必要的。一般小口径TBM是φ290~φ350，中大口径的TBM是φ394~φ432，φ483~φ559的为超大口径刀具。

（3）刀盘构造。TBM与在软土中掘进的盾构不同，它是以围岩的自稳为前提的。因此，

TBM 的设计相对来说是比较自由的，可以有各种各样的构造。但其最主要的是刀盘和支承靴。

1)球面刀盘和平面刀盘。刀盘的前面，以一定的间隔配置滚刀。滚刀一般有中心滚刀、正滚刀（开挖面滚刀）和边滚刀之分。滚刀的配置间隔，决定于滚刀的负荷容量、岩石强度和目标日掘进进度等。在外周部分，为防止滚刀的刀体从刀头上飞出，设置一定的角度，并使刀头的切削断面形状呈圆弧形。

为了不在边缘处安设特殊的边滚刀，可采用平面滚刀。目前发展趋势是重视滚刀的互换性，因而，球面刀盘采用得较多。另外，中心滚刀在各种情况下都是设置在有限的空间内，因此，正滚刀多采用形状各异的滚刀。

2）周边支持型和中央主轴型刀盘。周边支持型刀盘，是由圆筒状的筒体和主机架构成的，它采用大口径轴承。其后背部设有开口很大的周边支持结构。开挖石渣由设在刀盘前面和外周面的缝隙处理。施工时，通过把主机架作为料斗提升，将石渣送到排土装置中。该种刀盘与在软弱围岩中使用的盾构掘进机的刀盘是一样的，它在崩塌性的地质条件下是很有效地。滚刀的突出量可以设置得比较小，同时，也允许在机内进行更换。

中央主轴型刀盘是一个圆板构造体，在其中心处设主轴，用小口径的轴承来支持。滚刀配置在圆板上。出渣是利用设在刀盘外周部的刮板从下部收集，尔后用外周部的料斗由上部送到排土装置中。

滚刀安设在板的前面，不受主轴等的限制，其设置方式比较自由。该种构造，在敞开式 TBM 中采用得较多。但出渣口受到限制，故视地质情况，有时不能有效排土。

2. 反力支承靴部

支承靴的作用是提供 TBM 推进时所需的反力（推进力、刀盘转矩）。为提供充分的反力和不损伤隧道壁面，应该加大其接触面积，以减小接地压力。通常，接地压力取为 3.0~5.0 MPa 如把上述支承靴称为主支承靴，则还有所谓的以控制振动、控制方向等为目的的各种支承靴。

（1）盾构型 TBM 支承靴。在盾构型 TBM 中，设有提供推进反力的主支承靴（尾部）和掌子面支承靴（前部）。主支承靴一般是水平的在左右设置一对，但对大口径的 TBM，有时在周边上要设置 4~5 个支承靴。

（2）敞开式 TBM 支承靴。有单支承靴方式和双支承靴方式 2 种。单支承靴方式是在主梁上左右设一对支承靴。该支承靴对应推进时主梁的方位变化。

双支承靴方式是前后各有一对支承靴。前面的支承靴有 4 个（X 形）、2 个（I 形）、3 个（T 形）的布置形式。

方向修正不管支承靴是何种方式，都应在设置支承靴前进行，但对于单支承靴方式，开挖过程中也能改变方向。而双支承靴方式，在开挖进程中不能改变方向，受地质变化的影响小，直进性能好。常用的各类支承靴的构造特点介绍如下：

1）单支承靴敞开式 TBM 方式。TBM 的刀盘是周边支持型的，驱动马达设在刀盘的后面。为减小伸缩千斤顶时对支承靴产生的弯矩，可把主梁和支承靴座相连接。皮带运输机设置在通过刀盘中央的主梁上面或下面。

此类机型的特征是采用球面刀盘，适用的地质条件范围大；在掘进前、掘进中都可以控制方向；重心在机械前部，上下方向的控制易受地质条件的影响。

2）双支承靴梁型 TBM 方式。此种类型 TBM 的刀盘通常是平面型的，但也有环面型的。多把驱动装置设在最后端，用主梁内的驱动装置驱动，千斤顶与支承靴的主梁连接，皮带运输机设置在主梁上部。

此类机型的特征是：支承靴把机体牢固地固定在壁面上，方向控制性能好；重量平衡好，上下方向控制容易；方向控制只能在掘进前进行；因刀盘是板型的，不适合于黏性土的开挖。

代表性的 TBM 有支承靴 X 形布置的 TBM 和 T 形布置的 TBM。

3）盾构型 TBM。开放型盾构型 TBM 的刀盘都是穹形的。分前后筒体间可伸缩的筒式结构和前中筒间及中后筒间用可活动铰结合的筒式结构 2 种。

此类机型的特征是：采用球面刀盘，因采用盾壳保护，其地质适应范围很广；在开挖过程中可控制方向；因有盾壳，TBM 在隧道内的后退受到限制；千斤顶要具备 2 倍以上的推力；因使用管片，可改变为密闭型。

4）斜井用 TBM。在水工隧洞中常常需掘进斜井，其斜度通常为 30° ~50° 。

斜井使用的 TBM 基本上与在水平坑道中使用的 TBM 一样，仅仅是在后续设备上要下些工夫。两者之间的最大区别是，防止后退的方法和石渣的排出方法。

后退的防止方法，在敞开式 TBM 中，要在 TBM 的后方设置与 TBM 支承靴连动的能够锚固的支承靴装置。在盾构型 TBM 中，使用管片或支撑来防止滑落。石渣的排出通常采用自然流下的方法。

5）导坑和扩挖型 TBM。开挖大口径隧道的方法，首先是用导坑 TBM 开挖小断面的导坑，以此为前导，用扩挖型 TBM 扩挖隧道。此种方式与全断面掘进时相比，刀盘的外周部和内周部的周速差小。该类 TBM 多采用两机为双支承靴方式的梁型 TBM。视地质、施工条件，可以有各种组合。

此类机型的特征是：扩挖时，因可借助先行导坑判明地质情况，所以可对不良地质情况先行加以处理；刀盘的后方空间大，支护作业容易；工期和施工成本与全断面方式相比处于劣势。

3. 推进部

TBM 的推进部主要使用推进千斤顶，推进按下述动作反复进行：

（1）扩张支承靴，固定机体在隧道壁上；

（2）回转刀盘，开动千斤顶前进；

（3）推进一个行程后，缩回支承靴，把支承靴移到前方，返回（1）的状态。

4. 排土部

TBM 的排土设备一般有皮带运输机、喷射泵、螺旋式输送机、泥土加压方式液体输送等，分别介绍如下：

（1）皮带运输机。在所有的梁型 TBM 和敞开式盾构 TBM 中使用，该方式运量大，可实现高速化，但有涌水时，排土困难。

（2）喷射泵。适用于敞开式盾构 TBM。喷射泵输出后，由液体继续进行输送。因为该方式中，喷射泵是开路的，所以掌子面可以开放出来。同时，有涌水时，该方法也极为有效。但排土效率低，只用于小口径的 TBM 中。

（3）螺旋式输送机。用于密闭式盾构 TBM，也可以在土压式 TBM 中使用。使用该方法时，掌子面自稳性高，在无涌水时，掌子面可开放。

（4）泥土加压方式液体输送。使用在密闭式盾构 TBM 中，该法对掌子面的稳定效果很好。

（二）TBM 的掘进速度

滚刀掘进速度的计算公式有很多种，但一般以下式概括

$$R=P\times n$$

式中：

R——掘进速度（cm/min）；

P——切入深度（cm/r）；

n——滚刀回转数（r/min）。

一次切入深度 P 与岩石强度（单轴抗压强度 σ）、刀头间隔（S）、刀头荷载（W）有关，可按下式计算

$$P=\frac{1}{\sigma}\cdot\frac{1}{S}W$$

因此，为提高掘进速度，可采用加大切入深度，或增加刀盘回转数的措施。刀盘的回转数，根据滚刀密封部的周速度或轴的密封轴速度，有一上限值，此值通常为 100~120 m/min。

为增大切入深度，可采用 2 种方法：一种是采用刀头荷载大的大口径刀头；另一种是增加小口径刀头的数量。但不管哪种方法，如 TBM 的总推力相同，则其掘进速度也是相同的。

刀头采用大口径的优点表现在：可减少刀头的数量，相应的需维护、更换的刀头数量也减少了；与小口径相比，可提高刀头环的磨耗寿命。

但采用大口径刀头会使交换作业变得困难，因此，究竟是采用大口径刀头还是小口径刀头需要综合考虑。

就机械施工而言，人们期望的目标是能够“快速施工”，因为，这实质上降低了工程费用。决定施工速度的最重要的因素是：

1. 机械本身的开挖能力；

2. 出渣、支护等后续作业的效率。

因此，在编制施工计划时，考虑如何提高后续作业的效率，即如何增加循环作业中机械的纯工作时间是很重要的。

一般情况下，机械工作时间占开挖循环的比例，对于 TBM、自由断面掘进机来说都在 30%~50%。

（三）采用隧道掘进机法的基本条件

由于岩石隧道掘进机的断面外径大可达 10 m 多，小仅 1.8 m，并且岩石掘进机和辅助施工技术日臻完善及现代高科技成果的应（液压新技术、电子技术和材料科学技术等）大大提高了岩石掘进机对各种困难条件的适应性。因而全断面岩石掘进机的适用范围，如果简单地从开挖可能性看，是不全面的。必须根据隧道周围岩石的抗压强度、裂缝状态、涌水状态等地层岩性条件的实际状况及机械构造、直径等的机械条件及隧道的断面、长度、位置状况、选址条件等进行判断。

在 TBM 工法中，TBM 和掌子面是分离的，故有软弱层和破碎带时，采用辅助工法很困难。所以，不良地质的调查，不仅对 TBM 的选择和施工速度有很大的影响，对能否采用 TBM 法也是决定性的因素。此外，能否充分发挥 TBM 的能力，是调查研究的一个重点。

TBM 施工的地质调查主要是调查影响 TBM 使用的地质条件，如地质的硬软，破碎带的位置、规模，地下水的涌水，膨胀性地质等，对 TBM 工法是否适合，以及影响 TBM 开挖效率的地质因素等，大体上可分为以下 2 类：

1. 影响选用 TBM 工法是否合适的地质因素

（1）隧道地压。是否存在塑性地压是决定 TBM 适用性的重要因素。在最近的 TBM 施工中，采用护盾式的 TBM 时，多使用超挖刀具，使断面有些富余，而利用管片的反力来推进。使用敞开式 TBM 时，要从初期的喷混凝土支护中脱出，也要采用相应的措施，因此，地压的作用是避免不了的。在这种情况下，事先正确地掌握该区间的位置，就易于采取合适的措施。对此，最好采用掌子面超前探测和钻孔探测的方法进行地质判定。

发生塑性地压的围岩的评价，在软岩情况下，主要采用围岩强度比的方法；在近似土砂的软岩时，应采用围岩抗剪强度比的方法。

比较方便的方法是采用下式表示的围岩强度比的大小进行评价的方法。

$$\alpha = \frac{q}{\gamma h}$$

式中：

γ——围岩单位体积重量（N/m›）；

q——试件轴抗压强度（Pa）；

h——埋深（m）；

α——围岩强度比，其中：

$a<2$ 挤出性——膨胀性围岩

$2<a<4$ 轻微挤出性——地压大的围岩

$4<a<10$ 地压大——有地压的围岩

$a>10$ 几乎无地压的围岩

从目前的技术水平看，在断层破碎带和软弱泥岩等地质条件及蛇纹岩等膨胀性地质条件下，会有很大的地压作用，掌子面难于自稳，TBM 掘进是极为困难的。

（2）涌水状态。在软弱岩层和断层破碎带中，涌水的范围、大小、压力等，是造成掌子面崩塌和承载力低下的主要原因。在极端的情况下，机体会产生下沉，此时必须用护盾式 TBM。在涌水地段，TBM 的优点会丧失殆尽。在选择时，这是必须注意的。

2. 影响 TBM 效率的地质因素

影响 TBM 效率的因素主要有岩石强度、硬度及裂隙等。这些因素对 TBM 切削岩石的能力影响极大。

（1）岩石强度。TBM 的开挖是利用岩石的抗拉强度和抗剪强度比抗压强度小得多这一特征。一般说抗拉强度是抗压强度的 1/10~1/20。开挖的难易与抗拉强度、抗剪强度和抗压强度有关，一般都用通过试验比较容易得到的抗压强度来判定。对开挖的经济性有很大影响的刀具消耗，只用抗压强度判断是不合适的，还应根据岩石中含有的石英粒的范围、大小和岩石的抗拉强度等判断。现在，对局部抗压强度超过 300 MPa 的超硬岩，也可以采用 TBM 施工，但刀具和刀盘的消耗过大，是不经济的。从机种及裂隙的程度看，适合的强度约在 200 MPa 以下。

（2）岩层的裂隙。岩层的裂隙（节理、层理、片理）对开挖效率影响极大。裂隙适度发育的岩层，即使抗压强度大，也能进行比较有效地开挖。例如，在裂隙发育的条件下，裂隙间距 30~40 cm 就可以认为是很发育了，q=150 MPa 时，也能有效地开挖。

（3）岩石硬度。进行机械开挖时，刀具的磨耗问题是永远存在的。因此，要进行硬度试验和矿物成分分析，主要是了解矿物中的石英等硬物质的含量、粒径等。一般地说，在 $q<100$ MPa 的地质条件下，石英等坚硬的矿物含量很多、粒径很大。此时刀具的消耗很大，在经济上常常不太有利。

（4）破碎带等恶劣条件。在破碎带、风化带等难以自稳的困难条件下进行机械开挖，都需要采取辅助方法配合施工。特别是在有涌水的条件下，施工更为困难，拱顶崩塌、机体下沉、支承反力降低等问题时有发生。为了克服这一缺点，最近已开发出盾构混合型的掘进机，但还不能满足全地质型的要求。

因此，从地层岩性条件看适用范围，掘进机一般只适用于圆形断面隧道，只有铣削滚筒式掘进机在软岩层中可掘削成非圆形隧道（自由断面隧道）。开挖隧道直径在 1.8~12 m，以 3~6 m 直径为最成熟。一次性连续开挖隧道长度不宜短于 1 km，也不宜长于 10 km，以 3~8 km 最佳。隧道施工太短，掘进机的制造费用和待机准备时间占工程的总费用和时间的比例必然增加。如果一次性连续开挖施工的隧道太长，超出掘进机大修期限（一般 8~10 km），自然要增加费用和延长施工时间。掘进机适用于中硬岩层，岩石单轴抗压强度为 20~250 MPa，尤以 50~100 MPa 为最佳。

但是有一点要引起注意的是岩层的地质情况对掘进机进尺影响很大。在良好岩层中月进尺可达 500~600 m，而在破碎岩层中只有 100 m 左右，在塌陷、涌水、暗河地段甚至要停机处理。鉴于掘进机对不良地质十分敏感，选用掘进机开挖施工隧道时应尽量避开复杂地层。

3. 机械条件

TBM 不仅受到地质条件的约束，还受到开挖直径、开挖机构的约束。

一般说在硬岩中，大直径的开挖是很困难的。日本的实例是最大直径 5 m 左右。其理由是：目前的 TBM 大都是单轴回转式的，开挖直径越大，刀头的内周和外周的周速差越大，会对刀头产生种种不良影响。此外，随着开挖直径的增大，要增大推力，支承靴也要增大，会会出现运送上的困难和承载力问题。

此外，挖掘机械是采用压碎方式还是切削方式，对实际应用的适用范围也有差别。

4. 开挖长度

TBM 进入现场后，一般要经过运输、组装的过程。根据 TBM 的直径和形式、运输途径、组装基地的状况等，要准备 1~2 个月。另外，TBM 的后续设备长 100~200 m，为正规地进行掘进，也要先修筑一段长 200 m 左右的隧道。所以，隧道长度短时，包括机械购置费在内的成本是很高的，是不经济的。

当隧道长度在 1 000 m 以下时，固定费的成本急剧增大，到 3000 m 左右时，成本大致是一定的。因此，TBM 适宜的长度最好是 3 000 m 以上。

由于掘进机在技术上较成熟的范围里已越来越占施工速度、安全上的优势，以至目前国外在开挖 10~30 m^2 断面。而长度在 1000 m 以上的隧道一般都优先考虑选用全断面掘进机法施工。

第四节　双模盾构

盾构法是在地面下暗挖隧道的一种施工方法。随着目前国内轨道交通的快速发展，现在大中型城市、珠三角等地区的建筑、公用设施和各种交通日益繁杂，如果在市区明挖隧道施工，特别在市区中心遇到隧道埋深较大，地质复杂的情况，若用明挖法建造隧道则很难实现，成本较高，施工工艺也复杂，难以展开。在这种条件下采用盾构法对城市地下铁道、上下水道、电力通信、市政公用设施等各种隧道建设具有明显优点。此外，在建造穿越水域、沼泽地和山地的公路和铁路隧道或水路隧道中，盾构法因在经济合理性及技术方面的优势而得到普遍采用。

盾构机分类：

按手工和机械划分为：手掘式，半机械式，机械式三大类。

以工作面挡土方式划分：敞开式，密闭式。

以气压和泥水加压方式划分：气压式，泥水加压式，土压平衡式，加水式，高浓度泥水加压式，加泥式。

一、双模式盾构机的特点

1. 适应性强。自稳性强的地层采用土压模式掘进，自稳性差的地层采用泥水模式掘进。

2. 切换便捷。两种模式切换不需在特定条件下拆装任何部件，实现安全、快速的连续切换。

3. 技术突破。新的概念、新的系统、新的产品，具有国家专利。

4. 功能齐全。两个模式可独立运行又可互相支持。土压模式下利用泥水系统稳压、造泥膜气压开仓等。

5. 环保经济。能在控制工程风险、减少地面预处理、严控敏感地段的地层沉降、快速掘进等方面发挥显著作用。

二、双模式盾构机的设计理念

随着泥水、土压盾构掘进的经验积累和对两种模式盾构机的认识不断加深，双模式盾构机的设计理念逐步成熟。实现了泥水模式与土压模式在同一盾构机上集成的系统设计，能够根据实际需要实现泥水或者土压盾构掘进功能并能快捷切换，该型设备系国际首创，目前已成功获得国家专利。

一般来说盾构设备的种类与地质条件是相对应的，目前采用的基本都是单模式盾构机。因此盾构机适应地层环境、地表环境和长距离的工作能力受到极大限制。特别是在穿越行进地区的地质情况变化较大，较为复杂的地段，地表建构筑物、江河流域、管线等复杂环境。单一掘进模式的盾构机容易出现掘进困难等问题。

传统的单一模式盾构机是通过选型比选、适应性评估，一是选定土压平衡式盾构机或泥水平衡式盾构机中的一种；二是同时选定两种盾构机，分别应用到工程中，致使增加设备投入或增加始发工作井等高额的费用。由于盾构机单一模式的局限性，这种方法一旦选定，应用在隧道施工中就无法更改，倘若必须变更盾构机则需花费非常大的经济代价和工期代价。影响施工工期，增加工程成本，对施工建设造成不利影响。

一机两用。具备土压盾构机高效掘进的特点，达到泥水盾构机沉降控制精度高的优点。凡能满足土压盾构掘进、泥水盾构掘进施工的工程环境，均可适用。尤其是隧道区间较长时需要穿越不同地层、地表建构筑物、江河流域、管线等复杂环境，可以选取不同模式进行掘进施工。

根据配套设备外型、体积、重量灵活布置在台车上，尽量缩短后续配套台车总长度。布置合理化的同时符合环境保护、防火及其他安全生产的要求，从而构造更良好的操作和维护环境，便于安装及维修。

第四章　城市地铁工程施工的风险分析与评价

城市地铁施工本身具有工程环境条件复杂、施工风险大及工程工作量大、难度高的特点，因此在实际的施工过程中做好安全管理工作，不仅可以提高城市地铁的整体施工效率，同时还能够保障作业人员的生命财产安全，为整个地铁行业的可持续发展奠定基础。基于此本章对施工的风险分析展开讲述。

第一节　地下工程安全风险评价的必要性和紧迫性

一、城市地铁工程现状及地铁工程技术综述

1. 城市地铁工程技术综述

我国地铁施工不能追求盲目的先进，更不能追求不合理的豪华或低造价，应以安全可靠和适用作为前提。因此我们对地铁工程技术及其应用范围要有清楚的认识。

地铁工程技术主要分为三个方面：地质调查技术、设计技术和施工技术。

（1）地质调查技术

调查技术分为施工前期调查和施工期间调查。前者用于设计和编制施工计划，以获得信息为目的，包括施工现场场地调查、埋设物调查、地层调查；后者用于管理，它包括施工管理调查、环境保护调查。

地层调查的主要技术有以下几种：资料调查、地质勘测、钻孔调查、孔内原位试验、物理勘测、地下水调查、土体和岩石物理实验、土体和岩石力学实验。

（2）设计技术

由于地下工程的支护系统环境条件数量化表达十分困难，所以地下结构的设计技术和地面工程结构不同。地下结构设计大致可分为两大块：工程类比的经验方法和数值计算方法。

另外，近些年来提出了地下工程信息化设计的理念，即把工程开工前根据地质调查和岩土力学试验进行的设计称为“预设计”，施工过程中进行信息监测，利用实际参数和反分析技术进行调整，从而修正“预设计”的一种动态设计方法。

（3）施工技术

建造地下工程，不仅要考虑结构物形式、地层条件等因素，更重要的是选择合适的施工方法，施工技术中需要选择主要的施工技术、辅助施工技术、周边环境保护对策、既有结构物保护对策、弃土和建筑垃圾处理对策等要素。

地铁隧道结构物主要施工方法：

1)NATM 施工法（新奥法）。此方法取代传统的山岭隧道暗挖法，是利用锚杆与喷射混凝土形成支护结构，充分发挥岩体自身强度，进行现场监测管理的隧道施工方法。适用于硬岩和软岩地层，在软土地层要注意地层强度和开挖断面的规模。

2)TBM 施工法。此法是采用隧道掘进机（TBM）的隧道施工方法。其优点是掘进速度快，但对岩层变化适应性差，在破碎带中掘进困难，价格较高，开挖直径变化困难。适用于硬岩和中软岩地层。

3）盾构法。该法可防止地层坍塌，是在保护外壳内部进行安全开挖与管片预制衬砌的施工方法。适用于软土和部分软岩地层，需要注意护盾类型和掘进长度。

4)ECL 工法（Extruded Concrete Lining，即挤压混凝土衬砌施工法）。其开挖施工法与盾构施工法相同，但衬砌采用现浇混凝土，能有效地控制地面沉降，阻止地层变形。适用于软岩和部分软土地层，但需要注意地层强度和地下水。

5）顶管法。此法是利用千斤顶作用于预制管片，一节节压入的施工方法。此方法适用于软土地层，需要注意掘进长度和曲线施工。

6）明挖法。选择明挖还是暗挖要视地表使用情况和经济性而定。适用于软土和部分软岩地层，需要注意其占地情况。

平面结构物主要施工方法：

1）基坑施工法。建造复杂平面结构物最一般的施工法。

2）NATM 施工法（新奥法）。

3）沉井施工法。构筑好结构物主体段，从内部将土挖出并向下沉放，反复进行构筑、挖土与沉放，将结构物沉放到预定深度的施工法。大致分为开放沉井施工法和气压沉井施工法两种。适用于软土和软岩地层，需要注意水压。

辅助施工法：

1）地层加固工法。指以增加软弱地层的强度，减小地层沉降等为目的的工法，有排水法、固结法和搅拌法等。

2）注浆法。注浆的目的有加固地层和封堵地下水两种。

3）冻结施工法。冻结施工法主要利用冻土的稳定性与不透水性，对含水软土层进行短期冻结，在结构物建好后，再对冻土进行解冻。该法几乎适用所有的土层，具有优良的挡水性能，但由于土层冻胀与解冻收缩，可能会对邻近的构筑物带来不利的影响。

4）降水法。主要有井点降水法、深井降水法等，视土粒情况而定。采用降水法时要对周边水井利用情况、软土的压缩沉降、排水场等进行调查。

其他的施工技术：

1）保护环境的对策。减少施工产生噪声、振动、沉降及水质污染等问题的技术。

2）弃土与垃圾处理。在必须抑制垃圾产生的同时，要处理弃土破坏、污染道路环境与城市排水。

施工方法及施工技术的选择：

主要根据地层强度等情况来选择，还要考虑施工振动、噪声等给周围环境带来的影响。另外还受经济条件、工程规模、占地条件及主体结构形式等制约。

2. 城市地下工程环境及防灾安全技术现状综述

（1）环境保护技术

地下空间利用的关键技术是内部环境技术和周围环境技术，新开发出来的地下空间内部环境称作“内部环境”，地下空间影响范围内的环境称为“外部环境”。

地层环境恶化包括地下水变化、土层力学性质变化、土壤污染等；地面环境恶化包括大气污染、噪声、振动等。地面、地下都存在污染问题，包括水质污染、热、微生物、生化、放射性污染，而社会环境污染主要是指景观、交通及弃土等问题。防止这种情况发生的技术，将根据具体情况的不同而有所区别，如地下水位下降时的止水施工法和回灌法，地下水位上升时的抽水、降低水压、采用透水性支护施工法和旁通管法，漏水时的止水处理，地层固结沉降时的上面的地下水位上升与漏水对策技术、地层加固、结构物加固，地表沉降、开挖侧向变形时采用适当的支护体系与衬砌、地层改性、结构物加固、回填与压实等。

内部环境的保护技术分别从卫生方面和舒适方面考虑。卫生要素是指空气、温度、空气质量，与之相关的环保技术有空调系统、换气系统和体感型空调等。舒适性要素指声音、振动、光、空间造型等。与声音有关的环保技术有消除噪声、不断变化背景音乐、提高声音最小可听值，与振动有关的有金属弹簧防振装置、硬橡胶防振装置、空气弹簧防振装置和浮筏基础防振装置。与光线有关的有利用阳光和照明等。空间设计考虑颜色、开阔程度和绿化程度等。

（2）防灾安全技术

地下灾害主要包括火灾、煤气瓦斯爆炸、浸水、漏水、停电等，另外地下灾害还有地震灾害、火山喷发、潮汐、风和水灾、滑坡山崩、雪灾、雷击、爆炸、交通事故、结构灾害大气污染缺氧、泄漏、犯罪等。与其他灾害相比，火灾是对地下工程危害最大的灾害，应把防火灾措施放在首要位置。目前，地下空间防灾、安全措施的研究重点在其应用技术上。对于新型地下设施，必须结合新型和现有的防灾安全技术，以突破现有模式，建立综合防灾方案评价系统。

目前几项优先发展的新技术包括：低耗水型灭火设施；安全蔽体；抗灾技能培训系统与救灾系统；监视烟浓度、方向的排烟控制系统；防灾机器人与救援中心；智能化的综合防灾系统；防灾、安全设施自身防灾能力等技术。

二、城市地铁工程施工技术特征及现状

地下工程的类型很多，工程特点各异，相应的施工方法和技术也各不相同。

无论是何种特定的施工方法，都应包括最基本的开挖技术、支护技术和相应的辅助技术。目前盾构法和新奥法较为流行，在我国也被大范围使用。其中盾构法是上海地铁和市政隧道采用的主要方法，已取得较好的效果，并具备自主创新的能力，处于国内领先，国际先进的水平，其他城市也均有使用。以下对其中一些主要的技术进行探讨。

1. 明挖法

明挖法是指挖开地面，完成隧道主体结构，最后回填基坑或恢复地面的施工方法。明挖法施工顺序：围护结构施工→内部土方开挖→工程结构施工→管线恢复及覆土。

随着我国地下空间的发展，地下工程建设项目的数量和规模也迅速增大，产生了大量的深基坑工程，并形成了种类齐全的多种基坑围护开挖技术。

从支撑技术上形成并发展了重力式、支撑式、土锚式、土钉式等多种技术，从围护工法上形成并发展了简易围护墙法、木板桩法、钢板桩法、钢管桩法、灌注桩法、地下连续墙法、逆作法（又叫盖挖法）等多种工法。基坑工程的设计理论、计算方法也得到不断改进，基坑工程的设计规范也有一定的发展。

明挖法适合于场地开阔、交通及环境允许的地区。埋深较浅的区间隧道，应该优先使用施工速度快、施工作业面多、工期短、易保证工程质量、造价较低的明挖法施工。明挖法施工的隧道结构通常采用矩形断面，一般为整体现浇注或装配式结构，其优点是其内轮廓与建筑限界接近，内部净空可以得到充分利用，结构受力合理，顶板上便于铺设城市地下管网和设施。

明挖法是目前我国地铁车站采用最多的一种修建方法，主要有放坡明挖和维护结构内的明挖（即基坑开挖）两种方法。明挖法技术上的进步主要反映在基坑的开挖方法和维护结构上，适应于不同的土层。

2. 新奥法

新奥法（NATM，New Austrian Tunneling Method）是新奥地利隧道施工方法的简称。新奥法是 20 世纪 60 年代 L.V.Rabcewicz 等奥地利工程师总结前人的隧道工程实践经验后提出的一套隧道设计、施工的新技术。光面爆破、喷锚支护和变形量测是新奥法的三大支柱。其中，喷锚支护是新奥法的基础，围岩变形量测是新奥法的灵魂，没有围岩变形量测的喷锚支护就不是新奥法。由于其理论上的合理性，在世界各地得到了广泛应用。新奥法是在 20 世纪 60 年代进入我国的，随后以其快速、节省、安全及其很高的灵活性与优越性越来越受到学者和工程技术人员的青睐，现在几乎所有重点难点工程都离不开新奥法。

我国有些工程技术人员将新奥法和矿山法混为一谈，认为新奥法不过是矿山法的改进而已，其实二者有着本质的区别。矿山法认为在地层中开挖坑道必然要引起围岩坍塌掉落，

开挖的断面越大，坍塌的范围也越大。而新奥法则是应用现代岩体力学的理论，以充分维护和利用围岩的自承能力为出发点。

新奥法主要类型有：全断面法、台阶法（长台阶法、短台阶法、超短台阶法）和分部开挖法（单侧壁导坑法、双侧壁导坑法）。采用新奥法设计和施工地铁隧道时，其开挖方法主要根据地质条件、断面大小及周边环境条件等因素选择，开挖方法主要采用类比法，并结合数值分析确定。

目前国内对于断面较小的区间隧道，主要采用台阶法，地质条件较差或地表沉降控制要求严格时，可考虑采用 CD 法（Center Diaphragm），并根据需要采用辅助施工措施解决，以提高施工速度；而对于断面较大的地铁车站和折返线，考虑工程安全和保护周边环境，多采用 CRD 工法（Cross Diaphragm）或双侧壁导坑工法（眼镜工法）。

3. 浅埋暗挖法

浅埋暗挖法的理论不同于新奥法，新奥法的核心是以维护和利用围岩的自承能力为基础，使围岩成为支护体系的组成部分。而作用于浅埋地下工程上的地层压力是覆盖层的全部或部分土柱重，作用在支护上的地层压力和支护的刚柔关系不大，从减少地表沉陷的角度出发，还要求初期支护有一定的刚度，并且没有充分考虑利用围岩的自承能力，因此浅埋暗挖技术不同于新奥法。但是，浅埋暗挖施工技术仍应用了新奥法的主要原理，尽量使围岩保持稳定，不产生或少产生松动压力。此外，浅埋暗挖技术是应用于松散的第四纪地层、浅埋、有地下水、开挖断面复杂多变等条件下的方法，要绝对防止塌方，严格控制地表沉陷（一般要求不超过 30 mm）。

浅埋暗挖技术包括相适应的开挖方法和配套技术，包括信息化施工和辅助施工法。其关键技术是加固和改造地层，以保证施工安全和地表建筑物的安全，因此，它是在新奥法原理的基础上结合中国国情和浅埋的特点发展起来的一种设计、施工方法，其特点是运用量测信息，反馈设计和施工，同时采取超前支护、改良地层、注浆加固等配套技术来完成隧道及地下工程的设计与施工。

浅埋暗挖法作为隧道与地下工程修建的方法之一，从创建以来，经过几十年的研究、应用推广、发展和完善，已形成一套完整的新的浅埋、超浅埋隧道与地下工程设计、施工理论体系。工程实践证明，这种方法安全可靠、技术先进、经济易行、符合中国国情。目前，已经被广泛应用于城市地铁、城市地下通道、地下停车场、热力管线、电力管道、给水管道、燃气管道、雨污水管道及地下空间等其他浅埋地下结构物的工程设计与施工中。

三、工程应用的重要性及现实意义

地下工程建设具有投资大、施工周期长、施工项目多、施工技术复杂、不可预见风险因素多和对社会环境影响大等特点，是一项高风险建设工程。建立风险管理制度，对拟建和在建的城市地铁工程项目进行风险评估，继而进行风险控制是十分必要的，并应扩大到整个地下工程建设领域。

中国是目前世界上地下空间开发利用的大国，城市轨道交通建设速度位居世界首位，史无前例。由于快速轨道交通建设可以带动城市沿轨道交通廊道的发展，促进城市繁荣，形成郊区卫星城和多个都市副中心，缓解城市中心人口密集、住房紧张、绿化面积小、空气污染严重的城市通病，属于“绿色交通”范畴，正越来越受到重视。

为提高土地集约化利用水平，解决城市交通和环境问题，中国许多特大和大城市都结合地铁建设、旧城改造和新区建设，建成众多大型城市地下综合体，除已建成的北京中关村西区、北京金融街中心区、大连不夜城、上海龙华南火车站等大型地下综合体外，还将建成多个地下城。随着我国大规模的交通基础设施建设，中国已成为世界上隧道最多，建设发展最快的国家。

由于地下工程规模大、发展快，技术和管理力量难以充分保证的客观原因，加上对地下工程安全风险的认识不客观，风险管理不科学，风险管理的投入不到位等主观原因，地下工程建设中事故频发，形势非常严峻，令人担忧。

目前，中国城市地下空间的总体规模和总量即将居世界首位。地下工程安全风险管理的必要性和紧迫性是由中国地下工程建设规模大、发展快的客观事实及地下工程严峻的安全形势所决定的。

风险管理的研究最早可追溯到公元前 916 年的共同海损制度。而在隧道及地下工程领域，自 20 世纪 70 年代以后，风险分析的应用研究取得了一定的成果。有些国家已编写出隧道工程风险管理的规范和法规。

总体而言，中国地下工程安全风险管理研究与实践已经得到了实质性进展，部分成果已服务于项目的决策。但是，国内许多单位对于风险管理在认识上仍存在许多误区和实施中不完善，不规范的地方，将风险分析与可靠度概念混淆，风险意识和安全风险评估还远未达到应有的重视程度。因此，认识风险、分析风险并对风险进行安全评价或评估是地下工程和地铁施工过程中需要高度重视的一个重要环节。

第二节 工程风险评价体系及安全评估原则与方法

1. 风险评价体系简述

提及这个问题，首先要说明三个概念，即风险、风险评价及体系三个名词的内涵。所谓风险（“Risk”），就是指某一有害事故发生的可能性及其事故后果的总和。这些损失包括人员伤亡、财产损失或环境破坏等。危险出现的频率、发生何种事故及发生概率、导致何种损失及其概率都是不确定的，这种事故的不确定性，就是广义风险，表示为：

$$R=(H、P、L)$$

式中，R 为风险（Risk）；H 为危险（Hazard）；P 为危险发生的概率（Probability）；L

为危险导致的损失（Loss）。

风险评价就是以国家有关安全的方针、政策和法律、法规、标准为依据，运用定量和定性的方法，对建设项目或生产经营单位存在的职业危险、有害因素进行识别、分析和评价，提出预防、控制、治理对策措施，为建设单位或生产经营单位减少事故发生的风险，为政府主管部门进行安全生产监督管理提供科学依据。

体系又可以称作系统，是指由相互作用和相互依赖的若干组成部门结合成的，具有特定功能的有机整体，这些组成部分称为分系统或子系统，而且这个“体系”本身也从属于一个更大的大体系。

风险评价体系，就是以系统安全为目的，应用系统工程的理论和方法，研究和解决风险评价和安全评价问题的技术。其主要工作为分析、评价及消除系统中的各种危险和有害因素，判断工程、系统发生事故和职业危害的可能性及其严重程度，从而为制定出系统安全的一整套管理程序和方法提供科学依据。相关内容论述如下。

（1）风险评价的基本概念

风险评价也称安全评价，是以实现系统安全为目的，利用系统工程原理和方法对拟建或已有工程、系统可能存在的危险性进行辨识与分析，对可能产生的事故后果和严重程度进行综合评价和预测，并根据可能导致的事故风险的大小，提出相应的安全对策措施建议，为制定防范措施和管理决策提供科学依据，以达到工程系统整体安全的过程。科学、系统地开展安全评价工作，有利于消除或控制工程、系统中的危险因素、隐患和潜在事故，最大限度地降低各类可能的风险，从而保证系统的安全和稳定。

风险评价的对象是风险，而风险的前提和基础是危险和事故。对于地下工程施工过程而言，如果存在足以导致承险体系统发生各类直接或间接损失的可能性，那么就称这个项目存在风险。实际上，广义的风险综合地表征了危险和事故的类型及其各自发生的概率及由此而导致的损失，并体现了整个危险—事故—损失这一动态过程中的不确定性。一般狭义的风险则由两部分组成：一是危险，事故的概率强度、规模等，二是一旦危险，事故出现，其后果的严重程度和损失大小。危险是客观存在的，不随人的意志而改变，但风险则在很大程度上可以随着人们的意志及相应对策措施改变而变。如同变形、破坏等土木工程概念一样，风险具有一种功能性的、相对的、主观性的意义，取决于人们的认识水平和接受能力。

国际上最早的风险评价出现在20世纪30年代的保险业。我国的风险评价工作起源于20世纪80年代，起步较晚，技术水平相比于国外先进国家，总体上存在不少差距。

（2）风险评价体系和流程

依据风险评价的基本概念可知，完整的风险评价主要包括三个部分：风险辨识、风险分析（安全分析）和风险控制（安全控制），三者依据确定的逻辑、时间顺序和功能，相互独立但又相互作用，是以实现整体安全为功能的动态系统和过程。对整体性的考虑是第一位的，但前提是必须深入分析各个子系统或部分之间的、子系统和整个系统之间的相互联系和作用。其中风险辨识（也有资料称为危险性分析）就是对被评价系统的各种可能的危险、隐患和事故及其类型、发生机制、影响因素进行合理划分和分析，并采用定性或定量的指标予以描述和分级，重点考虑那些对目标参数影响较大的风险因素。如果危险是工程、系统客观存在某种自然属性，那么风险就是危险的客观属性和工程、系统的正常功能之间的对立和统一相互转化过程中出现的新特性，较之危险更具有不确定性。风险分析就是在此基础上，通过判断和预测危险产生的概率和后果（即广义的损失，包括人员伤亡、经济损失、资源和环境破坏、社会影响等），考虑系统的后果承受能力，选择合适的分析方法对可能产生的风险进行综合评价，尽可能给出量化的分级标准，并根据实际情况确定人们可接受的风险标准值。进而通过对管理措施和技术措施等方面的系统优化，从整体上降低系统的风险，以达到风险控制。从这一过程可以看出，风险辨识是基础，风险分析是核心，这两者也可分别称为危险性分析和易损性分析，而风险控制则是最终实现系统安全目的的具体应用。完整的风险评价应包含这三个部分或过程。对于被评价系统而言，风险评价也可以看作是以实现系统安全为目的，对工程系统不断优化和完善的动态过程。系统优化的前提是全面准确的风险辨识和科学合理的风险分析，而无论是优化安全管理措施还是优化安全技术措施，其着眼点或基本思路不外乎以下六点，即

1）减少或消除危险源和事故隐患；

2）干涉事故发生机制；

3）改变事故发生条件；

4）降低事故发生概率和强度；

5）调整事故后果结构；

6）提高风险承受能力等。

需要说明的是，这六者并非绝对相互独立的，而是或多或少地有交叉影响的，最终的对策措施则根据具体的实际情况而灵活选择。

2. 安全评价原理和原则

（1）安全评价原理

安全评价归纳起来有以下四个原理：相关性原理、类推原理、惯性原理和量变到质变原理。

1）相关性原理

所谓相关性原理，是指一个系统，其属性、特征与事故和职业危害存在着因果的相关性，这是系统因果评价方法的理论基础。

安全评价把研究的所有对象都视为系统，系统的机构可用下列公式表示：

$$E=\max f(X，R，C)$$

式中：

E——最优结合效果；

X——系统组成的要素集，即组成系统的所有元素；

R——系统组成要素的相关关系集，即系统各元素之间的所有相关关系；

C——系统组成的要素及其相关关系在各阶层上可能的分布形式；

f——X、R、C 的结合效果函数。

对系统的要素集（X）、关系集（R）和层次分布形式（C）的分析，可阐明系统整体的性质。要使系统目标达到最佳程度，只有使上述三者达到最优结合，才能产生最优的结合效果 E。

事故和导致事故发生的各种原因（危险因素）之间存在着相关关系，这种相关关系表现为依存关系和因果关系。在评价系统中，就是要找出事故发展过程中的相互关系，借鉴历史、同类情况的数据、典型案例等，建立起接近真实情况的数学模型，这样评价才会取得较好的效果，才会越接近事物的真实情况。

2）类推原理

类推原理是指两个或两类对象之间存在着某些相同或相似的属性，从一个已知对象所具有的某个属性，来推出另一对象也具有此种属性的一种推理。常用的类推法有平衡推算法、代替推算法、因素推算法、抽样推算法、比例推算法、概率推算法等方法。类推原理的基本模式可用以下简单事例表示：若 A、B 表示两个不同的对象，A 有属性 P_1、P_2、…、P_m、P_n，B 有属性 P_1、P_2、…、P_m，则对象 A 与 B 的推理可用如下关系式表示：A 有属性 P_1、P_2、…、P_m、P_n；B 有属性 P_1、P_2、…、P_m；所以 B 也有属性 P_n（$n>m$）。

3）惯性原理

所谓惯性，是指事物在其发展过程中，从其过去到现在及延伸至将来，都具有一定的延续性，这种延续性称为惯性。在现实世界中，绝对稳定的系统是不存在的，这样我们评价系统时，需要对系统的评价进行修正。

4）量变到质变原理

任何一个事物在发展变化过程中都存在着从量变到质变的规律。同样，在一个系统中，许多有关安全的因素也都存在着量变到质变的规律；在评价一个系统的安全时，也都离不开从量变到质变的原理。

（2）安全评价的原则

安全评价是落实“安全第一，预防为主”方针的重要技术保证，也是安全生产监督管理的重要手段，必须以被评价项目的具体情况为基础，以国家安全法规及有关技术标准为依据。故安全评价的原则有两方面意思，一方面是法律上的，一方面是技术上的。

安全评价在法律层面上的原则有合法性、科学性、公正性、针对性等。在技术层面上包含以下四方面的基本原则：

1）客观性原则。

2）系统性原则。危险性存在于生产活动的各个方面，因此只有对系统进行详细解剖，研究系统与子系统之间的相互关系，才能合理地识别评价对象的危险程度。

3）综合性原则。系统安全分析和评价的对象差别很大，涉及企业的人员、设备、物料、法规等各个方面，不可能用单一的方法就完成任务。所以在评价时，一般需要采用多种评价方法，取长补短。

4）适用性原则。系统分析和评价方法要适合企业的具体情况，即具有可操作性，方法简单，结论明确，效果显著。

3. 安全风险评价的方法

完整的安全风险评价应包括风险辨识、风险分析（安全分析）和风险控制（安全控制）三个互为相关的部分。其中风险辨识是最为基础和关键的部分。风险辨识的主要内容是风险指标的选择、指标体系的建立、指标的定量化表达和指标层次之间的关系（即权重分配）四个方面。风险指标的选择和指标体系的建立需要合理地划分被评价系统不同层次之间相对独立的要素，因此，应系统收集和归纳分析已有的基础资料和数据，做到选择的指标和指标体系具有科学性、实用性、经济性和可操作性，从而能保证评价结果的精度。指标的定量化是保证评价结果精确化的前提，对于容易定量化表达的指标，应做适当数学处理（如无量纲化或归一化）。但对那些属于定性或难以定量化表达的参数，则需要通过统计分析、专家评判或模糊数学方法确定。指标体系中不同层次及同层次之间的权重分配则代表了不同层次的要素对整个被评价系统最终结果的贡献大小，是必须量化处理的参数，同时也是较难准确划分的参数。其原因在于各要素之间的关系非常复杂和具有不确定性。较为合理的方法是采用系统分析方法，如成分分析和模糊评价方法等。

目前采用的风险评价方法种类繁多，特点各异，其适用的范围和应用条件也各不相同。选择科学可行的风险评价方法是评价结果优劣的关键。在认真分析并熟悉被评价系统的前提下，选择安全评价方法应遵循充分性、适应性、系统性、针对性和合理性原则，兼顾定性与定量、静态与动态、明确性与模糊性、确定性与随机性、层次结构与功能结构等几方面的关系，做到评价目的明确、数据可靠、过程科学合理、结果准确，且易于理解和便于应用。在具体应用过程中要结合项目的具体情况，组合起来应用这些方法。目前常用的风险评价方法包括：检查表法、头脑风暴法、流程图法、德尔菲法、SWOT 分析法、情景分析法、事件树法、故障树法。

（1）检查表法：检查表法是按照系统工程的分析方法，在对一个系统进行科学分析的基础上，找出各种可能存在的风险因素，然后以提问的方式将这些风险因素列成一种表格。它不仅是发现风险因素的一种有效手段，而且也是分析事故的一种方法。

（2）头脑风暴法：头脑风暴法简称 BS 法，是一种集体开发创造性思维的方法。这一方法的原理是通过强化信息刺激，促使思维者展开想象，引起思维扩散，在短期内产生大量设想，并进一步诱发创造性设想。头脑风暴法的特点是以共同目标为中心，参会人员在他人的看法上建立自己的意见，充分发挥集体的智慧，提高风险识别的正确性和效率。头脑风暴法主要有直接头脑风暴法和质疑头脑风暴法两种。前者是根据常规从因到果的方法进行分析，后者则是在前者提出的设想、方案的基础上进行逆向分析。

（3）流程图法：流程图法是一种根据项目实施过程，或项目某一部分管理过程，或某一部分结构的施工过程，进行罗列，再结合项目的具体情况，识别本项目存在哪些风险的方法。借助于流程图可以帮助项目识别人员去分析和了解项目风险所处的具体项目环节、项目各个环节之间存在的风险及项目风险的起因和影响。通过对项目流程的分析，可以发现和识别项目风险可能发生在项目的哪个环节或哪个地方，以及项目流程中各个环节对风险影响的大小。

（4）德尔菲法：德尔菲法是一种反馈匿名函询法。其做法是：在对所要预测的问题征得专家意见之后，进行整理、归纳、统计，再匿名反馈给各专家，再次征求意见，再集中，再反馈，直至得到稳定的意见。其过程可简单表示如下：匿名征求专家意见→归纳、统计→匿名反馈→归纳、统计……，若干轮后停止。

（5）SWOT分析法：SWOT分析法是一种环境分析方法，SWOT是英文STRENGTH（优势）、WEAKNESS（劣势）、OPPORTUNITY（机遇）和THREAT（威胁）的简写。SWOT分析的基准点是对企业内部环境之优劣势的分析，在了解企业自身特点的基础之上，判明企业外部的机会和威胁，然后对环境做出准确判断，进而制定企业发展的战略和策略，然后借用到项目管理中进行项目战略决策和系统分析。

（6）情景分析法：情景分析法就是通过有关数字、图表和曲线等，对项目未来的某个状态或某种情况进行详细的描绘和分析，从而识别引起项目风险的关键因素及其影响程度的一种风险识别方法。情景分析法注重说明某些事件出现风险的条件和因素，并且还要说明当某些因素发生变化时，又会出现什么样的风险，会产生什么样的后果等。

（7）事件树分析法：事件树分析（Event Tree Analysis，简称ETA）是我国国家标准总局规定的事故分析的两种技术方法之一，其实质是利用逻辑思维的规律和形式，从宏观的角度去分析事故形成的过程。其从事件的起始状态出发，用逻辑推理的方法，设想事故的发展过程。根据这个过程，按事件发生先后顺序和系统构成要素的状态（成功或失败两个状态），将要素的状态与系统的状态（也是成功或失败）联系起来，以确定系统的最后状态，从而了解事故发生的原因和发生的条件。事件树分析法是对人、机、环境、法等各方面进行综合分析，对事物发展的各个环节进行判断而得出系统发生的各种可能结果。这种宏观地分析事故发展过程的方法，对掌握事故的发生规律，控制事故的发生是非常有益的。

（8）故障树分析法：故障树分析法（FTA，Fault Trees Analysis）是分析系统事故和原因之间关系的因果逻辑模型，是一种演绎的分析方法，即从某一特定的事故（如模板倒塌）开始，运用逻辑推理的方法，找出各种可能引起事故（如模板倒塌）的原因。故障树分析法能识别系统的风险因素，求出事故发生的概率，并能提供各种控制风险因素的方案。该法可作定性或定量分析，具有应用广泛、逻辑性强、形象化等特点。其分析结果具有较好的系统性和预测性。同时，该方法有固定的分析流程，可以用计算机来辅助建模和分析，大大提高风险分析与管理的效率。

安全风险评价发展了许多新方法，但每一种安全风险评价方法都有其针对性和局限性。上述这些方法属于定性与定量评价方法，此外，基于模糊数学基础也发展了一些其他方法，现分述如下。

（1）定性与定量评价方法

定性评价法有安全检查表法、预先危险性分析法、失效模式和后果分析法、危险可操作性研究法、事件树分析法（ETA）、故障树分析法（FTA）、人的可靠性分析方法等。

半定量评价法大都建立在实际经验的基础上，合理打分，根据最后的分值或概率风险与严重程度的乘积进行分级。这类评价法有概率风险评价方法（LEC）、打分的检验表法、MES 法等。

目前定量评价主要有两种方法，一种是以可靠性为基础的评价法，即利用故障失效分析模式（FMEA）、事件树分析、故障树分析等进行安全分析的方法。另一种定量评价方法是指数法或评点法。美国道（DOW）化学公司的火灾、爆破指数法，英国帝国化学公司蒙德工厂的蒙德评价法、日本的六阶段风险评价方法和我国化工厂危险程度分级方法、我国易燃、易爆、有毒危险源评价方法均属此类。

（2）基于模糊数学模型和神经网络分析的风险评估

数学模型是将实际问题用数学模型进行表达，适用于一切情况的数学模型是不存在的，只有根据实际情况来试探、摸索并不断修改完善，才能建立合适的数学模型。模糊数学模型有灰色系统预测模型、模糊积分评价模型、模糊概率模型、模糊控制模型、一类模糊诊断模型等。也有人将灰色理论（Grey Theory）、概率论（Probability）与模糊理论（Fuzzy Theory）这三种理论称为不确定性理论。

1）灰色理论

灰色系统（Grey System）是邓聚龙教授在 20 世纪 70 年代末提出的，灰色理论是针对既无经验、数据又少的不确定性问题，也可以说成是对部分信息已知、部分信息未知对象的评价方法。灰色理论主要研究以下几个方面：灰色因素的关联分析和关联度理论；灰色系统的建模思想、理论和方法；灰色预测理论和方法；灰色决策理论和方法；灰色系统可观性、可控性和稳定性分析；灰色系统优化；灰色系统控制等。

灰色理论的建模是基础工作，其建模的特色是针对时间序列的 GM（gray mode）建模，GM 建模理论研究贫信息建模，它利用系统信息，使抽象的概念量化，量化的概念模型化，最后进行模型优化，使建立的 GM 模型在寻求不到系统的概率性或隶属特征的情况下显示其优越性。灰色模型）为灰色模型体系的核心。一般系统模型的建立，要经过开发、因素分析、量化、动态化、优化五个步骤，故称为五步建模。

灰色模型有 GM（1，1）模型、残差 GM（1，1）模型、GM（1，1）模型群、多维灰模型 GM（1，N）、GM（0，N）模型、GM（2，1）模型等。

2）模糊积分评价模型

模糊积分可以看成一种广义内积，即模糊集的隶属函数或更一般的可测函数与模糊测度的广义内积。在此模型中，只要求评价人对选定的因素给出满意度与重视度即可算出结果，所得数值越大则说明被评价的课题越好。

3）模糊概率模型

模糊概率论是模糊数学与概率论的结合—模糊事件的概率。1968 年提出的模糊事件概率，是基于模糊数学的最大基本定理：分解定理和表现定理。它是在传统概率空间的基础上提出的，其概率的定义主要是依据模糊事件（集合）的隶属函数，体现传统概率与模糊事件概率的联系，有着坚实的数学基础。

由于人们认识的局限性，只能建立近似的隶属度，得到大致的隶属函数，使得隶属函数的确定无法具有严格的精确性。确定隶属函数的方法有 Fuzzy 统计、二元对比排序、集值统计和插值与增量法。

4）模糊控制模型

现代控制理论都建立在被控对象的精确数学模型（包括传递函数与状态方程）的基础上，但在现实中许多系统极为复杂，很难精确地确定出这些过程的传递函数与状态方程，模糊数学控制论就是为解决这些问题而出现的工具，在应用实例上也取得了较好的效果。

对模糊控制器的理论研究与应用试验，我国的汪培庄、邓聚龙等都进行了研究，但就目前研究现状来看，仍缺乏重大突破，因此模糊控制理论无论是在理论上还是应用上都有待深入研究和探索，本文在此不再赘述。

5）一类模糊诊断模型

一类模糊诊断模型是模糊逻辑用于医疗诊断的一个模型，在此不再多述。

6）人工神经网络风险评价

国际著名神经网络专家 Hecht Nielsen 给人工神经网络下的定义是：人工神经网络是由人工建立的，以有向图为拓扑结构的动态系统，它通过对连续或断续的输入作为状态响应而进行信息处理。人工神经网络模型有两种：BP 神经网络模型和竞争学习网络模型。

4. 城市地下工程施工的安全风险评价的原则及方法

（1）城市地下工程施工的安全风险评价原则

安全评价的基本原则是具备国家规定资质的安全评价机构，科学、公正、合法、自主开展安全评价。城市地下工程施工风险评价要根据行业具体情况进行具体分析。

城市地下工程施工在“安全第一，预防为主”的方针指导下，其安全风险评价的原则有系统性、综合性、科学性和适用性等，分述如下：

1）系统性。城市地下工程施工是一个具有多方面影响因素的系统，大致可以分为技术、现场条件、设备、材料、人员等几个子系统，这几个子系统之间又有相关性和约束关系，只有研究出系统与子系统的关系，才能最大限度地辨识所有风险，才能对地下工程施工的整个工程做出一个可参考的安全风险评价。

2）综合性。从前面章节我们可以看出，地铁工程施工无论是车站还是区间隧道，其施工方法都不是唯一的，形式上差别也很大，在安全风险评价上也很难用一种评价方法进行评价。故在评价时，需要采用多种评价方法，取长补短。

3）科学性。地下工程施工安全评价和评价的方法，必须能反映客观实际，能辨识施工系统中存在的所有危险。有些危险在现有的经济技术水平下，只能尽量减少其发生的概率，而无法完全避免。故评价的结论要尽量符合实际情况，要有充分的理论和实践依据，以保证方法的科学性。

4）适用性。从前述安全风险评价的方法可以看出，安全风险评价的方法有很多。在选择安全评价方法时，要根据城市地下工程施工的具体情况进行选择，要充分考虑其适用性和可操作性，方法要简单，效果要显著，这样的评价方法才能获得有效地评价结果，而为工程师们所接受。

（2）城市地铁工程施工安全风险评价方法

选择城市地铁工程施工安全风险评价方法时，要根据”系统性、综合性、科学性和适用性”这四个原则来选择。城市地铁工程施工的安全表述是一个复杂系统的动态过程，要从众多的安全评价方法里面选择出适合地铁施工的安全风险评价方法，首先要分析地铁施工安全风险的类别，然后根据四原则和各安全风险评价方法的适用性综合来选择。

地铁施工的安全风险可根据需要，从不同的角度分为不同的类别，对于地铁施工安全风险这个系统来说，可以分为施工现场安全风险、经济效益、环保效益、社会效益和结构安全这五个子系统。对于这五个子系统，由于研究的程度不一，至今还没有一个统一的评价方法，就这五个子系统来说，有些子系统只能用定性的方法来评估，比如经济效益和社会效益；而有些子系统则可以采用定性半定量的方法评估；有些甚至可以采用定量的方法来评估。下面本文就对这五个子系统的评估做一个简要的介绍。

1）施工现场安全风险评估

在工程项目施工过程中，其施工现场安全风险可分为技术安全风险、现场条件风险、设备风险、材料风险、人员风险五大类。在项目的实施过程中，无论是自然的风暴、地震、滑坡，还是与人们紧密相关的施工技术、施工方案等不当造成的风险损失，都是不以人们意志转移的客观现实，其存在与发生就总体而言，有其必然性。

其中技术安全风险因素有：应用新技术、新工艺和新方法困难或失败，施工技术和方法不合理，场地沉降或地基移动对周围建筑物的影响，临时设施的设计和施工的失误，施工工艺落后，现场计划进度不合理，安全措施不当，行政和外界对施工方案和技术的干扰。技术风险评价的方法有检查表法（SCL）、预先危险性分析（PHA）、LEC 法、模糊数学和人工神经网络等方法，值得一提的是，不管是哪种技术风险评价方法，都是建立在评价标准基础上的。

现场条件风险因素有：不充分的现场调查、征地拆迁拖延、地质资料不充分、不可预见的地下问题、三通一平拖延、不稳定的供水供电通信不畅、场地排水等问题。现场条件风险评价方法可以采用检查表法（SCL）。

设备风险因素有：施工设备供应或进场拖延、施工类型不配套或不合格、施工设备生产效率低、施工设备备料和燃料不足、施工机械故障、施工设备安装或调试失败、设备维修保养不当或超负荷。机械设备风险评价方法有检查表法（SCL）、预先危险性分析法

（PHA）、失效模式及影响分析法（FMEA）、事故树法（ETA）、故障树法（FTA）、成功树木图（STA）、管理缺陷树形分析法（MOR-T）、LEC 法、模糊数学和人工神经网络等方法。

材料风险因素有：原材料及成品、半成品定货或供应不足，原材料及成品、半成品有数量的差异，原材料及成品质量和规格不合格，运输储存和施工中的损耗浪费、特殊材料及新材料的施工问题，事故（如失窃等）的影响。材料风险评价方法有检查表法（SCL）、预先危险性分析法（PHA）、鱼骨图法、模糊数学和人工神经网络等方法。

人员风险因素有：一般工人素质（技艺、效率、品德）、技术人员素质（技术、经验、效率）、管理人员素质（能力、效率、责任心）、承包商和监理工程师不合作、安全事故。人员风险因素评价方法有检查表法（SCL）、鱼骨图法等方法。

2）经济效益风险评估

影响经济效益的因素有必要投资和预备风险投资。必要投资是指在假设采用某种施工技术的条件下，所需要必须投资的设备费、人员费、材料费、管理费等的总和；预备投资并不意味着施工中一定会用，是指在假设采用这种施工技术的条件下，有可能因为地质条件、既有建筑等环境条件、安全卫生等因素所追加的风险投资。

3）环保效益风险评估

地铁施工引起的环境灾害风险评估将在下面论述。

4）社会效益风险评估

从美国、英国和世界银行的社会评价体系中可知，项目的社会效益评价主要是分析项目与当地社会、人文环境之间的相互作用，具体有项目的实施对人民生活、社区结构、人口、收入分配、福利、健康、安全、教育、文化、娱乐、风俗习惯及社区凝聚力等方面有可能产生的影响。

社会效益评估包括三个方面，一是对投资项目相关的利益群体评价，即项目是否考虑了社会文化及人口统计特征，调查这些人在项目实施过程中存在的利益关系及他们的意见；二是要评价项目实施对地区社会组织适应的程度；三是对项目的文化可接受性及其预期受益需求一致性的评价。

地下工程投资大，工程与人和社会的联系密切，应该进行社会效益评价，但由于社会效益评价难度大、要求高，需要一定的资金和时间投入，故一般的地下工程并不需要进行社会效益评价，只有那些对人们生活影响较大的项目才需进行评估，评估的项目主要包括对城市交通的影响、对商贸的影响、对城市居民生活和生产的影响等。

社会效益评估的方法有：有无对比分析法、逻辑框架分析法、利益群体分析法等。有无对比分析法是指调查项目施工前地区的社会状况，并预测施工过程中该地区的社会变化及变化程度，进行影响评估；逻辑框架分析法是分析事物因果关系的一种分析方法，通过项目实施的一系列变化过程，明确项目的目标及相关联的先决条件，来改善项目的设计方案；利益群体分析法是指与项目有直接或间接的利益关系，如项目的受益人、受害人、与项目有关的政府组织和非政府组织。

5）结构安全风险评估

不同的施工方法建造的结构形式会有所差别，这些差别在整体稳定性、地下工程防水、地震作用、火灾作用、水灾作用方面等的抗灾能力，就是我们对地下工程施工技术的结构安全评价重点。

（3）城市地下工程施工的安全风险评价流程

对于某个具体的地下工程，评估各施工方法的优劣是一项重大而困难的事情。为了给地下工程选择施工方法提供参考，就必须对整个施工系统进行评估。评估的项目有：施工现场安全风险评估、经济效益评估、环保效益评估、社会效益评估和结构安全评估等。

地下工程施工系统安全风险评估值计算公式为：

$$P=a_1P_1+a_2P_2+a_3P_3+a_4P_4+a_5P_5$$

式中：

P_1——施工现场风险评估值；

P_2——经济效益评估值；

P_3——环保效益评估值；

P_4——社会效益评估值；

P_5——结构安全评估值。

其中，$a_1+a_2+a_3+a_4+a_5=1$，如果我们不需要评估哪一项，只需让这一项的权重为零即可，如某工程不需要评估社会效益 P_4，那么只需令 $a_4=0$ 即可。

无论采用何种方法，以下两点是必须考虑的：

（1）对任何灾害风险的评价都需要一定的统计或实测资料，然后通过对基础资料的综合分析来获取对某种灾害风险的规律性认识，进而进行合理评价和控制，故对基础资料最基本的要求就是要具有代表性、客观性、准确性和可定量化。

（2）如果将任何一种类型的灾害及其赋存环境看作系统，那么，对这一系统而言，由于其中的任一子系统（或要素）发生变化而看似明显地导致灾害，实际都是由于这个子系统（或要素）的变化引起其他子系统或要素发生变化，进而共同导致灾害的发生。如地下水位的下降，作为一个独立的致灾因子，往往会影响到地表沉降的大小及速率，但也要考虑到在地下水位下降的同时也伴随着岩土介质物理力学性质的变化、结构及围岩应力状态的改变等其他方面，各个因素交互影响和共同作用才是最终导致地表沉降的根本原因。从这点来讲，虽然我们可以采用传统的或新兴的、简单的或复杂的方法来对灾害系统进行层次划分、权重分配及综合评价，但应注意灾害系统中子系统或要素之间层次关系结构、功能结构划分的准确性和合理性。既要考虑其间相对的独立性和主次分明，也要考虑其相互作用。在此基础上，基于可靠的基础资料，尽可能采用概念明确、结构清楚、易于理解和操作的方法进行评价，才能得出为更多工程技术人员所接受和应用的评价结果。

从以上的论述可以看出，风险评价的基础数据库、评价标准和定量化的评价方法是风险评价的核心问题。但我国当前的实际情况是还没有建立系统的风险标准，如对城市地下工程而言，不同地区地表沉降的控制标准存在较大差异；基础数据库几乎空白，还没有建立适合于城市地下工程灾害风险评价的指标体系和相应的层次关系。目前我国大多数部门和行业的风险评价还停留在对危险、有害因素的识别与分析的阶段，以查明事故隐患为目的，并依据现有的不同规范和技术标准提出对应的安全措施。基本上以定性分析为主，定量化的表达还缺乏足够的理论依据和实测数据的支持。对城市地下工程而言也不例外。

第三节　城市地铁工程灾害体系

1. 岩土介质的特点

城市地下工程大多修筑在埋深较浅的岩土介质中，岩土介质工程性质和地质条件的好坏与差异对城市地下工程的规划、设计、施工、运营条件和成本投资等具有重要影响。认真分析和探索岩土介质的工程性质和可改良性可利用性，是城市地下工程中的关键问题之一。

天然土体一般是经过岩石的风化、搬运和沉积作用形成的。在其形成的过程中，由于形成原因的不同（如残积土、运积土、重塑土等）、成分因素的差异（矿物成分、颗粒形状、大小级配、孔隙水介质类型、含量及物理化学性质等）、所处环境的变化（如温度、压力、水流和时间因素等）及在其漫长的形成演化过程中各种物理化学作用过程的影响，使得天然土体的结构和工程性质千差万别。因此，依据不同的工程类型和使用目的对土体进行分类或分级研究，并确定其主要物理力学参数，就成为岩土工程中最基础、最重要的工作之一。

岩土材料除了碎散性、三相体系和自然变异性这三个显著的特性外，通常还表现出非均质性、非连续性、各向异性、非线性、复杂性和不确定性。如果将工程范围内的岩土作为一个系统，稍加推敲不难发现，非均质性和非连续性是岩土材料物理本质的基础性质，是岩土客观存在状态的描述。土力学中可以用密度表示其宏观、平均的整体性质，含水率、孔隙比和饱和度则反映了其非均质性的程度。而各向异性和非线性则表现了系统运动演化过程的特征，如击实试验中的曲线、压缩试验中的 e—p 曲线、三轴剪切试验中的曲线、平板载荷试验中的 P—S 曲线，施工监测的位移—时间曲线等，都是反映系统对外界扰动的响应。对于岩土材料的复杂性，则可以用成思危教授关于复杂性的总结进行重新阐释。成思危教授对系统复杂性的表现总结为以下 5 个方面：

（1）系统各单元之间的联系广泛而紧密，构成一个网络。因此每一单元的变化都会受到其他单元变化的影响，并会引起其他单元的变化；

（2）系统具有多层次、多功能的结构，每一层次均成为构筑其上一层次的单元，同时也有助于系统的某一功能的实现；

（3）系统在发展的过程中，能够不断地学习并对其层次结构与功能结构进行重组及完善；

（4）系统是开放的，它与环境有密切的联系，能与环境相互作用，并能不断向更好的方向发展变化；

（5）系统是动态的，它处于不断发展变化之中，而且系统本身对未来的发展变化有一定的预测能力。

对于上述 5 点，考虑到岩土工程系统的特点，可相应地概括为以下 5 个性质：系统要素之间的敏感性和交互性、系统的功能性和目的性、系统自身的自协调性、系统对环境的适应性、系统的智能性（动态变异性和可预知性）。

岩土材料的不确定性是人们在认识过程中所表现出来的特征，受人们的认识水平、理解深度和技术方法等限制。不确定性包括确定性、随机性、模糊性和未知性四个方面。比如岩土材料的密度介于水和岩石密度之间就是其确定性的表现，而在有限的变化范围内参数又具有很强的随机性，在对某些参数进行定量描述或分类时难以准确确定其界限，常常表现出“既是此又是彼”的现象，即具有很大的模糊性。此外，在岩土工程和地下工程中，所分析的对象是天然地质体，地质体是一个无限大的样本母体，不可能进行无限次抽样，导致不同地区同类岩土和同一地区不同类岩土的性质有较大差别，由于理论发展水平和试验、测试技术手段的限制，人们仍无法全面地认识实际存在的许多未知问题。因此，只能依据有限的试验观测资料，充分利用已有工程实践的经验，进行分析和设计计算。综上所述，可将岩土材料的上述特性相互关系，分别属于不同的层次。

2. 城市地下工程的特点

城市地下工程就是修筑在自然地面以下的各种工程建（构）筑物，与之相对应的则是地面工程。地下工程具有如下特性：

（1）构造特性：空间性、密闭性、隔离性、耐压性、耐寒性、抗震性。

（2）物理特性：隔热性、恒温性、恒湿性、遮光性、难透性、隔音性。

（3）化学特性：反应性。

上述特性，有的对地下工程有利，有的则不利；某一特性，可能对一种用途的地下工程有利，但对其他用途的地下工程可能不利。因此，在规划和利用地下空间时，必须充分了解其空间特性而加以利用。除了上述明显和利于理解的特性之外，应用系统科学思想和方法，特别是非线性科学和复杂性理论，可对城市地下工程进行重新认识，作为一个开放的复杂系统城市，地下工程在整体上还具有如下显著的特点。

（1）复杂性

这种复杂性来自两个方面，即自然地质条件和工程条件。前者主要包括工程所处区域的地形地貌、岩土体工程性质、地质构造、水文地质条件、不良物理地质条件、气象及植被等，这些因素大多不易获得较全面准确的定量化描述，即使通过试验和观测获得部分参数，也多具有很强的模糊性和随机性。后者则主要包括工程类型、形状尺寸、埋深、结构形式、施工技术、已有工程建筑的空间分布特征等，具有多样性和某种程度上的不确定性。

当这两类条件相互联系、相互作用时，由于其间多种因素的复杂耦合和本质上是非线性的交互影响，极大地增加了城市地下工程的复杂性，其具体表现形式就是城市地下工程具有较强的区域性、针对性，并强烈依赖于大量业已积累的工程实践经验。而如何协调好自然地质条件和工程条件之间的相互关系，最大限度地降低工程建筑对自然环境的扰动和自然环境对工程建筑的负面影响，是深入研究和解决城市地下工程复杂性的必要前提和最终目的。

（2）对环境的敏感性、脆弱性

由于城市地下工程的复杂性同时也使其具有对环境的敏感性和对环境扰动的脆弱性。由于城市人口密集、经济发达、建筑密度高且类型复杂多样，所以城市是能量和财富最为集中的人类生存居住空间，社会经济条件越发达，则单位空间的平均综合价值（经济价值、社会价值、文化价值等）越高。这就显著增加了城市地下工程的易损性，而危险或灾害承受能力大幅下降。一旦自然地质条件或工程条件发生变化而导致灾害出现，则灾害所带来的影响范围就较广，强度大，损失也严重，且难以救援和修复。城市地下工程所面临的风险是多方面的，因素众多而复杂，较难进行准确分析和预测。因此，城市地下工程修筑时应坚持的一个基本原则就是尽量减少对已有环境（包括自然地质条件和已有建筑的工程条件）的扰动，并想方设法提高拟建工程的抗扰动能力，并促进城市地下工程和环境的和谐共处。

（3）施工过程的高度非线性

城市地下工程必然以岩土体作为建筑介质，由于岩土体具有非线性、非连续性、非均质性和复杂的流固耦合特性，所以地下工程的性质和稳定性具有复杂的时空结构分布和演化特征。由于地下工程的稳定与否在很大程度上取决于其围岩的稳定，因此施工过程中的开挖、支护、防排水等技术措施必将扰动原本处于平衡稳定状态的岩土体。施工过程的不同阶段对围岩的物质和能量扰动有正有负。比如，开挖导致地层损失和地下水位变化是一种卸荷作用，而支护则阻止继续卸荷或进行再次加荷，防排水则可能改变地下水的渗流特征并进而又影响岩土体和工程结构的稳定，因此这是一个随时间相互作用的动态变化过程，具有较强的时效性。不同的开挖方法、不同的支护类型、不同的施工进度及各单向作业的时间顺序、间隔和速度等，都会严重影响围岩应力场、渗流场、位移场的调整方式和结果，也同样会对工程结构本身的安全稳定产生影响。从整体上来看，城市地下工程的施工是一个多种复杂因素之间的非线性作用过程，而现有的基于经典力学线性叠加和均质等效原理的计算设计方法，尚存在很大的误差和不合理之处。正确认识城市地下工程施工过程的非线性及其根源，采用非线性科学和复杂性科学的思想和方法论来重新认识和研究城市地下工程，将有可能获得更为科学合理的结果。

（4）自适应性

城市地下工程的自适应性就是指其自身与其所处环境在工程建设的不同阶段如开挖、支护、运营、维护等所表现出来的协同作用，使地下工程和环境都具有从不平衡和不稳定状态自动调整至最优状态的潜能。从围岩的角度来看，自身的承载能力在许可的变形和强度范围内可发挥到极致以保持其平衡稳定；从工程结构的角度来看，它也能通过各种方式转移或耗散围岩作用于工程结构上的能量，如发生变形、沉降等，以改善自身的稳定性。与此同时也反作用于围岩，促使围岩再行调整其工程性质而达到最佳状态。这种相互作用是地下工程自适应性的机理和表现，具有一定的时间和空间分布特征，其范围、强度、频度和速度等均取决于前述的三个特点。新奥法、浅埋暗挖法的精髓之处就在于通过合理应用和协调围岩自身各因素之间的关系以达到整体稳定状态，优选施工方法和工艺，促进围岩和工程结构“主动”的共同作用和协调发展，以达到“互惠双赢”的效果，而非单纯地完全依靠工程条件的修正和补强来“被动”地维持其整体的稳定。为充分认识和合理利用城市地下工程的这种自适应性特性或能力，需要我们认真研究其复杂性和施工过程的非线性规律，在设计、施工过程中，因地制宜、因时制宜，权衡利弊、扬长避短，做到精心规划、良好设计、科学施工，实现城市地下工程的可持续稳定发展。

3. 城市地下工程灾害体系

人类不合理的工程、经济和社会活动导致了灾害的发生和损失的增加。例如，据不完全统计，我国重大崩塌滑坡灾害中约有 94% 是因暴雨和人类工程活动诱发引起的，二者各占 47%，而灾害发生呈逐年增长的趋势则正是人类工程活动日益增长的一个侧面反映。联合国关于“人为的灾害”的判断反映出在世界范围内，人们的灾害观念和减灾行为已经开始发生深刻变化。

考虑到城市地下工程这一复杂系统的实际特点，综合现有相关灾害研究的资料，按照导致灾害的因素和产生的后果，可以建立城市地下工程灾害体系。导致城市地下工程灾害的因素可分为自然灾害因素和人为灾害因素两大类。自然灾害再细分为气象灾害和地球物理灾害 2 个亚类共 8 种，即洪水、气温异常、台风和龙卷风、地震、崩滑流灾害、特殊岩土灾害、海啸、瓦斯和岩爆等，其中崩滑流灾害是指崩塌、滑坡和泥石流，特殊岩土灾害是指因某些特殊性质类的岩土如膨胀土、盐渍土、冻土、软土及岩溶等引起的灾害。人为灾害因素可细分为 7 种类型，主要有水灾、火灾、交通灾害、施工灾害、化学爆炸、环境污染、恐怖主义和战争等，是人类可能的不合理工程或社会活动导致的灾害。当这些致灾因子以不同的影响程度作用于城市地下工程时，不仅带来直接的工程破坏，还会导致严重的社会灾害，并且后者的损失和影响程度随着经济社会的发展水平呈现远大于前者的趋势。

第四节　地铁施工可能造成的环境风险分析

1. 地铁施工环境风险评价内容

环境风险评价作为风险评价中一个新兴的领域，始于 20 世纪 70 年代，在 20 世纪 80 年代得到很大的发展，但主要集中在人体健康风险评价，其中美国环保署制定了一系列这方面的技术性文件和指南，包括:致癌风险评价、致畸风险评价、化学混合物健康风险评价、发育毒物健康风险评价、暴露评价等指南，并且评价方法由定性分析转向定量评价，提出风险评价由四个部分组成，称为风险评价“四步法”，即危害鉴别、剂量—效应关系评价、暴露评价和风险表征。值得一提的是，对人体健康的风险评价，是指化学污染、核辐射、毒物污染等对人体健康的影响。

地铁施工引起的环境影响应该怎样评价呢?从上面世界范围内的环境风险评价来看，无论是人体健康风险评价还是生态风险评价，多集中在化学物质、辐射物质对环境的影响上，不适合地铁施工的环境评价；水生生态系统、流域生态的评价都是对大范围的地域进行评价，也不适合地铁施工的环境评价。

地铁施工方法的环境影响评价是指对工程项目引起的环境变化（包括自然环境和社会环境的影响）所进行的预测和评价，以及提出减缓环境变化的措施。即根据一定的要求，对环境质量进行综合的定性和定量的分析、评定，首先是研究环境损害或污染产生的原因和机制，以及它们在环境中的形态、类型、转化规律和环境效应，其次是研究污染对生态效应和环境变化的影响。对于地铁工程项目，环境影响评价是指在施工前对它的选址、设计和建成投产后可能造成的环境影响进行评价。

我国环境保护相关法规对建筑施工环境风险评价，采用一个简单的数学式来表达:

$$R\,[\text{危害/单位时间}]=P\,[\text{事故/单位时间}]\times C\,[\text{危害/事故}][]$$

式中:

R——事故对环境（或健康）的危害程度，即风险值;

P——事故发生的概率;

C——事故造成的环境（或健康）后果。

2. 地面沉降风险及评估

（1）城市地下工程施工沉降计算方法

分析区间隧道施工对地面沉降影响的方法有：经验公式、随机介质理论法、弹塑性与黏弹塑性理论解析法、数值计算方法等。城市地铁施工引起的地面沉降主要为地面沉陷、基坑垮塌、地面倾斜等。考虑到隧道施工过程是动态的，地面沉降包括先期沉降、前方沉降或隆起、通过时的沉降、建筑空隙引起的沉降与滞后沉降等；且在我们研究不同施工技术引起的地面沉降时，是分不同施工技术进行讨论的，因此，应针对不同施工方法，结合现有地面沉降的研究成果，采用不同的计算方法计算其对应的沉降量和沉降范围，并进行地面沉降风险评价，为工程施工技术选择提供参考。

下面介绍不同施工方法相对应的一些常用沉降预测方法。

1）盾构法的地面沉降预测方法

盾构法地面沉降预测方法有 Peck 公式经验预测法、随机介质理论方法预测理论、有限元数值模拟预测地面沉降法、盾构隧道沉降预测（STSP）系统、Attewell 公式法、O’Reilly-New 法、藤田法等。

① Peck 公式经验预测法、Attewell 公式法和 O’Reilly-New 法

Peck 公式是根据地层损失概念，通过大量实测数据分析提出来的经验公式。Peck 认为地表沉降槽近似正态分布曲线。

Attewell 公式法和 O’Reilly-New 法是 Peck 公式法的修正方法。

②随机介质理论方法预测理论

随机介质理论预测方法是将宽度、长度与厚度无限小开挖定义成单元开挖，将微元开挖引起的沉降槽定义为单元沉降槽，用 $W_e(x, y, z)$ 表示单元开挖引起的下沉，最终沉降槽体积等于地层损失体积，引入主要影响半径 $r(z)$ 和主要影响范围角 β 的概念，可得到单元开挖引起的地面沉降槽最终表达式，然后可以根据这个表达式计算地表沉降量、沉降槽曲率和沉降范围。

$$W_e(x,y,z=H)=\frac{\tan^2\beta}{H^2}\exp\left[-\frac{\tan^2\beta}{H^2}\left(x^2+y^2\right)\right]d\varepsilon d\xi d\eta$$

③盾构隧道沉降预测（STSP）系统

地铁盾构隧道沉降预测（STSP）系统是我国最近开发的预测方法，此方法修正了 Peck 法、随机介质理论方法预测理论等地层横向和纵向变形预测的正演与反演计算，结合 FLAC 进行二次开发，基本实现了施工过程影响的三维分析，并已经成功应用于地铁工程中，是预测盾构法引起的地面沉降情况的一种方法。

④藤田法

藤田根据盾构形式和围岩情况的不同，对最大沉降量进行分析，在实测分类统计结果与有限元计算对比的基础上，对统计结果进行了整理，给出了最大沉降量的估计值，并由最大沉降量 8 m 反求出沉降槽宽度：

$$i=\frac{\pi R^2}{\sqrt{2\pi}\delta\max}\frac{\Delta A}{A}$$

其中 $\Delta A/A$ 为土层体积损失率。

2）顶管法的地面沉降预测方法

顶管法地面沉降预测方法有 Peck 公式经验预测法、理论方法、数值计算方法、实测数据分析法等。

①理论方法

Sagaseta 采用源汇法对地面下土体损失引起的土体应变进行分析，从而求得地面沉降。

Lognathan 利用 Lee 提出的等效土体损失参数 g，对理论法进行改进，得到土体垂直沉降 Uz 和水平位移 Ux 的计算公式：

$$U_z=r\left\{-\frac{z-h}{x^2+(z-h)^2}+(3-4\mu)\frac{z+h}{x^2+(z+h)^2}-\frac{2z\left[x^2-(z+h)^2\right]}{\left[x^2+(z+h)^2\right]^2}\right\}$$

$$\frac{4rg+g^2}{4r^2}\bullet\exp\left\{-\left[\frac{1.38x^2}{(h+r)^2}+\frac{0.69z^2}{h^2}\right]\right\}$$

土体水平方向位移计算公式为

$$U_x = -r^2 x\left\{-\frac{1}{x^2+(z-h)^2}+\frac{(3-4\mu)}{x^2+(z+h)^2}-\frac{4z(z+h)}{\left[x^2+(z+h)^2\right]^2}\right\}$$

$$\frac{4rg+g^2}{4r^2}\bullet\exp\left\{-\left[\frac{1.38x^2}{(h+r)^2}+\frac{0.69z^2}{h^2}\right]\right\}$$

式中：

x——隧道周围地层某点距离轴线的横向水平距离；

z——离地面的垂直方向距离，由地面向下为正；

h——隧道中心离地表的距离；

r——隧道半径；

u——泊松比；

g——等效土体损失参数。

②实测数据分析法

乔宏伟等根据上海某段顶管施工观测资料，选择其中的几个主要因素与相应的沉降观测值，采用多元回归数学原理，推导了地面沉降预测经验表达式，并预测了顶管施工引起的最终沉降量。

3）浅埋暗挖法的地面沉降预测方法

浅埋暗挖法地面沉降预测方法有 Peck 公式经验预测法、数值模拟预测地面沉降法、理论计算法、实测数据分析法。

4）基坑施工引起的地面沉降预测方法

基坑施工引起地面沉降预测方法有随机介质理论和方法、数值分析程序、人工井点降水引起地面沉降的机理分析及预测方法和涌水引起地面沉降的预测分析等。

（2）城市地下工程施工沉降评价

由上面沉降计算方法可以看出，地层损失、地层结构变化、地下结构的埋深和地下水位变化是影响地面沉降的主要因素。为了能够对不同施工方法引起的沉降进行对比，由上述内容可知，最终沉降评价值表达式为

$$M=100\alpha_1 H_{max}/H_0+100\alpha_2\beta/\beta_0+100\alpha_3 H_z/H_{z0}$$

其中，权重系数 $\alpha_1+\alpha_2+\alpha_3=1$，$H_0$、$\beta_0$ 和 H_{z0} 为基准值，需要指出的是基准值还需要研究才能决定。

按有关地表沉降规程和规定，并与分析得到的最终沉降评价值 M 进行对比，从而最终对施工引起的地表沉降进行安全风险评价。

3. 既有建筑物变形破损风险评价

在城市建筑物密集地段进行地下工程的开挖，势必会影响到上部建筑物，可能导致建筑物倾斜、开裂甚至无法正常使用。目前，通常采取增加支撑刚度、加固洞周土体的方法

来减少开挖对周围地层的影响，也可通过地基改良、基础托换等方法对既有建筑物进行预加固，具体可见前述内容。这里重点是找出地下工程施工影响建筑物变形破损或开裂的因素，并对其进行评价，达到评价施工方法对既有建筑的影响程度。

由于既有建筑物的变形控制，需要考虑到土体与建筑物的共同作用，牵涉建筑物的类型、地基土的性质等诸多因素，目前规范还不能给出详细而统一的规定。考虑到既有建筑物破损开裂的因素现今还无法确定，本文采用地表变形对既有建筑物损坏程度进行评估。

由上述内容可知，最终沉降评价值表达式为

$$N=100\alpha_1 H_{平均0}+100\alpha_2\gamma/\gamma_0+100\alpha_3\eta/\eta_0$$

其中，建筑物开裂评价值 N 为 0~100 的一个数值；权重系数 $\alpha_1+\alpha_2+\alpha_3=1$；破坏程度 H 平均、γ 和 η 需要采取安全评价方法确定；$H_{平均0}$、γ_0 和 η_0 为基准值。

需要指出的是权重系数、基准值等的确定，需要大量的基础资料，综合分析之后才能决定。

4. 其他环境影响和风险

地下工程施工引起的环境影响和风险，不但有地面沉降、危害既有建筑物和管线，而且也会有其他的环境影响和风险。分述如下：

（1）对城市市容的影响。有些地铁施工会临时占用城市绿地，取而代之的是喧嚣的工地和施工围挡，甚至还会出现扬尘和泥浆等，都会影响城市市容，对城市市容、生态景观造成不小的影响。

（2）对地下管线的影响。由地下结构施工引起的地层位移，可能会引起地下管线的位移、破裂等问题。

（3）引起道路位移或沉降。由于地层损失引起地面沉降。

（4）废水对环境的影响。施工过程中的废水或施工人员生活用水，尤其是泥浆的处理和排放，必须妥善处理，否则会引起环境污染。

（5）噪声对环境的污染。在施工阶段产生的各种噪声，如混凝土连续浇注、盾构作业洞口风机 24 h 运行，尤其是夜间运输和施工等都会对周围环境产生影响，在噪声敏感区夜间施工扰民问题比较突出。

（6）振动对环境的影响。振动对环境的影响主要发生在施工现场周围地区。施工作业和建筑设备产生的振动影响一般在距振源 20~30 m 的范围。

（7）粉尘和废气等对大气环境的影响。对大气环境的影响因素有施工机械和运输车辆排放的废气，施工过程中产生的粉尘，施工过程中某些有毒材料挥发的有毒气味，恢复路面时加热沥青蒸发带来的大气污染等，其主要因素为施工中产生的粉尘污染。

第五节　不同施工方法可能造成的施工灾害风险分析

城市地下工程施工，实际上是人为地对原有地层和建筑环境进行扰动的过程，因此必然导致原有环境的改变。这种改变是原有系统（围岩、地下水、原有建构筑物等）和人为扰动系统（开挖、支护，注浆、防排水及施工引起的震动、噪声等）相互作用、相互协调而最终达到平衡的必然结果。在施工过程中，最主要的施工灾害则是地表变形和沉降及由此带来的对已有建（构）筑物平衡和稳定状态的改变，如不加防治和控制，则可能带来严重的工程灾害和社会灾害。目前在我国的城市地下工程施工中，采用最多的施工技术主要是以上海、南京、天津等软土地区为代表的盾构法和以北京地区等为代表的浅埋暗挖法，相比于其他方法如明挖法、矿山法等，这两种方法的研究成果和实测资料相对较多，因此，以下主要讨论由这两种施工方法引起的地表沉降及其相应的风险识别问题。

1. 盾构法施工灾害风险分析

由于城市地下工程一般埋深较浅，因此在开挖过程中，土体应力状态和应变状态的改变将有可能波及地表，在一定范围内形成沉降槽或沉降带。无论是采用盾构法还是浅埋暗挖法进行地下工程施工，都将导致地面变形和沉降，其基本原因不外乎两大类，即施工引起的地层损失和隧道周围受施工扰动或剪切破坏土体的再固结。

（1）地层损失

地层损失是指隧道施工中实际开挖土体的体积和竣工隧道体积之差。地层损失可分为三种类型：正常的地层损失、不正常的地层损失和灾害性的地层损失。其中对盾构法施工的地下工程，正常的地层损失和不正常的地层损失可以通过正确控制和精心操作，再赋以有效地现场监测予以防治。而对于灾害性的地层损失，只有做好施工超前地质预报，采用合理的围岩预加固方法对不良地质地段进行加固处理，在此基础上有针对性地调整施工方案和支护参数，才有可能将其破坏和损失降至最低。地下工程开挖后，周围岩土体为弥补地层损失而产生应力重分布和变形，导致地层移动和地面沉降。王梦恕院士将盾构法施工引起地层损失的施工因素及其他主要因素归纳为如下 9 个方面：

1）开挖面土体的移动；

2）盾构后退；

3）土体挤入盾尾空隙；

4）盾构推进、纠偏、抬头或低头过程中的方向改变；

5）随盾构推进而移动的盾构正面障碍物，使地层在盾构通过后产生空隙而又无法及时注浆填充，从而引起地层损失；

6）推进盾构外周的黏土层时，盾构后面隧道外周环形空隙会有较大增加，如不相应增加注浆量，地层损失必然大量增加；

7）在土体压力作用下，隧道衬砌变形会引起少量地层损失；

8）隧道衬砌沉降较大时，会引起不可忽视的地层损失；

9）饱和松软地层衬砌渗漏也会引起沉降。

（2）受施工扰动土体的再固结

土体受施工扰动的主要表现是土体的应力状态和应力路径的改变，由此导致土体工程性质的变异。其中应力状态的变化主要包括总应力和孔隙水压力的改变，开挖卸荷及土体中形成土拱作用所引起的总应力的变化，而盾构掘进过程中土体受到挤压作用和地下水位的变化则引起孔隙水压力的变化。由于土体应力状态和应力路径的变化，导致土体产生压缩、弹塑性变形及蠕变产生的时效变形，这些变形都导致土体应变状态的变异。对于软土地层隧道施工引起的土体应变状态变化的扰动因素，Romo 总结了如下 6 个方面：

1）隧道作业面附近的应力变化；

2）盾构掘进时盾构与土体间的剪应力；

3）隧道支护和注浆引起的土体径向位移；

4）隧道开挖扰动土体的固结变形；

5）衬砌层的收敛变形；

6）上覆浅层土体的稳定性流变等。

在此基础上，Romo 认为地表位移与土层状况、覆盖层厚度、隧道直径、盾构结构种类、施工条件、盾尾空隙及回填注浆等因素密切相关。而刘招伟等则认为城市地下工程盾构法施工引起地表沉降的机理是地层初始应力状态的改变和受施工扰动土体的固结沉降。影响地表沉降的因素众多，刘招伟归结为如下 8 个方面：施工方法；地层性质；覆土厚度（或基坑深度）；隧道（基坑周围）上部荷载；结构断面形式和大小；支护结构形式；施工管理。

仔细分析上述引起地表变形和沉降的原因和机理不难发现，地下工程施工过程中土体应力状态的改变和地层损失往往相互交织在一起，互为因果且影响因素众多。在施工的不同阶段，无论是地层损失的类型和程度，还是土体应力状态和应力路径的改变方式及程度，均显著不同。综上所述，可将盾构法施工引起地面变形的原因和机理进行归纳，见表 4-1 表中的沉降类型是按照施工阶段进行划分的。

表 4–1　盾构法施工引起地面变形（位移）的原因和机理

沉降类型		主要原因	次要原因（应力扰动）	变形机理
Ⅰ	初始沉降	围岩受挤压而密实	孔隙水压力减小，有效应力增加	孔隙比减小，固结
Ⅱ	盾构工作面前方变形	工作面加压过大则隆起，加压过小则沉降	孔隙水压力增加，总压力增加	围岩压缩而产生弹塑性变形
Ⅲ	盾构通过时的沉降	施工扰动，盾构与围岩间剪切错动，出土量过多	应力释放	弹塑性变形

续表

	沉降类型	主要原因	次要原因（应力扰动）	变形机理
Ⅳ	盾构尾部沉降	围岩失去盾构支撑，管片背后注浆不及时	应力释放	弹塑性变形
Ⅴ	固结沉降	围岩后续时效变形	应力松弛	压缩和蠕变

依据上海市城市地铁建设的实践，用分解分析法，将地铁盾构法隧道工程施工关键环节分为如下部分：盾构进出洞、盾构掘进、管片拼装、穿越已有建（构）筑物（重要建筑、重要管线、现有隧道、黄浦江）、建造联络通道等，再根据各不同阶段或类型的施工环节，分别进行风险识别，并以此为依据提出相应的对应措施。用故障树法对地面沉降量过大进行风险识别的因素分析及权重分配，在采用盾构法进行地下工程施工时可参考使用。

2. 浅埋暗挖法施工灾害风险分析

20 世纪 80 年代中期创新的一种具有中国特色的、适合我国国情的地下工程施工方法，特别适合我国北方地区地下水位较低条件下的浅埋地下工程施工。浅埋暗挖技术以加固和处理软弱地层为前提，采用足够刚性的复合式衬砌结构，选用合理的开挖方式，应用信息化量测反馈开展动态设计和施工，以保证施工安全，控制地面沉降。从浅埋暗挖法的主要技术特点出发，结合相关的理论分析成果和工程实践经验，可以将浅埋暗挖法施工技术引起的地面沉降的主要影响因素归纳分类如下。

（1）地质条件

地质条件是影响地表沉降的最重要的因素，主要包括岩土工程性质（类型、刚度、强度和时效性等）、埋深（上覆土层厚度）和地下水条件（水位、类型、埋藏和运动特征等）三个方面。地质条件的好坏，不仅直接影响作用在工程结构（即衬砌或基坑围护结构）上的荷载和工程结构的稳定性，也是影响地表沉降、周边建（构）筑物稳定和安全的主要因素。因此，准确、全面、适时的地质条件调查是确保合理设计、安全施工的重要前提。

（2）工程结构特征

地质条件是不以人的意志为转移的客观存在，人们只有充分认识和改造它，才能保持工程建筑和地质环境之间的和谐共处，避免破坏性和灾害性的工程灾害。就影响地表沉降的工程结构特征而言，规划、设计和施工时可以通过合理选择和调整工程结构形式和参数来加以控制。其中主要的因素有：结构断面大小、形状；支护（围护）结构类型、形式；隧道半径与衬砌厚度之比；衬砌与围岩的刚度之比；衬砌与围岩的接触情况等。

（3）环境条件的影响

此处的环境主要是指地下工程修筑以前的已有建筑物类型、分布及其引起的地下工程围岩应力场的特征。具体而言，主要有：相邻建（构）筑物，如已有隧道、基坑、桩基、地下管线等地下工程；上部建筑物的类型、荷载分布等；以及由此而导致的围岩应力场的变化、特征。

（4）施工方法及管理

在修筑地下工程的过程中，施工方法和管理的作用主要是：促使地下工程的客体（地质条件）和主体（工程结构）二者发生相互作用和交互影响，并使二者相辅相成且和谐地融入已有环境条件。施工方法和管理是人为地对地质条件和工程结构及其环境系统进行干涉、扰动和影响的动态过程，是关系地下工程建设成败的关键。从影响浅埋暗挖法施工安全的主要工序和参数考虑，如下几个方面是影响地面沉降的主要因素：软弱地层的加固方法、范围、效果；开挖方法（如全断面法、台阶法、分部开挖法等）；同时未支护时间；支护与开挖循环、初衬与二衬的时间间隔；以及施工方法引起的地层损失的影响 5 个方面。

应当说明的是，上述总结的因素和可能的风险，往往是因地而异、因时而异的，相应的权重仅是依据现有的理论分析、工程实践和经验判断综合分析的结果，对于某一项特定的地下工程，造成地表沉降或及其次生灾害的可能仅仅是其中的个别或部分原因，但这些因素又往往是交互影响、互为因果的关系，并不一定完全如其中所赋予的权重一样等比例地影响变形和灾害的分布、大小。之所以参考如盾构法已有的资料统计显示的权重分配，是想定性地说明这些因素在相应的类属中的重要程度。特别是目前国内关于浅埋暗挖法进行地下工程施工引起地表沉降的公开报道较少，资料和相关成果又很零散，因此，因素分类和权重赋值还需要工程实践的进一步检验和修正。

第六节　城市地下工程地震灾害风险分析

1. 地震灾害概述

地震是摧毁人类文明，引起巨大人员伤亡和经济损失的一种突发性自然灾害。作为释放地壳应力和应变能量的重要方式，地震也是人类可以观测的内动力地质作用。从本质上讲，地震是地球内能释放的物理过程，而地震灾害则是地震动力作用下岩土体变形破坏、位移及与其相伴的或次生的工程建筑物破坏和人类生存环境改变的动力学过程。对各种自然灾害造成的损失统计结果显示，地震损失最为严重。因此，地震常被称为自然灾害之首。地震灾害总是伴随着巨大的生命和财产损失，全球经济的发展，创造了大量的社会财富，使得地震灾害袭击的对象发生了巨大的变化，尤其是在现代社会遭受地震灾害的易损性方面，变得越来越脆弱。

从地震破坏作用的机理而言，主要有两种类型，即地震断裂构造错动引起的静力破坏和地震波在岩土介质和工程结构物中传播引起的动力响应。对于前者，目前的地震工程和工程抗震领域尚无可行的预测和防治措施，唯一能降低或消除风险的做法就是进行必要的活断层调查，并采用避让的方法。而后者则是工程抗震设计中主要应解决的问题，这方面已有较多的理论、方法、经验和防治措施。故在以下主要讨论与地震动力作用有关的地下工程地震安全评价问题。

一般地，可将地震造成的灾害大致分为直接灾害和次生灾害。直接灾害又可分为地表破坏和结构物破坏两类。地表破坏的类型主要有崩塌、滑坡、地裂缝、地陷喷砂冒水（砂土液化）等；结构物破坏包括结构本身由于整体性丧失引起的破坏、强度不足引起的破坏和塑性变形能力不足引起的破坏，以及地基失效引起的破坏。次生灾害包括地震引起的火灾、水灾、空气污染和破坏严重的海啸等。

2. 地下工程的地震动力响应特点

地下工程是修筑于岩土介质中的工程结构物，以岩土介质为其赋存环境。与地面结构不同，地下工程的变形和位移受到其周围岩土介质很强的约束作用，地下工程与岩土介质之间不仅具有复杂的相互作用，并且由于地下工程通常是条形结构物，相比于大多数地表结构物，结构在延伸方向上的相对运动对其稳定性影响较大，地下工程的反应不是单点的地震动而是场地各点之间的相对震动，即地震动输入应为空间相关地震动场，而地表建筑物通常可以按照某点的震动特点，采用振动模型就可解决。林皋院士就地下工程与地面结构在地震动力作用下的振动特性进行了如下系统总结：

（1）地下工程的振动变形受周围岩土介质的约束作用显著，结构的动力反应一般不明显表现出自振特性的影响；

（2）地下工程的存在对周围地基地震动的影响一般较小（指地下工程的尺寸相对于地震波长的比例较小的情况）；

（3）地下工程的振动形态受地震波入射方向变化影响很大；

（4）地下工程在振动中各点的相位差十分明显；

（5）一般地，地下工程在振动中的主要应变与地震加速度大小的联系不很明显，但与周围岩土介质在地震作用下的应变或变形关系密切；

（6）地下工程的地震反应随埋深发生的变化不很明显；

（7）地下工程与岩土介质的相互作用对其动力反应产生影响的方式和程度显著地不同于地面结构。

因此，对地下工程而言，其自身的形状、质量、刚度即自振特性的变化仅对其动力反应产生量的变化，而其动力反应主要受周围岩土介质的运动特征的影响，周围岩土介质运动特征的变化足以引起结构动力反应的质的变化。简言之，对地下工程而言，周围岩土介质的地震动研究是关键问题，而地面结构则主要是结构本身的自振特性。

3. 历史地震中地下工程震害概要

1976 年唐山地震时，地下工程建筑的破坏比相应的地面建筑显著减轻。地下矿井区的烈度随深度增加而迅速衰减。

在 1995 年日本阪神大地震中，地铁工程结构发生了前所未有的破坏，其中地铁车站中柱的破坏尤为严重。理论分析表明，阪神地震中地铁隧道的柱（墩）破坏主要是由于竖向地震作用引起的，竖向应力作用对地铁隧道的安全影响很大。

1999 年中国台湾集集大地震中，台中地区 57 座山岭隧道和地道中有 49 座遭受不同的破坏，如衬砌开裂、剥落、移位等。149 线公路草岭隧道衬砌仰拱与拱顶由于强烈的竖向地震力作用而相互挤压，仰拱内侧与拱顶衬砌内侧承受张应力而造成了纵向裂缝。除了地震动力作用造成的破坏外，地震断裂错动引起的破坏也很严重，如 1906 年美国旧金山地震使奈特一号隧道水平错动 1.37 m，1930 年日本北伊豆地震时，丹那隧道水平和竖向错动分别达 2.39 m 和 0.6m。5.12 汶川特大地震给道路交通带来致命性破坏，桥梁开裂垮塌、路面开裂、滑坡落石堵塞交通，尽管隧道主体具有良好的抗震性能，但地震后，其衬砌出现大量裂缝，局部地质不良地段坍塌严重，特别是浅埋洞口段更容易出现震害。从都江堰到汶川 213 国道上的友谊隧道，所在山体在 5.12 地震中飞石滚滚，洞内衬砌水泥块掉落，损伤过往车辆和人员。

在 1995 年日本阪神地震之前，有关城市地铁工程破坏的报道很少，大多数有关地下工程地震动力响应的研究是针对岩石隧道、矿山隧道和深埋隧道的。这些研究成果表明，地下工程的地震动力变形和破坏方式、程度，与结构周围岩土介质力学性质、埋深（即上覆土层厚度）、衬砌和围岩的相对刚度和位移、地震动特征如强度、入射方向、地震波类型等密切相关。由于城市地下工程一般埋深较浅，且大多修筑于第四纪地层之中，地下地震动的观测结果表明，在地下几十米范围内，即通常结构的埋置深度范围内，地下水平加速度约为地表加速度的 1/3~1/2，而相同深度处的位移与地表位移相差很小。目前以阪神地震中地铁工程的部分震害资料和研究结果较为典型、丰富。需要注意的是，对于阪神地震，是典型的城市直下型地震，震源深度浅，强度高，具有显著的竖向地震作用，且位于松散的第四纪沉积物上，所以对城市地铁工程的地震安全性问题的研究，依据已有资料进行对比分析时还需了解其间具体的异同点。总体而言，对该问题的认识，尚有许多未知之处。

4. 地下工程地震灾害风险评价体系

地下工程一般被认为是抗震性能良好的“减震结构”，但在历史地震中，仍然有不少地下工程发生了破坏。震害调查资料表明，地下工程主要发生破坏的部位有：

（1）地下工程与地面结构的交界部位，如隧道洞口的进出口部位；

（2）结构断面形状和刚度发生突变的部位，如两洞相交或平洞与竖井的相交部位、隧洞的转弯部位等；

（3）结构周围岩土体特性发生突变的部位，岩体比较软弱或节理、裂隙、地形变化较大的部位，结构与断层、软弱带相交的部位等。

按照地下工程破坏的机理划分，可将地震作用引起地下工程结构的破坏分为两大类：一类是由于地震导致地下工程的周围岩土介质失稳和地质条件改变引起的破坏，简称为地层破坏效应，如地基沉降、砂土液化、震陷、崩塌滑坡、周围建筑的变形位移等。另一类是由于结构本身受地震动应力作用和因隧道不均匀位移、上浮而导致的衬砌变形、位移等，简称振动破坏效应。地下工程破坏的类型主要有开裂（纵向、环向、斜向等）、剥落、剪切位移、坍塌。

综合有关资料，可将引起地下工程地震灾害的影响因素归纳如下：地质条件、地基与围岩工程性质和分布特征、地震动特征（水平和竖向地震动的强度、频率、持续时间、优势震动方向等）、埋深和上覆土层层序、衬砌形式、厚度和刚度、上部地表和周围相邻建（构）筑物类型、分布等。

通过分析城市地下工程抗震分析方法，我们可以了解到，影响城市地下结构地震响应的因素有：地震特性（地震频率、加速度、振幅、持续时间等）、岩土特性（断层、砂土液化区、软黏土等）、地下结构形式（地铁车站形式、区间隧道形式、结构连接处形式等）、地下结构位置（埋深、走向等）等因素。

造成地下结构破坏的灾害有环境破坏和反应破坏两类。环境破坏是指断层错位、砂土液化、软土震陷洞口滑坡等地基失效造成的地下结构破坏，这类破坏为静力破坏；反应破坏是指由地震波直接造成的地下结构反应值超过其极限允许值而引起的结构破坏，这类破坏可通过改善结构形式和结构刚度对比等人为方式予以减轻和控制。

通过以上分析，最终震害风险评估价值表达式为：

$$P=100a_1P_1/P_1'+100a_2(a_{21}P_{21}/P_{21}'+a_{22}P_{22}/P_{22}'+a_{23}P_{23}/P_{23}')$$

式中，地下结构震害评价值 P 为一个 0~100 的数值；权重系数 $a_1+a_2=1$，$a_{21}+a_{22}+a_{23}=1$；破坏程度 P_1、P_{21}、P_{22} 和 P_{23} 可以通过统计或专家评定的方法确定；P_1'、P_{21}'、P_{22}' 和 P_{23}' 为基准值。

需要指出的是权重系数、基准值等值的确定，需要大量的基础资料，统计研究之后才能决定。

需要说明的是，由于地下工程地震灾害涉及地震动、围岩和地基、地下工程等多方面的复杂因素，特别是目前有关围岩、地基和地下工程之间的相互作用，动力破坏的时间效应等一些根本性理论问题尚未很好解决，现有的理论研究成果还难以合理解释已有的震害实例、试验和实测资料，故无法给出各影响因素对地震灾害的权重分配，也不能定性或定量地说明哪类影响因素对地下工程地震灾害的贡献最大。对于特定地区的特定地下工程而言，只能根据上述的因素分类，从地震动、围岩和地基、地下工程等几个方面予以考虑，分别进行调查研究，才可能有针对性地进行抗震设计。

5. 地下工程抗震设计原则

作为一种自然现象和地质灾害，地震往往不可抗拒且难以预测。地震灾害具有突发性、破坏面积广、区域性强、继发性和多发性、灾难性和社会性及救灾的艰巨性等特点。对地下工程结构而言，一旦发生严重震害，不仅可能对其附近建筑和环境造成影响，而且其本身的修复也很困难且代价昂贵，因此，地震工程和工程抗震方面的研究历来都是具有重要理论和实践意义的课题。就城市地下工程而言，综合有关资料，在设计时应遵守如下几个原则：

（1）地下工程抗震设计的总体要求是保证结构在整体上的安全性，保护人身和重要设备不受损害，尽量做到“小震不坏、中震可修、大震不倒”。

（2）为使地下工程在地震作用时具有更高的承载力，其位置应尽量避开断层破碎带、河岸陡坡，不稳定的斜坡等不良工程地质条件的场地。

（3）城市里的重要地下工程物，如地铁、地下商业街等，其抗震设防烈度应等同于城市地面结构物的抗震设防烈度，而其余结构物可按地面基本烈度降低一度来进行抗震设计。

（4）抗震设计的目的就是要保证结构具有必要的强度、良好的延性，即除了要满足强度条件外还应具有良好的变形能力和耗能能力，并允许结构产生具有积极意义的裂缝和塑性变形，以吸收振动能量，降低动力系数，从而减轻地震动的破坏作用。

（5）使结构具有整体性和连续性，使其成为两次超静定结构，从而增强结构的整体强度和变形的协调性，能产生更多的塑性铰，减轻甚至消除局部的严重破坏。

（6）对地下工程的非结构构件，应与主体结构有可靠的连接或锚固，以免在地震作用时塌落或倒塌；各种管线接头应采用柔性连接，支撑或悬挂管线的构件必须固定在主体结构中。

第七节　城市地下工程火灾风险分析

1. 火灾概要

火灾作为人类生存和发展历程中所面对的一种典型灾害，是危害人类的重大灾害之一，不仅直接危及人民的生命、财产安全，还会造成环境污染，引发生态失衡。一方面，火灾是由人类的社会活动与经济活动产生的非自然界固有因素所引起的，另一方面，其自身又具有复杂的自然属性。对包括火灾科学的自然属性和社会属性进行研究和探索，是实现灾害防治经济性和有效性统一的必要基础。从系统科学的观点来看，火灾是一个具有多重特性的复杂开放系统，而非线性则是一般火灾系统最本质的特性。系统的非线性，导致了火灾系统动力特性的复杂性，也是特殊火灾现象产生的最根本的机制。违背社会意愿及给人类社会造成危害是火灾的两个社会特征；从自然属性来讲，火灾本质上还是一种燃烧现象，是可燃物、氧化剂、点火源（包括自点火）及其直接关联环境及它们之间的全部联系所组成的某种有机的系统。火灾的基本特性可概括为：突发性、发展的迅猛性、成灾自然进程的相对非（在特定条件下）透明性、形成、发育频率和强度的非均匀性、继发性、对环境产生不良影响、相似性、成灾倾向性、可控性、可预测预报性、确定性与不确定的统一性、演化的非线性等。而对火灾事故源的辨识是进行火灾风险评价和防治措施的重要基础，关于火灾的研究，在一般的城市地面建筑、矿山等方面的研究较多，相比而言，有关地下工程方面的研究较少。目前火灾防治以性能化结构设计较为合理和流行。

2. 城市地下工程火灾特点

城市地下工程火灾可按工程建设的阶段大致分为施工阶段火灾和运营阶段火灾。目前报道较多的主要是运营阶段的火灾。从世界地铁 100 多年的历史教训来看，地铁灾害中发生频率最高、造成损失最大的也是火灾。如 1991 年德国柏林地铁火灾，2003 年 1 月英国伦敦发生地铁列车撞月台引起的火灾，2003 年 2 月 18 日韩国大邱市地铁人为纵火引起的火灾等。此外其他如地下仓库、交通隧道等类型工程也发生过不少火灾。对大量地下火灾的调查分析表明，地下工程发生火灾的原因无外乎电器故障、违章操作和营运、用火不慎，及防火、消防和预警系统不完善等。

由于地下工程在构造和分布上的封闭性和环境条件的局限性，地铁中发生火灾将比地面建筑物中发生火灾更具有危险性，发生火灾时具有如下特点：

（1）人的心理恐慌程度大，行动混乱程度高。

（2）火灾性状及烟气流动的特异性。

（3）温度上升快，峰值高，浓烟和毒气积聚不散，通风散热不利。

（4）人员避难困难，疏散难度大。

（5）情报传递、灭火和救助活动困难。

1）火灾隧道根据通风方向，沿纵向可分为三个区域，即火区上游、火区和火区下游。其中，火区和火区下游是对人员、车辆造成损害的区域。2）隧道火灾过程可分为三个阶段，即发展阶段、稳定阶段和衰减阶段。阶段不同，隧道内温度的分布也不尽相同。3）火灾时，隧道内温度在起火后的 2~10 min 内温度达到最高。4）隧道中发生火灾时，为避免高温烟气的侵害并引燃后续车辆，扩大火灾规模，后续车辆制动后与火灾车辆保持的距离应为 30 m 以上。这些研究对长大隧道设备的选型、火灾初期的报警、人员逃生，以及火灾时救援和通风方案的制定都有着极其重要的指导意义。据此，地下工程火灾发生时的人员疏散和救援需要注意合理的时间控制和空间避让。

3. 城市地下工程火灾安全评价体系

通过对城市地下工程火灾系统特点的讨论，参考城市建筑火灾安全评价指标体系和性能化结构抗火设计的原理及要点。

城市地下工程的火灾防灾设计需坚持“预防为主，防消结合”的原则。防灾设计应严格遵照我国有关的设计规范和规定，从建筑结构防灾设计、监控报警与消防系统设计、地铁车辆防火设计、火灾吋的应急方案等方面来考虑，建立和完善城市地下工程“预防、监控、报警、救援和消防”的防灾系统。

第八节　城市地下工程水灾风险分析

1. 城市地下工程水灾风险分析

城市地下工程水灾的类型从水源类型和致灾方式上可以划分为两类，即地表水引起的灾害和地下水引起的灾害。地表水引起的水灾主要是由于地表河流、大气降水等引起的洪涝灾害导致地下工程被淹没或毁坏。地下水引起的灾害主要是地下工程开挖过程中引起的涌水、突水等。由此，地下工程水灾还可以分为施工阶段水灾和运营阶段水灾。施工阶段水灾主要由地下水涌水、突水而引起，这方面的研究已有不少成果和可资借鉴的经验，解决的主要方法在于做好施工地质超前预报和地下工程防排水。对于地表水引起的水灾，要紧密结合城市综合防洪抗灾，在规划和设计阶段应充分考虑到本地区的地表水和大气降水的分布和运动规律，做到精益求精，有备无患，且必须将地表水和地下水治理综合考虑。由于城市地下水灾包括两大类型的水灾，且涉及的原因和主要影响因素众多而复杂，特别是目前有关城市地下工程水灾方面的公开报道很少，故在此处难以就该问题进一步展开论述，只能依据有关文献的资料介绍目前已公开报道的三个案例。

[案例 1] 地下水灾害——上海地铁 4 号线渗水坍塌事故

在 2007 年 7 月 1 日凌晨，上海地铁 4 号线在施工过程中发生渗水，大量流沙涌入隧道，由于内外压力失衡，隧道部分坍塌，随之引起灾害的连锁反应，导致地表出现沉降漏斗，附近一座楼房坍塌，并使附近 30 m 长的部分防汛墙体沉陷和开裂，造成严重的灾害和损失。

[案例 2] 地表水灾害——郑州地铁淹水事故

2021 年 7 月 20 日由于受到暴雨的影响，郑州地铁站涌入大量洪水，造成了 12 人死亡。

[案例 3] 地表水灾害——台北地铁淹水事故

2001 年 9 月，台北地铁在“纳莉”台风带来的暴雨和洪水中，有 18 座车站被淹水，占全部 63 座车站的 28.6%。其中受灾最严重的车站位于客流最繁忙的区段，致使台北地铁陷于瘫痪。18 座淹水的车站中平均每座车站积水约 10 000 m^3，其中台北车站积水 60 000 m^3，加上区间隧道积水，总积水达 300 000 m^3。

这三起典型的事故，均是出现在经济较为发达的现代化大都市中，虽然灾害类型和原因不一样，但一个共同的特点就是灾害的连锁反应和事故后果的复合性，不仅涉及规划设计和施工等部门和行业，也与经济、保险、行政管理等部门密切相关，是一个典型的复杂系统。

2. 小结

本章从安全风险评价的基本概念入手，讨论了安全风险分析方法选择的原则和基本要求。结合对城市地下工程特点的重新剖析，建立了城市地下工程灾害体系，对几种主要的城市地下工程灾害进行了风险分析和评价，所取得的主要认识如下：

（1）岩土介质除了具有碎散性、三相体系和自然变异性之外，通常还具有非均质性、非连续性、各向异性、非线性和复杂性，对其存在状态和运动演化过程的描述具有不确定性。这些特性各处于不同的层次并决定了城市地下工程的非线性和复杂性。

（2）城市地下工程是一个开放的复杂系统，具有结构上的复杂性、对环境的敏感性、施工过程中的高度非线性和自适应性。充分认识这些特性是城市地下工程科学决策、顺利施工和安全运营的重要基础。

（3）结合自然灾害和工程灾害类型及城市地下工程的特点，尝试建立城市地下工程灾害体系，强调了“人为灾害”概念的重要性，明确认识到社会灾害与工程灾害及其两者之关系，提出了城市地下工程灾害也具有严重性、广泛性、复杂性和脆弱性等特点。

（4）结合目前提倡的“节能减排、环境保护、生态文明”等发展战略，依据环境风险评价相关内容，从地表变形沉降及既有建筑物变形破损等方面探讨了地铁施工可能造成的环境风险，指出了环境风险评价的重要性及我们在这一方面的不足。

（5）详细讨论了我国城市地下工程施工中两种主要施工方法引起的地表沉降问题，即盾构法和浅埋暗挖法，分析了两种施工方法引起的地表沉降机理和主要影响因素，对不同方法引起的地表沉降的风险评价体系进行了分析，确定了层次指标体系、权重分配，并给出了风险分析的定量化计算方法。

（6）从地震灾害基本概念出发，论述了地下工程的动力响应特点，通过分析历史震害资料和城市地下工程震害的主要类型、因素和致灾机理，从地震动特征、围岩与地基、地下工程衬砌结构三个主要方面，考虑其间的相互关系，对城市地下工程地震安全评价体系进行了分析，并总结了地下工程抗震设计的主要原则。

（7）讨论了火灾系统的非线性和复杂性，以现有城市地下工程及隧道工程火灾调研的实测资料和成果为基础，借鉴城市建筑火灾安全评价体系构成和性能化结构抗火设计的思想，对城市地下工程火灾安全评价体系进行了分析，强调城市地下工程防火设计原则应坚持“预防为主，消防结合”。

（8）分析了城市地下工程水灾的类型：地下水引起的水灾和地表水引起的水灾，认为做好施工地质超前预报和地下工程防排水，并结合城市综合防洪系统建设是城市地下工程防治水患于未然的基本思路和方法。

由于城市地下工程灾害风险评价体系的难度和涉及的范围很大，对其中几种主要灾害的致灾因子分析指标体系建立、指标量化和权重分配等关键问题的研究依然停留在风险识别和经验判断的初步阶段。目前，我国城市地下工程的施工灾害、地震灾害、火灾和水灾等方面积累的实测资料和经验较为零散甚至匮乏，尚不足以建立系统的基础数据库和定量化的评价技术标准，因此，对前述主要灾害类型的风险分析和评价体系还有待于工程实践的进一步检验，并不断积累资料以继续补充和完善。

第五章　地铁工程施工安全保障体系

施工安全影响整个工程的施工进度，前面对施工风险进行了分析，只有对于风险的分析评价并不能很好地保证施工安全，同时还应具备完善的安全保障体系。基于此本章对施工安全的保障体系展开讲述。

第一节　地铁工程施工安全相关法规标准体系

一、法律法规关于施工单位安全生产基本保障条件的规定

法律法规规定了包括施工单位在内的所有生产经营单位应具备的安全生产基本保障条件，归纳起来，主要包括：

1. 建立、健全安全生产责任制，制定完备的安全生产规章制度和操作规程；

2. 安全投入符合安全生产要求；

3. 设置安全生产管理机构，配备专职安全生产管理人员；

4. 主要负责人和安全生产管理人员经考核合格；

5. 特种作业人员经有关业务主管部门考核合格，取得特种作业操作资格证书；

6. 从业人员经安全生产教育和培训合格；

7. 依法参加工伤保险，为从业人员缴纳保险费；

8. 厂房、作业场所和安全设施、设备、工艺符合有关安全生产法律、法规、标准和规程的要求；

9. 有职业危害防治措施，并为从业人员配备符合国家标准或者行业标准的劳动防护用品；

10. 有重大危险源检测、评估、监控措施和应急预案；

11. 有生产安全事故应急救援预案、应急救援组织或者应急救援人员，配备必要的应急救援器材、设备；

12. 法律、法规规定的其他条件。

二、法律法规关于施工单位安全生产责任的规定

在建设工程活动中，建设、勘察、设计、施工、监理、监测、施工机具设备供应、租赁和检验检测等单位都是安全生产责任主体，但施工单位处于核心地位，施工单位既是常见的直接责任主体，也是常见的直接受害主体，施工单位是建设工程实现安全生产要求的关键。正是基于这一认识，目前的建设工程安全生产法律法规对施工单位的安全生产责任做了较为全面、明确和严格的规定。

建设工程安全生产法律法规对施工单位的安全生产责任的规定，可以归纳为对施工单位安全生产工作的总体要求和对工程项目施工安全工作的基本要求两大部分（分别参见表5-1、表5-2）。

表 5-1　法律法规关于施工单位安全生产工作的总体要求

序次	责任要点	施工单位的安全生产责任
1	依法取得资质和承揽工程	应当具备国家规定的从事建设工程活动（新建、扩建、改建和拆除）的安全生产条件，依法取得安全生产许可证，不得转包和违法分包
2		依法取得相应等级的资质证书，并在资质等级许可的范围内承揽工程
3	设置管理机构和配备人员	应当确定单位消防安全责任人和施工场地的消防安全责任人
4		应当设立安全生产管理机构，配备专职安全生产管理人员
5		应当选派取得相应执业资格的人员担任工程项目负责人
6	建立、健全安全生产责任制	施工单位主要负责人对本单位的安全生产工作全面负责，职责包括：建立、健全本单位安全生产责任制；组织制定本单位安全生产规章制度和操作规程；保证本单位安全生产投入的有效实施；督促、检查本单位的安全生产工作（包括对承担的建设工程进行定期和专项安全检查，并做好安全检查记录），及时消除生产安全事故隐患；组织制定并实施本单位的生产安全事故应急救援预案；及时、如实报告生产安全事故，并立即组织重大安全事故抢救，不得在事故调查处理期间擅离职守
7		项目负责人对建设工程各项的安全施工负责，职责包括：落实安全生产责任制度、规章制度和操作规程，确保安全生产费用的有效使用，根据工程特点制定安全施工措施，消除安全事故隐患和及时、如实报告生产安全事故等
8		专职安全生产管理人员负责对安全生产进行现场监督检查。发现安全事故隐患，应当及时向项目负责人和安全生产管理机构报告；对违章指挥、违章操作的，应当立即制止
9		从业人员应当接受安全生产教育和培训，掌握本职工作所需的安全生产知识，熟悉有关的安全生产规章制度和安全操作规程，提高安全生产技能，增强事故预防和应急处理能力。未经教育培训或者教育培训考核不合格的人员，不能上岗作业 在作业过程中，应当严格遵守强制性标准、本单位的安全生产规章制度和操作规程，服从管理，正确佩戴和使用劳动防护用品 发现事故隐患或者其他不安全因素，应当立即向现场安全生产管理人员或者本单位负责人报告

续表

序次	责任要点	施工单位的安全生产责任
10	建立、健全安全生产责任制	施工总承包单位对施工现场的安全生产负总责，分包单位应当服从总承包单位的安全生产管理。总承包单位依法将建设工程分包时，分包合同中应明确各自在安全生产方面的权利和义务，并对安全生产承担连带责任。分包单位不服从管理导致安全事故时，由分包单位承担主要责任 两个以上施工单位在同一作业区域内作业，可能危及对方生产安全的，应当签订安全生产管理协议，明确各自的安全生产管理职责和应当采取的安全措施，并指定专职安全生产管理人员进行安全检查与协调
11	建立健全安全生产制度和操作规程	应当建立健全安全生产责任制度和安全检查制度、安全教育培训制度、事故管理制度，以及其他安全生产制度，制定安全生产操作规程
12		应当建立施工现场消防责任制度，制定用火、用电和使用易燃易爆材料等各项消防安全管理制度和操作规程
13	确保安全费用的投入和使用	应当保证本单位安全生产条件所需资金和投入
14		施工单位不得以低于成本的价格竞标
15		应当将列入工程概算的安全作业环境和安全施工措施所需费用，用于施工安全防护用品及设施的采购和更新、安全施工措施的落实和安全生产条件的改善，不能挪作他用
16		应当向作业人员提供安全防护的用具和服装
17	对管理人员和作业人员实行安全教育培训和考核持证上岗	施工单位的主要负责人、项目负责人和专职安全人员应当经建设行政主管部门或其他有关部门考核合格后，方可任职
18		应当对从业人员进行安全生产教育和培训，如实告知作业场所和工作岗位存在的危险因素、防范措施及事故应急措施，保证从业人员具备必要的安全生产知识，熟悉有关的安全生产规章制度和安全操作规程，掌握本岗位的安全操作技能。未经教育培训或者教育培训考核不合格的人员，不能上岗作业（岗前教育）
19		应当对管理人员和作业人员等每年进行至少一次安全教育培训，培训考核不合格人员不能上岗。安全教育培训应当记入个人工作档案（年度教育）
20		在采用新技术、新工艺、新设备、新材料时，应当对作业人员进行相应的安全生产教育培训（“四新”教育）
21		特种作业人员（垂直运输机械作业人员、电工、建筑架子工、安装拆卸工、爆破作业人员、登高架设作业人员和起重司机、信号司索工，省级政府建设主管部门认定的其他作业）按照国家有关规定经过安全作业培训并取得特种作业操作证书后，方可上岗作业
22		与作业人员订立的劳动合同应当载明有关保障从业人员劳动安全、防止职业危害的事项，并书面告知危险岗位的操作规程和违章操作的危害
23	办理工伤社会保险和意外伤害保险	应当依法为从业人员办理工伤社会保险，为施工现场从事危险作业的人员同时办理意外伤害保险，并在劳动合同中载明。保险费用由施工单位支付，意外伤害保险期限自工程开工之日起，至竣工验收合格止 实行总承包的，由总承包单位支付意外伤害保险费用

续表

序次	责任要点	施工单位的安全生产责任
24	安全管理	单位的主要负责人督促、检查本单位的安全生产工作，及时消除生产安全事故隐患。单位的安全生产管理人员应当根据本单位的生产经营特点，对安全生产状况进行经常性检查；对检查中发现的安全问题，应当立即处理；不能处理的，应当及时报告本单位有关负责人。检查及处理情况应当记录在案
25	应急管理	应当制定本单位生产安全事故应急救援预案
26		应当建立应急救援组织或者配备应急救援人员，并定期组织演练
27		配备必要的应急救援器材、设备，并进行经常性维护、保养，保证正常运转
28		单位负责人接到事故报告后，应当迅速采取有效措施，组织抢救（例如，组织本单位应急救援队伍和工作人员营救受害人员，疏散、撤离、安置受到威胁的人员，控制危险源，标明危险区域，封锁危险场所，并采取其他防止危害扩大的必要措施），并按照国家有关规定立即如实报告当地负责安全生产监督管理的部门、建设行政主管部门或者其他有关部门。实行施工总承包的建设工程，由总承包单位负责上报事故

表 5–2　法律法规关于工程项目施工安全工作的基本要求

序次	责任要点	施工单位的安全生产责任
1	编制安全措施和专项方案	应当在施工组织设计中编制安全技术措施和施工现场临时用电方案
2		对下列达到一定规模的危险性较大的分部分项工程应编制专项施工方案，并附具安全验算结果，经施工单位技术负责人、总监理工程师签字后实施：（1）基坑支护与降水工程；（2）土方开挖工程；（3）模板工程；（4）起重吊装工程；（5）脚手架工程；（6）拆除、爆破工程；（7）国务院建设行政主管部门或其他有关部门规定的危险性较大的工程。其中涉及深基坑地下暗挖工程、高大模板工程的专项施工方案，施工单位还应组织专家进行论证、审查
3	施工监测	应当对工程支护结构、围岩及工程周边环境等进行施工监测、安全巡视和综合分析，及时向设计、监理单位反馈监测数据和巡视信息。发现异常时，及时通知建设、设计、监理等单位，并采取应对措施 应当按照设计要求和工程实际编制施工监测方案，并经监理单位审查后实施
4	创建安全、文明和人本化施工现场	在城市市区内的建设工程，应当对施工现场实行封闭围挡
5		应当遵守有关环境保护的法律、法规，采取措施防止或减少施工现场粉尘、废气、废水、固体废物、噪声、振动、施工照明对人的危害及环境的污染
6		应当将施工现场的办公、生活区与作业区分开设置，并保持安全距离。办公、生活区的选址应符合安全要求，职工的膳食、饮水、休息场所等应符合卫生标准。爆破器材和其他危险物品必须单独储存，不得与员工宿舍在同一座建筑物内，并应与员工宿舍保持安全距离
7		施工现场临时搭建的建筑物应符合安全使用要求，设置的装配式活动房屋应具有产品合格证
8		作业场所和员工宿舍应当设有符合紧急疏散要求、标志明显、保持畅通的出口

续表

序次	责任要点	施工单位的安全生产责任
9	创建安全、文明和人本化施工现场	不能在尚未竣工的建筑物内设置员工集体宿舍
10		应在施工现场设置消防用通道、水源设施和灭火器材，并在现场入口处设置明显标志
11		应当在施工现场入口处、施工起重机械、临时用电设施、脚手架、出入口通道、楼梯口、电梯井口、孔洞口、基坑边沿及桥梁口、隧道口、爆破物品及有害气体和液体存放处等有危险部位，设置明显安全警示标志。安全警示标志需符合国家规定
12		应当根据不同施工阶段、周围环境及季节、气候的变化，在施工现场采取相应的安全措施
13		暂时停止施工时，施工单位应当做好现场保护，所需费用由责任方承担或按合同约定执行
14	对安全护品和施工机具设备安全管理	采购、租赁的安全防护用具、机械设备、施工机具及配件，应当具有生产（制造）许可证和产品合格证，并应在进场前进行查验。机具需由专人管理，定期进行检查、维修和保养，建立相应的资料档案和按国家有关规定及时报废。 必须对安全设备进行经常性维护、保养，并定期检测，保证正常运转。维护、保养、检测应当做好记录，并由有关人员签字
15		在使用施工起重机械和自升式架设设施前，应当组织有关单位进行验收，也可委托有相应资质的检测机构进行验收或检验合格后进行验收。 应当自施工起重机械和自升式架设设施验收之日起 30 日内，向建设行政主管部门或其他有关部门登记。登记标志应当置于或附着于该设备的显著位置
16		应当在有较大危险因素的设施、设备上，设置明显的安全警示标志
17	安全作业	工程施工前，负责项目管理的技术人员应将有关安全施工的技术要求，向作业班组和作业人员作详细说明，并由双方签字确认
18		作业人员应当遵守安全施工的强制性标准、规章制度和操作规程，正确使用安全防护用品、机械设备等
19		作业人员有权对施工现场的作业条件、作业程序和作业方式中存在的问题提出批评、检举和控告，有权拒绝违章指挥和强令冒险作业
20		作业人员在施工中发生危及人身安全的紧急情况时，有权立即停止作业或者在采取必要的应急措施后撤离危险区域
21		进行爆破、吊装等危险作业，应当安排专门人员进行现场安全管理，确保操作规程的遵守和安全措施的落实
22	工程周边环境保护	施工单位对因建设工程施工可能造成损害的毗邻建（构）筑物和地下管线等，应当采取专项防护措施。应当对工程周边环境进行核查；对工程周边环境造成严重损害的分部分项工程编制专项施工方案；对工程周边环境等进行施工监测、安全巡视和综合分析：指定专人保护施工现场地下管线及地下构筑物等

第二节　地铁工程施工安全组织保障

一、施工安全组织保障条件的概念及内容

施工安全的组织保障条件是负责施工安全工作的组织系统，包括机构设置、人员配备和工作机制（系统）。一般包括施工总包（分包）单位的安全生产工作最高决策机构、专职管理机构（安全职能部门）；单位和项目的主要负责人、专职安全管理人员，以及工地负责人、施工队长、班组长和班组安全员，形成一个施工安全管理工作的组织系统，即施工安全的组织保障体系。

1. 施工安全工作最高决策机构（决策层）

施工安全工作最高决策机构，对于施工单位，为单位主要负责人（负有生产经营决策权、指挥权的领导人员）或安全生产委员会；对于工程项目，为项目负责人或安全生产领导小组。单位主要负责人（项目负责人）一般应为这个委员会（领导小组）的主任（组长），其他成员一般应包括主管生产、安全、技术等部门和工会的负责人，当有上级派驻企业的安全生产监督人员或设置企业（项目）安全总监时，他们也应进入安全生产的最高决策机构。需要指出的是，即使单位主要负责人（项目负责人）不担任安全生产委员会（领导小组）的主任（组长），也应当依法对本单位（项目）的安全生产工作全面负责。

2. 安全生产管理机构和安全管理人员（监督层）

施工单位应当设立安全生产管理机构，配备专职安全管理人员，并按照相关规定向项目部委派足够的专职安全管理人员。安全生产管理机构是负责安全生产监督、指导、协调工作的综合部门，专职安全管理人员负责对安全生产进行现场监督检查。项目部的安全总监和其他专职安全管理人员应由施工单位任命。

3. 施工单位和项目部的其他职能机构（管理层、支持层）

施工单位和项目部的职能机构应该在各自业务范围内，对实现施工安全的要求负责。

4. 班组长和班组安全员（操作层）

班组安全建设是搞好项目安全生产的基础和关键。各施工班组应设兼职安全员，协助班组长搞好班组安全管理。

由于地铁工程施工的多样性、复杂性和地域性，施工安全管理机构的设置和职责也可能不尽相同。但无论如何，都需解决安全生产“有人管”的问题。

二、施工安全组织保障体系的要求

施工安全组织保障体系是施工安全工作的指挥和管理中枢，在施工安全保证体系的 5

个组成部分之中居于极为重要的地位。合理的安全管理组织是有效地进行安全生产指挥、监督、检查的组织保证，组织机构健全，组织中部门、人员的权责界定正确，直接关系到单位安全管理体系的有效运行。因此，组织保障体系应满足如下要求：

1. 组织的结构合理。合理地设置横向安全管理部门，合理地划分纵向安全管理层次，“横向到边、纵向到底”，体系的岗位设置健全，无遗漏脱节情况。

2. 责任与权力明确。组织体系内各部门、各层次及各岗位都要有明确的安全责任，并由上级授予相应安全管理权力，领导层、监督层、执行层和支持层（承担安全施工措施、文件、资料编制和资源供应）安排合理、相互协调，主线明确，运作合理，无多头领导和职责交叉或职责空白等问题。专职安全管理人员的待遇宜高于同级、同职人员的待遇。

3. 人员及素质匹配。人员的安全工作素质符合要求，施工单位主要负责人、项目负责人和专职安全管理人员（简称为“三类人员”）应当经过建设行政主管部门考核合格取得安全管理资格证后方可任职；安全管理人数配备合适，不低于住房和城乡建设部规定的配备标准，并且要满足工程施工安全管理需要。

4. 规章制度的保证。制定和落实各种规章制度可以保证安全组织有效运转。

5. 信息的相互沟通。组织内部要建立有效地信息沟通模式，渠道畅通，保证安全信息及时、正确地传达。

6. 组织有自适应性。组织应能处置突发事件，及时应对外部环境的变化。

7. 安全文化的培育。做到“以人为本”，把“安全第一”的理念转化为安全行为，不仅能管好自己，而且能帮助别人和关注他人的安全规范行为，在相互提醒、相互关心、相互帮助中产生集体荣誉感。

三、大数据技术在轨道交通工程质量安全监管中的应用

（一）大数据技术概述

大数据技术是基于当前的信息技术发展起来的一种网络技术形式，能对数据进行高效处理，及时获取有效信息，即使面对庞大的数据库和复杂的数据形式，也能很好地进行数据处理和反馈。其中大数据采集技术主要借助 RFID 和传感器技术等，实现对各类结构化和弱结构化或非结构化数据的采集；大数据存储技术能高效存储数据；大数据分析及挖掘技术借助数据挖掘算法对海量数据进行计算和分析，从而获得有价值的数据信息。

（二）交通工程施工安全监管存在的意义

交通工程的建设中必定会有很多安全隐患存在，那么就会对工程建设中所有方面的安全性造成一定的影响，所以为了避免这种安全隐患影响整个施工过程，就需要对其加强监管，提高力度，在施工过程中全方位、多角度、各方面进行安全监管。只有提前做到这些监管才能够在正式施工中有效预防存在的问题，即使遇到问题也能够很快解决。加强安全监管对于保证施工安全有很大的作用，可以使施工事故有效避免，从而保证施工的质量，

使得交通工程可以很顺利地进行下去。我们国家处于一个经济高速发展的兴盛阶段，道路的建设会越来越多，为了使经济发展得到平衡，使发达的地区和落后的地区有一定的交流，在这期间交通的建设起着至关重要的作用。虽然经济在增长，但是交通工程的质量在下降，交通工程安全规范不到位、安全监管力度不够，最终对交通的使用和寿命造成了较大的影响。只有加强对安全的监管，才能够使工程质量有保证，能够提高交通的使用效率。所以，必须在安全监管上加强投入。

（三）交通工程质量安全监管存在的主要问题

1. 监管责任不明确

对交通工程质量安全进行监管，要求明确监管责任，而在实际监管过程中，常出现监管责任不明确的现象。由于不明确自身的责任，监管人员无法对相关内容实施监管，且由于监管责任缺失，监管人员不能严格按照科学的监管方法和监管路径实施监管，导致监管行为缺乏应有标准，出现质量问题时也无法进行有效追责，导致问题延续。

2. 监管过程不规范

监管人员在实施交通工程质量安全监管时应遵循监管流程，包括采集、分析和传输监管信息等，而实际监管中常因为缺乏约束而出现不规范的现象。对隐蔽工程的监管也不规范，甚至出现部分工程处于无人监管状态的现象。究其原因，主要在于监管人员的从业意识淡薄，没有掌握相应的监管知识和信息技术手段，且缺乏严格的制度意识。

3. 人员安全意识不足

在交通工程施工过程中，很多安全事故发生的原因都是人员缺乏安全意识。一方面，施工人员的安全意识不足，在实际施工过程中不能有效落实安全准备工作。同时，对于施工人员的安全培训不足，很多施工人员由于受到自身水平的限制，不能正确认识施工安全的重要性，在施工过程中留下安全隐患的同时，也对施工质量造成了影响。另一方面，隐患防治和监管人员的安全意识不足，不能及时发现并解决施工过程中存在的安全隐患，防治和监管工作效率得不到有效提升。

（四）大数据技术在交通工程质量安全监管中的应用

1. 采用信息化技术，加强信息化监管

随着我国经济水平的提升，全球范围内互联网覆盖率的提高，我们的生活进入了信息化时代，信息化技术也在不断快速发展。生活的各方面都离不开信息化技术，尤其在施工工程中运用信息化的技术手段使安全监管更为有效，使得安全监管措施不断创新，从而保证了工程的质量。把信息化技术加入交通工程施工安全管理中，可以将安全监管所需要的系统进行统一，能够对进行中的施工工程加以分析，原来施工中存在的问题可以纳入信息库，作为依据，再次面对现阶段的施工管理状态，一旦发现可能会出现的问题要第一时间进行预防，可以对当前所经历的过程进行合理的指导，给出方向，使其程序和内容在所属的范围中被规定，监管人员根据这样的体系能够及时了解问题的方向，进行十分准确的管理。这个体系的建设可以使各个工作人员对施工状况有一定的了解，并且对安全管理进行评价和分析，从而提供更为有效地策略，使得安全监管更加科学。

2. 构建全过程动态循环安全监管体系

信息技术的发达在安全监管上有很大的作用，可以以此构建一个动态循环安全监管体系。这样安全监管的各方面都可以涉及到，会更加清晰，能够及时找到问题所在，能够实现全面的监管，使交通管理更加科学，保证了施工质量安全和监管的质量。

第三节　地铁工程施工安全制度保障

一、施工安全规章制度保障体系

为施工安全管理的各个环节提供制度支持与保证的体系，称为施工安全的制度保障体系。狭义的安全规章制度保障体系包括适用于施工单位的安全生产法律法规、施工安全管理制度与安全操作规程。广义的安全规章制度保障体系还包括施工组织设计、专项施工方案、作业程序文件与作业指导书。其中，施工安全管理制度一般由安全施工的岗位管理、措施管理、投入管理和日常管理四个部分的管理制度所组成（参见表 5-3）。

施工安全规章制度，通过规范施工安全管理工作的各项要求和实施细则，成为管理工作的依据和员工工作与施工生产行为的守则，也是施工单位建立良好施工安全氛围的工作基础，而良好的安全生产氛围则是实现生产安全要求的重要条件之一。《关于加强企业生产中安全工作的几项规定》，就要求企业应建立安全生产责任制度，制订安全技术措施计划，加强安全生产教育，搞好安全生产定期检查，组织事故调查与处理。

表 5–3　施工安全管理制度组成

序次	类别	制度名称
1	岗位管理	安全生产责任制
2		安全生产考核与奖惩制度
3		安全生产教育培训与考核制度
4		安全生产会议制度
5		安全管理机构和管理人员的管理制度
6		特种作业人员管理制度
7		外协单位（含分包单位）和外协人员安全管理制度
8		岗位标准化操作制度
9		安全生产值班与领导现场带班制度
10	措施管理	安全作业环境和条件管理制度
11		施工安全技术措施（编制和审批、实施）管理制度
12		安全技术交底制度
13		安全技术措施的总结和评价制度
14	投入管理	安全作业环境和安全施工措施费用管理制度
15		劳动保护用品的配备、使用与管理制度
16		应急救援设备和物资管理制度
17		机械、设备、工具和设施的供应、维修、报废管理制度
18	日常管理	关键节点施工前条件验收制度
19		安全生产交接班制度
20		重大风险源管理制度
21		危险作业审批制度
22		易燃易爆品、有毒化学品和危险品管理制度
23		安全事故隐患排查与治理制度
24		安全生产事故报告与调查处理制度
25		异常情况、事故征兆、突发事件报告、处置和备案管理制度
26		应急预案管理和演练制度
27		安全生产信息资料收集与归档管理制度

根据建设工程安全生产管理的有关法律、法规和规章，施工安全责任制、施工安全教育培训制度、施工安全检查制度、特种设备安全管理制度、专项施工方案管理制度、应急

管理与事故调查处理制度是基本的、重要的制度，施工单位及其项目部须制定、宣贯和落实。

二、建立施工安全的制度保障体系的要求

施工安全的制度保障体系须满足以下各项保证要求：

1. 严格遵守和执行现行法律、法规、强制性标准和相关标准的各项规定，特别是确保有关施工单位和有关人员的各项安全责任得以落实；

2. 将涉及组织、技术、投入和信息保证的工作制度要求纳入施工安全保证体系中；

3. 确保各项管理制度各有侧重的基础上，解决好相互之间的连接、协调和配合，使其形成有机整体；

4. 各项制度的内容和规定，需明确、准确并具有可操作性和可检查性，达到具体细致、尽可能量化的要求，以便于严格执行；

5. 各项制度应有相应的责任规定和责任追究的规定。

三、施工安全责任制

1. 施工安全责任制的概念

施工安全责任制是规定施工单位各级领导和各类人员、各个部门在各自职责范围内对施工安全应做事项和应负责任的一项制度，它是安全生产规章制度保障体系中最基本和最重要的法定制度。

施工安全责任制遵照“安全第一、预防为主、综合治理”的方针和“谁主管谁负责”“管生产同时管安全”即“一岗双责”的原则，核心是实现安全生产的“五同时”。“五同时”是指在计划、布置、检查、总结和评比生产工作时，同时计划、布置、检查、总结和评比安全生产工作。施工安全责任制把“安全生产，人人有责”在制度上固定下来。

2. 建立施工安全责任制的要求

要建立一个完善的安全生产责任制，需要达到如下要求：

（1）责任制需符合安全生产方针、政策和法律法规的要求。安全生产责任制应把施工单位的法定职责、安全管理体系要素分解到部门（岗位）到人，但不能转移单位主要负责人、项目负责人和安全管理人员、一般从业人员和安全管理部门的法定职责。

（2）责任制要与施工单位和工程管理体制协调一致，充分体现责、权、利相统一的原则，要把职业健康安全管理体系的职能分解并明确相应的承担部门和人员。

（3）责任制要符合实际，明确、具体，具有可操作性。为此，施工安全责任制条文应尽量具体化为每一个岗位的操作规程、操作标准。

（4）落实责任制要有专门的人员与机构来保障，明确责任制执行的监督部门。

（5）应同时建立责任落实的监督、检查和考核、奖罚制度。

3. 施工安全责任制的主要内容

（1）施工单位主要负责人的职责。施工单位主要负责人是本单位安全生产的第一责任人，依法对本单位安全生产工作全面负责，其法定职责为：

1）建立健全本单位安全生产责任制；

2）组织制定本单位安全生产规章制度和操作规程；

3）保证本单位安全生产投入的有效实施；

4）督促、检查本单位的安全生产工作，及时消除生产安全事故隐患；

5）组织制定并实施本单位的生产安全事故救援预案；

6）及时、如实报告安全生产事故。

（2）施工单位其他负责人的职责。施工单位其他负责人在各自职责范围内，协助主要负责人搞好施工安全工作，是分管领域的安全生产的直接责任人，对分管范围内的安全生产负重要的领导责任。

（3）施工单位技术负责人的职责。技术负责人具体负责领导本单位的安全技术工作，对本单位的安全技术负领导责任，审批施工组织设计、危险性较大的分部分项工程专项施工方案等。

（4）工程项目负责人的职责。施工单位的项目负责人对建设工程项目的安全施工负责，其法定职责为：

1）落实安全生产责任制、安全生产规章制度和操作规程；

2）确保安全生产费用的有效使用；

3）根据工程的特点组织制定安全施工措施，消除安全事故隐患；

4）带班作业并在带班作业过程中重点检查安全；

5）及时、如实报告生产安全事故。

（5）专职安全管理人员的职责。专职安全管理人员负责对安全生产进行现场监督、检查（现场监督施工组织设计中安全技术措施和危险性较大的分部分项工程专项施工方案的实施是重点之一），发现安全事故隐患，及时向项目负责人和安全生产管理机构报告，监督、检查工程、技术部门负责实施的隐患治理；对违章指挥、违章操作的，立即制止。项目安全管理人员同时向项目部和施工单位负责。

（6）工程、技术管理机构负责人及其工作人员的职责。各个职能管理机构负责人按照本机构的职责，组织有关工作人员做好安全生产责任制的落实，做好安全生产的“五同时”，对本机构职责范围内的安全生产工作负责；机构工作人员在本职范围内做好有关安全生产工作。

（7）班组长的职责。班组长全面负责本班组的安全生产，是法律法规和规章制度的最基层直接执行者，按照项目部对安全生产的规定和要求，组织开展班组安全活动（如班前班后会），督促本班组的作业人员遵守有关安全生产规章制度和安全操作规程，不违章指挥，不违章作业；发现安全事故隐患时及时报告，及时制止不安全行为。

（8）岗位作业人员的职责。对本岗位的安全生产负直接责任，接受安全教育和培训，特种作业人员应接受专门的培训，经考核合格取得操作资格证书，方可上岗作业；严格遵守本单位的安全生产规章制度和操作规程，服从管理，不违章作业，正确佩戴和使用劳动防护用品：发现事故隐患或其他不安全因素，应当立即向现场安全管理人员或单位、项目部负责人报告；对违章指挥和强令冒险作业，予以拒绝。

（9）企业安全生产委员会或项目安全生产领导小组的职责。安全生产委员会或项目安全生产领导小组研究、协调、解决和审议单位或项目安全生产重要问题或提案，作出相关决定；组织重大险情或事故的调查并审议、批复事故内部调查报告，或配合工程所在地政府组织一般及以上安全事故的调查，并负责落实事故调查报告关于对有关责任人按照单位安全管理规章制度进行处分的建议。

（10）安全生产管理机构的职责。安全生产管理机构负责组织拟订安全生产责任制、安全生产管理规章制度，参与制订安全操作规程，负责安全生产法律、法规的获取和适用性确认，对工程、技术、经营等业务部门的安全生产进行监督、指导、协调。

（11）业务部门的职责。各业务部门应贯彻落实安全生产法律、法规和标准，以及本单位的安全生产规章制度，对业务范围内的安全生产工作负直接管理责任。

四、施工安全教育培训制度

施工安全教育培训制度是指对从业人员进行安全教育和培训，并将这种教育和培训制度化、规范化。安全教育培训是培育员工安全意识和安全技能，防止产生不安全行为，减少人为失误，提高人的本质安全化水平，实现安全生产文明施工的重要且有效途径。目前地铁工程施工的大多数人都是农民工，其安全知识多少、技能和意识高低，决定了地铁施工的安全生产水平高低。为加强对建筑业农民工的组织管理和教育培训，提高农民工政治和业务素质，维护农民工权益，丰富农民工文化生活，保证工程质量和安全生产，促进社会和谐稳定，要求建筑面积或工程造价达到一定规模的工程项目，工程开工后要依托施工现场设立农民工业余学校，负责本企业农民工培训工作。建设行政主管部门将农民工业余学校的创建情况作为企业安全质量标准化工作、优质工程评选的重要指标。

安全教育培训制度应明确安全教育培训的对象、内容与时间等。针对决策层、管理层、安全管理人员和作业人员，其安全教育培训的内容、时间和方法、手段等应有所不同。

1. 安全教育培训类型

根据法规要求，施工单位需进行的安全教育培训类型有：（1）岗前“三级安全教育”。新进场的作业人员需经公司、项目和班组等三级安全教育，经考核合格，方能上岗；（2）岗位安全资格培训。包括施工单位主要负责人、项目负责人和安全管理人员等“三类人员”的安全管理资格培训和特种作业人员的操作资格培训；（3）年度安全教育培训。项目部作业人员每年需接受至少一次专门的安全教育培训；（4）变换工种、变换工地的安全培训教育。企业待岗、转岗的职工在重新上岗前需接受一次操作技能和安全操作知识的培训；（5）“四新”教育。采用新技术、新工艺、新设备、新材料时，应对作业人员进行专门的安全教育培训；（6）安全技术交底。从广义上讲，工程施工前安全技术交底也可纳入安全生产教育范畴。此外，施工单位应进行经常性的安全教育，包括现场班前安全活动、季节性和节假日前后的安全教育等；也应加强对分包单位、租赁机械操作人员的安全教育管理，必要时对第一次入场的租赁机械（特别是移动式起重机械）操作人员进行安全教育、培训和考核，让其了解现场环境，确保其“证”（特种作业人员操作资格证）副其实。

2. 安全教育培训内容

法定类型的安全教育培训主要包括安全生产思想教育、安全知识教育、安全技能教育、法制教育等方面。对施工人员的安全教育，应以项目安全生产规章制度、安全操作规程；作业与生活场所和工作岗位的危险有害因素、防范措施及事故应急措施（含事故征兆识别、紧急情况下停止作业并撤离现场等）；劳动防护用品正确佩戴与使用、机械设备与工具正确操作等为主。

农民工业余学校的教育培训内容要按照工程进度和农民工的实际需要确定，重点是安全知识、法律法规、文明礼仪、社会公德、职业道德、卫生防疫、操作技能等内容。杭州在建筑工地农民工业余学校建设上积累了成功经验，不断强化农民工上岗应知应会、在岗技能提升、重点岗位操作培训，提高农民工持证上岗率和操作技能水平，明确了“8+1”必修课教学内容，即上好文明礼仪、道德法制、权益保障、健康卫生 4 课，规范个人行为；上好工程质量、安全生产、实用技能、文明施工 4 课，规范作业行为；通过一个结对共建主题实践活动来促和谐提品质；探索农民工学校技能培训与技术比武、技能鉴定相结合的途径，培养“一技之长”的新型产业工人，拓展农民工学校的功能。

3. 安全教育培训方法

安全教育培训的方法有讲授法、谈话法、读书指导法、访问法、练习与复习法、研讨法和宣传娱乐法，技术手段有人—人传授、人—机演习、人—境访问、电化、计算机多媒体教育培训等。安全教育培训需避免单纯宣读制度或规程的条文而不指出违反制度、规程可能带来的后果。实践证明，对于施工作业人员，以能引起强烈视觉冲击的事例安全教育是比较有效地形式，尤其是事故、险情或其他人为失误后及时的现场教育效果尤为明显，安全危险有害因素的现场辨识教育也是一种值得推广的形式。对于具有一定安全管理技术知识的管理，人员和员工，采用研讨法，如能选好主题、注意鼓励被教育者参与和沟通，也能收到很好效果。

4. 安全教育培训场所

工程开工后要依托施工现场设立农民工业余学校。农民工业余学校配置黑板、桌椅、电视机、DVD 等基本教学设施和电脑、投影仪等现代化教学设施。

班组教育环节和班前安全活动应以现场教育为主，告知作业场所和工作岗位的危险有害因素、防范措施及事故应急措施。

5. 安全教育培训师资

农民工业余学校的师资队伍主要由企业负责人、技术管理人员、高技能人员和社会志愿者组成。请一线作业人员、事故现场人员现身说教，会收到良好效果。

6. 安全教育培训考核

安全教育培训制度应强调教育培训效果及其评价。制度应明确规定，凡考核不合格的，不允许上岗作业。同时，应与当地建设行政主管部门的有关规定衔接。例如，一些地区规定，建筑施工作业人员需通过政府主管部门组织的培训和考试，取得“平安卡”。

教育培训效果评价包括培训效果反应评价（通过学员对教育培训的反应来评价）、学习效果评价（通过考试评估教育培训给了学员什么知识）、行为影响效果评价（通过现场行为抽样评价教育培训对学员行为的改变）和绩效影响效果评价（通过测量安全工作绩效来评价）。

五、施工安全检查制度

安全检查（又称安全事故隐患排查）是指对施工过程及安全管理中可能存在的生产安全事故隐患（即违反安全生产法律、法规、规章、标准、规程和安全生产管理制度的规定，或者由其他因素在生产经营活动中存在可能导致事故发生的物的不安全状态、人的不安全行为和管理上的缺陷）进行查证，确定它们的存在状态，以及隐患转化为事故的条件，并制定、落实整改措施，消除隐患和减少危险有害因素，确保施工安全。对安全检查的对象和内容，按一定的方式、方法和技术实施检查、整改，并将它们规范化、制度化，就形成了安全检查制度，安全检查制度是重要安全规章制度之一。

项目施工安全检查制度应明确安全检查达到如下要求：明确检查主体、内容、标准、方法和要求；对重点项目、关键部位进行重点检查；对检查结果要有详细记录；检查后要进行认真、全面的系统分析，进行定性定量的安全评价；在检查中，对违反施工安全技术标准和操作规程的行为，要及时制止和纠正，并举一反三；对查出的隐患要定人、定时间、定措施进行整改、验收，对重大隐患、主要隐患应实行项目部安全管理部门的挂牌督办；检查后应按项目部有关规定，及时兑现奖罚措施。

1. 安全检查类型

安全检查从时间上分为定期检查（如项目部每半月组织一次检查等）、经常性检查（如安全管理人员的现场检查）、季节性与敏感期（如节假日、重要政治与社会活动期间）检查；从检查对象和检查深度上分为专业（项）检查（含专项的安全性评估）和综合性检查（含系统的安全性评估）。专项检查是针对某个专项安全问题或施工中存在的普遍性安全问题进行的检查，专业性检查针对的是危险性较大分部分项工程、机械设备设施的检查，具有较强的针对性和专业要求，宜邀请专家参加或指导。监督性的检测检验也属于专业性检查。

2. 安全检查主体

安全检查主体包括施工单位的负责人、安全管理部门、项目的负责人、安全管理人员、工程管理人员和班组长、班组安全员等，必要时邀请专家参加或指导。值得强调的是，班组安全检查是很必要的，应予以重视，可采取样板先行、稳步推进、全面展开的方式。

3. 安全检查频次

施工单位负责人、安全管理部门每季度至少对地铁项目进行一次安全检查，项目负责人每半月至少组织一次安全检查，项目安全管理人员要开展日常检查、专项检查，作业班组长要开展班前、班中检查。

4. 安全检查内容

主要是查现场、查行为、查管理（包括事故处理）、查隐患、查整改。安全检查要在全面排查的基础上突出重点，如暗挖隧道、深基坑施工、高支模、盾构进出洞、下穿既有地铁线和铁路线、联络通道施工等重大风险源及其监控措施（包括监控量测），以及其他危险性较大的分部分项工程的专项方案编制、审批和实施，防坍塌、防触电、防物体打击、防高坠、防起重伤害、防中毒、防轨行区车辆伤害事故的管理和技术措施，应急救援预案与应急设备物资等。为保证检查项目全面、重点突出，安全管理人员应组织技术人员、有经验、熟练的操作人员，借助故障树分析、事件树分析等危险分析技术，确定安全检查项目与内容，并按系统的组成顺序编成表（即安全检查表），以及住房和城乡建设部工程质量安全监管司针对城市轨道交通工程的特点组织编制的《城市轨道交通工程质量安全检查表》。使用安全检查表，既可突出检查重点，也可以防止检查项目遗漏。

5. 安全检查方法

安全检查的方法包括“听”（听取现场有关管理人员、作业人员等对安全生产情况的介绍和汇报）、“问”（随机询问或针对性询问相关人员关于安全工作开展情况和对危险有害因素及其处理措施的了解程度）、“查”（查管理档案、查人员作业情况和现场安全状态）、“验”（抽样进行检验、试验和测量）和“练”（进行应急预案现场演练）等，在实际中视检查对象和检查内容，可采用一种或若干种方法。

6. 安全隐患整改

对检查发现的事故隐患，应当按照事故隐患的等级进行登记，建立事故隐患信息档案，并按照职责分工，实施分级监控治理，按照“三定”原则（定责任人、定措施、定整改时间）进行整改、复查、销号。

对于一般事故隐患，即危害和整改难度较小、发现后能够立即整改排除的隐患，施工单位（项目部、工区、队等）负责人或者有关人员立即组织整改。对于重大事故隐患，即危害和整改难度较大、应当全部或者局部停工，并经过一定时间整改治理方能排除的隐患，或者因外部因素影响致使施工单位自身难以排除的隐患，由施工单位主要负责人组织制定并实施事故隐患治理方案。重大事故隐患治理方案应当包括治理的目标和任务、采取的方法和措施、经费和物资的落实、负责治理的机构和人员、治理的时限和要求、安全措施和应急预案等内容。在事故隐患治理过程中，应当采取相应的安全防范措施，做到资金、物资、人员、措施和预案“五到位”，防止事故发生。事故隐患排除前或者排除过程中无法保证安全的，应当从危险区域内撤出作业人员，并疏散可能危及的其他人员，设置警戒标志，暂时停工或者停止使用；对暂时难以停工的（如停工后隐患可能加速发展，这是地下工程的一个特点，应引起注意），应当加强支护，处理好隐患治理与抢险、加固的关系，防止事故发生。施工单位安全管理部门及其安全管理人员负责对整改落实情况进行监督、验收。

六、特种设备安全管理制度

地铁工程施工大量使用起重机械、场内专用机动车辆和压力容器等特种设备，如塔式、汽车式和履带式起重机，龙门吊、井字架等物料提升机，施工电梯，挖掘机等，应特别重视起重机械现场安装拆卸的过程管理。特种设备是重大风险源，特种设备安装、拆卸和使用是特种作业，容易发生事故，特别是在基坑内、基坑近邻发生起重机械倾覆、倒塌事故，可能诱发基坑支撑受损、基坑变形甚至坍塌等次生重大安全事故。因此，特种设备安全管理是地铁工程施工安全管理的重点之一。

1. 特种设备安全管理制度的依据

建筑工地和市政工程工地用起重机械、场内专用机动车辆的安装、使用的监督管理，由建设行政主管部门依照有关法律、法规的规定执行。

2. 特种设备安全管理制度的内容

根据有关规定，特种设备安全管理制度应明确安装单位、出租单位、使用单位的安全管理责任，以及使用单位的岗位责任制、技术档案管理、安全操作、常规检查、维修保养、定期报检和应急措施等。

施工单位，作为建筑起重机械的使用单位，应当履行下列安全职责：

（1）根据不同施工阶段、周围环境及季节、气候的变化，对建筑起重机械采取相应的安全防护措施；

（2）制定建筑起重机械技术档案管理办法、安全操作规程和事故应急救援预案；

（3）当租用起重机械时，应与出租方签订建筑起重机械租赁合同，明确双方安全责任，要求对方出具制造许可证、产品合格证、制造监督检验证明与定期检测合格证、在建设行政主管部门备案的证明和自检合格证，并提交安装使用说明书；

（4）起重机械的安装、附着、顶升、拆卸需委托具有相应资质和安全生产许可证的单位实施；起重机械安装完毕后，组织出租、安装、监理等有关单位进行验收，或者委托具有相应资质的检验检测机构进行验收，验收合格后方可投入使用。在验收前应当经有相应资质的检验检测机构监督检验合格；

（5）在建筑起重机械安装验收合格之日起 30 日内向建设主管部门办理使用登记，使用登记证悬挂于起重机械的显著位置；

（6）自行或委托有相应资质的单位对建筑起重机械及其安全保护装置、吊具、索具等进行经常性和定期的检查、维护和保养，并做好记录；定期（对于建筑施工起重机械为每2年）委托具有相应资质的检验检测机构进行检测；

（7）在建筑起重机械活动范围内设置明显的安全警示标志，对集中作业区做好安全防护；

（8）设置相应的设备管理机构或者配备专职的设备管理人员；

（9）指定专职设备管理人员、专职安全生产管理人员进行现场监督检查，对吊装作业安排专门人员进行现场安全管理；

（10）建筑起重机械出现故障或者发生异常情况的，立即停止使用，消除故障和事故隐患后，方可重新投入使用；

（11）自购建筑起重机械的使用单位，应建立起重机械安全技术档案；

（12）不能租赁、使用有下列情形之一的建筑起重机械：

1）属国家明令淘汰或者禁止使用的；

2）超过安全技术标准或者制造厂家规定的使用年限的；

3）经检验达不到安全技术标准规定的；

4）没有完整安全技术档案的；

5）没有齐全有效地安全保护装置的。

施工单位，作为施工总承包单位时，应当履行下列安全职责：

（1）向安装单位提供拟安装设备位置的基础施工资料，确保建筑起重机械进场安装、拆卸所需的施工条件；

（2）审核建筑起重机械的特种设备制造许可证、产品合格证、制造监督检验证明、备案证明等文件；

（3）（书面、现场）审核安装单位、使用单位的资质证书、安全生产许可证和特种作业人员的特种作业操作资格证书；

（4）审核安装单位制定的建筑起重机械安装、拆卸工程专项施工方案和生产安全事故应急救援预案，以及安装单位负责办理的安装告知；

（5）审核使用单位制定的建筑起重机械生产安全事故应急救援预案；

（6）指定专职安全生产管理人员监督检查建筑起重机械安装、拆卸、使用情况，检查安装拆卸的安全技术交底情况；

（7）施工现场有多台塔式起重机作业时，应当组织制定并实施防止塔式起重机相互碰撞的安全措施。当与相邻施工单位的塔式起重机作业存在相互影响时，落实建设单位协调、组织制定的防止塔式起重机相互碰撞的安全措施。

七、专项施工方案管理制度

施工单位应当在施工组织设计中编制安全技术措施和施工现场临时用电方案，在此基础上，对达到一定规模的危险性较大的分部分项工程编制施工方案，并附具安全验算结果，经施工单位技术负责人、总监理工程师签字后实施，由专职安全生产管理人员进行现场监督。对于超过一定规模的危险性较大的分部分项工程，施工单位应当组织专家对专项方案进行论证。

1. 危险性较大的分部分项工程范围

需要编制专项施工方案的危险性较大的分部分项工程范围及其中方案需要专家论证的工程，包括基坑支护、降水工程，土方开挖工程、模板工程及支撑体系、起重吊装及安装拆卸工程、脚手架工程、拆除、爆破工程和地下暗挖等其他工程。

2. 专项施工方案内容

专项施工方案应当包括以下内容：

（1）工程概况：危险性较大的分部分项工程概况、施工平面布置、施工要求和技术保证条件。

（2）编制依据：相关法律、法规、规范性文件、标准规范及图纸（国标图集）、施工组织设计等。

（3）施工计划：包括施工进度计划、材料与设备计划。

（4）施工工艺技术：技术参数、工艺流程、施工方法、检查验收等。

（5）施工安全保证措施：组织保障、技术措施、应急预案、监测监控等。

（6）劳动力计划：专职安全生产管理人员、特种作业人员等。

（7）计算书及相关图纸。

（8）其他，如需要专家论证的专项方案，应附上专家论证审查报告及意见是否采纳的说明。

3. 专项施工方案编审及实施程序

（1）编制。地铁工程实行施工总承包的，专项方案应当由施工总承包单位组织编制。

其中，起重机械安装拆卸工程、深基坑工程、附着式升降脚手架等专业工程实行分包的，其专项方案可由专业承包单位组织编制。

（2）审核。专项方案应当由施工单位技术部门组织本单位施工技术、安全、质量等部门的专业技术人员进行审核。经审核合格的，由施工单位技术负责人签字。实行施工总承包的，专项方案应当由总承包单位技术负责人及相关专业承包单位技术负责人签字。

不需专家论证的专项方案，经施工单位审核合格后报监理单位，由项目总监理工程师审核签字。

（3）论证。超过一定规模的危险性较大的分部分项工程专项方案应当由施工单位组织召开专家论证会。实行施工总承包的，由施工总承包单位组织召开专家论证会。

专家组成员应当由 5 名及以上符合相关专业要求的专家组成。专家一般从当地建设行政主管部门的专家库中抽取，项目参建各方的人员不能以专家身份参加专家论证会。

（4）修改。施工单位应当根据论证报告修改完善专项方案。专项方案经论证后需做重大修改的，施工单位应当按照论证报告修改，并重新组织专家进行论证。

专项方案修改完善后经施工（总承包与相关专业承包）单位技术负责人、项目总监理工程师、建设单位项目负责人签字后，方可组织实施。

（5）实施。施工单位应当严格按照专项方案组织施工，不能擅自修改、调整专项方案。如因设计、结构、外部环境等因素发生变化确需修改的，修改后的专项方案应当按前述规定重新论证、审核。专项方案实施前，编制人员或项目技术负责人应当向现场管理人员和作业人员进行安全技术交底；施工单位应当指定专人对专项方案实施情况进行现场监督和按规定进行监测；施工单位技术负责人应当定期巡查专项方案实施情况。对于按规定需要验收的危险性较大的分部分项工程，施工单位、监理单位应当组织有关人员进行验收。

第四节　地铁工程施工安全技术保障

一、施工安全技术的概念

施工安全技术是研究和确保施工安全的技术，由工程施工技术、安全影响因素、安全保证技术和安全保证管理四个基本部分组成。工程施工技术由技术要点和适用范围、材料（构配件）和设备、结构和构造、设置要求、设计和计算、检查（试验、试运行）和验收、劳动组织和施工（运行）管理及常用数据等构成。安全影响因素即影响工程施工技术使用安全的因素，包括：1. 工程施工技术在现阶段尚存在的不够成熟和完善的因素；2. 反映技术适应范围局限性的因素；3. 现实施工和工作条件还不能完全满足技术应用要求的因素；4. 引起技术在某些情况下可能出现事故要素的因素。搞清楚这些影响因素，是为施工安全提供技术保证的前提条件。安全保证技术由可靠性技术、限控技术、保险与排险技术和保护技术组成，形成对施工安全提供四道关隘的技术保证。安全保证管理就是实施包括组织、制度、技术、投入和信息保证的全面的施工安全保证体系的管理，并偏重于确保施工安全技术要求得到圆满实施的管理。

二、安全可靠性技术

1. 安全可靠性技术的定义

安全可靠性技术是判断并确保综合或专项工程施工技术及其管理措施，在工程施工的全过程及可能出现异常的情况下，对满足施工安全的保证要求均具有良好可靠性的技术。

2. 安全可靠性技术的任务

安全可靠性技术的任务是研究施工技术和管理措施设计对确保安全的可靠性的保证要求，即根据事故发生的内在规律，从研究如何发现和消除各种可能导致“不安全状态”“不安全行为”存在的涉及因素，扼制“起因物”“致害物”孕育、启动和预防各种形式伤害与破坏事件的发生着手，通过对安全设计的考虑因素、编制依据、设计计算、实施规定（包括确定安全控制点）和监控手段的全面性、有效性的判断，建立对施工安全设计可靠性的保证。安全可靠性技术主要针对不安全状态。具体技术包括：消除潜在危险、降低（减弱）潜在危险因素数值、取代操作人员、冗余性或坚固性等技术。

3. 对技术和措施安全可靠性的研究和判断

技术和措施的安全可靠性包括了编制依据、考虑因素、设计计算、实施规定和监控手段 5 个方面，涉及因素很多，安全可靠性研究的切入点可归纳为；

（1）工程施工条件的困难性；

（2）施工作业要求的特殊性；

（3）施工技术的创新性和不成熟问题；

（4）设计考虑因素的全面性和未知性；

（5）设计依据的适应性和把握性；

（6）设计参数的复合性和覆盖性；

（7）设计安全保证度的合理性及其保证性；

（8）设计方法和计算的正确性；

（9）管理规定的严格性和可行性；

（10）监控手段的有效性和难控性。

对技术和措施的安全可靠性的判断标准为考虑全面（包括注意考虑了非常见因素）、依据充分、设计正确（包括设计条件符合施工实际情况）、规定正确、便于落实和能够监控。

三、安全限控技术

1. 安全限控技术的定义

安全限控技术是在安全可靠性设计的基础上，对施工技术及其管理措施中的重要环节、关键事项、使用要求及其他需要严格控制之处，进一步提出明确的限制、控制规定和要求，以确保施工安全的技术。

2. 安全限控技术的任务

研究施工技术和管理措施设计中所确定的安全控制点（即在执行中需严格确保的安全要求），以明确、具体、硬性的规定加以限控，并同时补充考虑安全可靠性设计中未予涉及和考虑不足的安全控制事项，通过提出设计的安全控制指标、安全文明施工的控制规定、机械作业和安全操作的规定及监察、检验控制要求的实施，以便继可靠性设计之后，形成对施工安全的第二道保障。安全限控技术主要针对起因物，具体包括技术参数（高度、载荷、位移、压力、电压、速度、强度、角度、变形）限制技术，以及如屏蔽、隔离、防止接近、距离防护、时间防护技术。

3. 施工工艺和技术安全的限控方法

由状态变化引发的事故，一般都有一个发展过程：即先由安全状态进入不安全状态，再由不安全状态发展到状态的危险点（事发点），而事故发生后就进入事故状态。所以为了避免事故，就必须让状态离危险点一个安全保证距离。该安全保证距离应能容纳施工中可能出现的各种不利因素（如难以完全符合设计规定的实际构造状况、实际使用条件和使用载荷等）所造成的状态变化、负载增加和承载能力下降的结果。在对施工技术的安全可靠性及其他安全要求实行控制，并对其是否安全进行判断时，有 4 种可选的方法：限定使用性能法、降低使用性能法、限定使用条件法和安全备量法。

四、安全保险和排险技术

1. 安全保险和排险技术的定义

在可靠性设计和限控规定的基础上，对有可能出现的突破设计条件和限控规定、其他意外情况及异常事态，相应及时采取自行启动保险装置和采取应急措施，以阻止异常情况发展、事故发动和伤害发生的技术。

2. 安全保险和排险技术的任务

研究施工技术和管理措施执行中有可能出现的危险事态，即事故开始启动的起因物、致害物和危险工况，通过预先安排的保险制动装置的启用、附加保险措施的保障和应急处理措施的实施，最大限度地避免伤害的发生和降低其损害的程度。安全保险和排险技术主要针对致害物，即制止致害物的运作、阻止其实施伤害或减少其伤害程度。具体保险技术有安全保险制停装置、附加保险措施、应急备用措施和应急处理措施。安全保险措施本身的有效性和可靠性也是安全保险技术研究的重点。

3. 对排险措施的基本要求

在排险措施的编制和实施工作中应达到以下基本要求：

（1）认真研究确定在工程施工中可能出现的各种险情；

（2）认真研究确定哪些险情是可以组织进行排除工作的，哪些是不应冒险去排除的；

（3）认真研究确定与各类险情相适应的安全排险措施和紧急处置措施；

（4）在排除险情时，应先撤离无关人员；

（5）排险人员需使用相应安全防护用品和采取严格的安全保护措施，并设专人负责排险人员安全监护工作；

（6）按正确程序进行排险作业，避免引发新的险情；

（7）一旦出现新的险情或事态发展（恶化），应立即停止排险作业和撤离作业人员。

五、安全保护技术

1. 安全保护技术的定义

在工程施工的全过程中，针对可能出现的各种职业的和意外的伤害，对现场人员的人身安全和工程与施工设施的安全进行预防性保护的技术。

2. 安全保护技术的任务

研究如何对现场人员和工程与施工设施的安全进行有效地预防性保护，即通过建立保护制度、设置保护措施、使用劳动防护用品（安全防护用品）和提高职工安全素质，做好自我保护等预防性措施，以保护现场人员的人身安全和财产安全。安全保护技术主要针对伤害方式和受害者。具体技术如个体防护、警告和报警技术等。

第五节　施工安全投入保障和信息保障

一、施工安全的投入保障

工程施工安全的投入保障是确保施工安全应有的人力和物力到位并发挥作用的基础。规定：

建设工程施工企业以建筑安装工程造价为计提依据，城市轨道工程安全费用提取标准为 2.0%。建设工程施工企业提取的安全费用列入工程造价，在竞标时，不得删减，列入标外管理。国家对基本建设投资概算另有规定的，从其规定。总包单位应当将安全费用按比例直接支付分包单位并监督使用，分包单位不再重复提取。

建设工程施工企业安全费用应当按照以下范围使用：

1. 完善、改造和维护安全防护设施设备支出（不含“三同时”要求初期投入的安全设施），包括施工现场临时用电系统、洞口、临边、机械设备、高处作业防护、交叉作业防护、防火、防爆、防尘、防毒、防雷、防台风、防地质灾害、地下工程有害气体检测、通风、临时安全防护等设施设备支出；

2. 配备、维护、保养应急救援器材、设备支出和应急演练支出；

3. 开展重大危险源和事故防患评估、监控和整改支出；

4. 安全生产检查、评价（不包括新建、改建、扩建项目安全评价）、咨询和标准化建设支出；

5. 配备和更新现场作业人员安全防护用品支出；

6. 安全生产宣传、教育、培训支出；

7. 安全生产适用的新技术、新标准、新工艺、新装备的推广应用支出；

8. 安全设施及特种设备检测检验支出；

9. 其他与安全生产直接相关的支出。

二、施工安全的信息保障

安全管理是借助于大量的安全信息来实现的，安全管理信息系统的建立与有效运行是安全管理体系有效实施和运行的重要保障条件之一，是搞好安全生产（施工）工作所不可缺少的基础性和资源性工作。应当建立起这一安全工作的信息保障体系，为施工安全工作提供有力的信息支持。

1. 安全信息及其分类

安全信息包括现场安全状态信息、安全管理活动信息和安全指令性信息。安全状态信息包括:（1）生产安全信息，如现场作业人员的行为状况、设备设施的安全状态、环境状况等;（2）生产安全异常信息，如人的违章指挥、违章作业，设备设施的缺陷等;（3）生产事故信息，如事故经过、事故原因、事故损失、事故报告、抢险救援、事故处理等。安全管理活动信息包括:（1）安全组织领导信息，如安全生产方针、政策、法规的落实情况，安全组织保障体系的建立与运行情况;（2）安全教育信息，如教育对象、教育内容、教育考核成绩与教育绩效评价等;(3）安全检查信息,如检查的主体、客体（对象)、内容、方法，查出的隐患内容与数量等;（4）安全指标信息，如事故实际发生率，隐患治理的完成率，文明工地数量等。安全指令性信息包括:(1）安全方针、政策、法律、法规和标准规范;(2）安全计划;（3）隐患整改通知书等。直接与发生事故有关的施工活动中的全部信息，对安全施工极为重要，同时，新的法律、法规、政策、标准与工作要求，先进的安全工作经验、新的安全技术发展和措施设计资料，以往和近期国内发生的施工安全事故等信息，具有重要的依据和参考作用。

2. 安全信息保障体系的组成

施工安全的信息保障体系由建立满足需要的信息收集、信息处理和信息反馈 4 个部分的工作保障安排组成。

（1）信息收集

安全信息的收集包括收集内容和收集渠道。收集渠道是否畅通反映了一个施工单位及其工程项目的安全管理氛围好坏、安全文化水平的高低。除了开展安全检查和巡视、建立实时监控监测系统，安排专人收集气象等自然灾害预警预报信息外，还应建立安全事故隐患的举报与奖励制度，创造一种让现场作业人员自由举报隐患、自由发表意见和建议，各级领导耐心倾听、认真反馈的良好安全管理氛围。

（2）信息处理

1）安全数据挖掘：从安全客体获得表征其属性的数据转换，包括确定安全数据的指标体系和安全指标的度量形式，检验数据准确性与可靠性；

2）安全信息存储：利用报表、台账、档案等分类存储，或利用计算机进行综合加工处理和存储（如数据库）。

3）安全信息转换：把信息转换成易于接受的形式，包括信息的文本化、量化、图形化或其他多媒体形式。

4）安全信息加工：安全信息加工是安全信息管理的核心，主要包括样本数据到总体状态的估计、安全状态评价、安全系统变化规律的分析、安全系统信息与预测、安全措施的制定与决策等。

（3）信息反馈

信息反馈是管理、应用信息的重要目的。信息反馈有两种方式：一是直接向信息源反馈，如当场纠正施工人员的不安全行为、当即责令对隐患进行治理等；二是加工处理后集中反馈，如通过安全检查通报、编制安全管理规程等方式进行反馈。

3. 建立信息保障体系的要求

信息保障体系的建立要求主要有以下 4 项：

（1）适应施工企业和工程项目建立施工安全保障体系、提高安全生产技术和管理水平、实现安全生产（施工）要求的需要；

（2）确保达到信息收集的及时性、全面性和深入性要求。其中，全面性包括对信息纲目和信息渠道的相应要求，深入性则主要体现在信息的深度和实用价值上；

（3）确保做好安全信息工作所需要的人力、物力和财力投入，并加强对信息工作人员的培养工作；

（4）加强信息工作的日常管理，确保入库的信息量迅速增长。

第六章　地铁施工安全风险自动预警监测

隧道施工虽然会受到多方面因素的影响，虽然有风险，但是只要对风险预警进行正确应用，那么就能够为其实现安全管理做出重要的保障，通过对风险预警技术科学性应用，解决管理中存在的安全隐患，有效保证现场施工人员的安全，从而为其质量提升奠定重要的基础。基于此本章对风险自动预警监测展开讲述。

第一节　基于数据采集的地铁施工安全风险预警研究

一、地铁施工坍塌事故可监测前兆信息分析

（一）PaICFs 调查模型

在施工事故发生之前提取前兆信息并进行分析是提高施工安全和避免事故发生的有效手段。通过管理和分析这些事故的前兆信息可以揭示出特定系统或技术的问题所在及事故发展的过程，能够有效地找到系统安全的发展趋势或者对其进行有效监测。本书使用施工现场前馈信号及未遂事件调查模型（PaICFs）对事故前兆信息进行识别。

施工现场 PaICFs 调查模型的目标是从安全事故案例中获得有关前兆信息，并采用事故致因模型中的直接原因分解要点（人的原因，环境原因，设备和材料原因）对前兆信息进行分类。

PaICFs 调查模型的工作过程与前兆信息分析、预警过程十分相似。PaICFs 调查模型的基本架构是在工程施工过程中，当有新的施工事故或未遂事件出现时，模型可以将新的数据与原有的数据库进行对比。如果数据库中已有类似事件记录，则给出相应处理措施；如果数据库中没有，则对新事件进行记录并分析，并补充进原有的数据库。

（二）利用 PaICFs 进行地铁坍塌事故前兆信息识别

坍塌事故是建筑物，构造物、堆置物、土石方等因设计、堆置或施工不合理、不正确，所发生倒塌造成伤害，伤亡的事故，属《企业职工伤亡事故分类标准》的事故类别中的一种。无论是车站工程还是区间工程，坍塌事故都是地铁建设面临的最大挑战。

从收集的地铁施工事故案例库中发现，地铁车站地下工程施工中的土石方坍塌事故数

量较多，共有43起。通过对每一个土石方施工坍塌事故案例进行分析，共提取了24个即时事故环境，15个形成因素，4个初始影响因素。如表6-1所示。

表6-1　前兆信息提取

编号	即时事故环境	编号	形成因素	编号	初始影响因素
A1	渗漏水——冲蚀地基	B1	地质——处于不同岩石接触带	C1	监测失效
A2	渗漏水——地连墙接缝	B2	地质——地下水位高	C2	监控盲区
A3	渗漏水——连续壁	B3	地质——松软河漫滩	C3	安全防护措施不足
A4	渗漏水——排水井	B4	地质——空洞	C4	巡查不到位，问题未被发现
A5	渗漏水——围护结构	B5	地质——溶洞		
A6	渗漏水——污水管	B6	地质——软弱土体		
A7	边坡土体失稳	B7	地质——位于古河道		
A8	地表塌陷	B8	地质——淤泥质软土地基		
A9	地表塌陷开裂	B9	人员在隧道口挖机内瞌睡		
A10	楼体裂缝	B10	人工深挖基坑作业		
A11	水土流失	B11	边坡围护结构错杆破除		
A12	管道沉积物坍塌	B12	抽离地下管道		
A13	河水倒灌	B13	支护施工不及时		
A14	基坑超挖	B14	临时硬化不到位		
A15	基坑透水	B15	垫层未浇筑		
A16	基坑围护结构涌水变形				
A17	开挖导致山体偏压				
A18	楼体沉降				
A19	水压控制不良（海水）				
A20	台风				
A21	涌水突泥——连续墙底部				
A22	雨水				
A23	雨水——积水				
A24	雨水——土体松散				

若要对施工事故进行预测，则要对可测量的前兆信息进行实时监测，因此将前兆信息按照监测对象进行分类，如表6-2所示。

表 6-2　前兆信息分类

监测类型	监测对象	前兆信息
地质类	土体含水量	A11，A13，A16，A23，A23，B3，B7，B8
地质类	土体密实度	A7，A13，A24，B6，B8
地质类	渗水量	A1~A6，A15，A21
地质类	土体沉降	A12，A16，A17
环境类	建筑物沉降	A8，A9，A18
地质类	地下水水位 / 水压	A15，A19，B2，
环境类	降雨量	A20.A22~A24
地质类	裂缝	A9，A10
环境类	地下管道分布	A12，B12
基本信息及位置类	施工机械	B9
基本信息及位置类	现场人员（巡查 / 管）	A14，B9，Bl0.B11，B12，B13，B14，B15，C1~C4，
基本信息及位置类	施工材料	C3
勘察阶段		B1~B8
设计阶段		B1~B8，B10，B11

（三）基于勘察设计阶段的前兆信息分析

在环境类前兆信息中，有很多地质类信息，这些信息大部分是勘察阶段所要采集的，但到了施工阶段它们已经客观存在，有的就是不安全因素，很难再作改变。因此可以考虑将前兆信息按照工程建设阶段进行划分，方便管理者在不同阶段对事故前兆信息进行识别和控制，而不是仅在施工阶段才发现该类前兆信息。同理，部分前兆信息出现在设计阶段，可以在设计阶段予以控制。

以上文中的前兆信息为例，B1 地质——处于不同岩石接触带，B2 地质——地下水位高，B3 地质——松软河漫滩，B4 地质——空洞，B5 地质——溶洞，B6 地质——软弱土体，B7 地质——位于古河道（土体含水量饱和），B8 地质——淤泥质软土地基，这 8 项地质信息均与勘察工作有关，需要在勘察阶段就发现此类地质情况，而不是在施工中才遇到。将工程勘察报告中的地质信息也加入预警系统中，方便管理及施工人员对已知的地质情况进行查阅，同时对新发现的地质情况进行及时补充记录。

遇到特殊地质情况，就需要相应的设计来解决施工问题，因此上文中的 8 项勘察阶段前兆信息也同时是设计阶段需要关注的前兆信息。特殊地质问题在勘察阶段被发现后，还需要在设计阶段采用专项设计方案消除地质干扰，才算消除了施工阶段开始前的坍塌事故前兆信息。

二、地铁坍塌事故前兆信息采集

地铁施工事故前兆信息的需求信息采集方式取决于需求信息类型，并不是所有需求信息都将采取监控设备自动化采集，信息采集方法的选择需要考虑当前信息技术自动化水平和实时监控系统的成本控制水平。在提高效能和节约成本的基础上，结合当前信息化技术的发展，该实时监控系统将大大提高地铁施工现场的信息化管理水平。部分前兆信息的需求信息可以由单个监控设备来完成采集工作，还有一部分前兆信息的需求信息则需要多个设备共同完成，例如，采集地铁施工现场人员与机械的距离，或者施工现场两个物体之间的距离，必须由各自分布在两个物体上的距离传感器或者 RFID 标签与阅读器共同完成。

当需求信息不能通过监控设备自动采集时，则考虑人工采集或将采集到的相关信息输入存储到监控系统主机。

无线传感网络拥有规模大、动态、可靠、集成、布置密集等优点。利用无线传感网络，可以让管理者远程采集地铁施工现场的安全前兆信息。根据上文中对坍塌事故前兆信息进行的分析，把需要采集的信息分为三类，包括位置类信息、地质类信息、环境类信息。

（一）位置类信息的采集

位置类信息需要对人、机械和材料的位置进行实时定位，以判断人与机械所处的位置或人与危险区域的距离。

短距离无线数据通信的标准有蓝牙（Bluetooth）、WiFi（IEEE802.11）、IrDA 及极具发展潜力已被众多业界认可的 ZigBee（IEEE802.15.4）等。本书将利用 ZigBee 技术作为通信标准，与 RFID 技术相结合，实现位置类信息的采集。

1.ZigBee 协议

ZigBee 是一种针对传感器网络、建筑自动化等应用的短距离无线技术规范，主要适用于自动控制和远程控制领域，是为满足小型、廉价设备的无线联网和控制而制定的。它是一种近距离、低复杂度、低功耗、低数据速率、低成本的双向无线通信技术，可以嵌入各种设备中，同时支持地理定位功能。ZigBee 点对点通信距离，在室内约为 60 m，室外可达到 100 m 左右，在不超过 10 兆的范围内通信，传输延迟不超过 2 s，每包数据能传输的最大有效纯负荷为 110 字节。

ZigBee 作为一种无线连接新技术，可工作在 2.4 GHz（全球流行）、868 MHz（欧洲流行）和 915 MHz（美国流行）三个频段上，并在这三个频段上分别具有 250 kbps、20 kbps 和 40 kbps 的最高数据传输速率。它的传输距离通常在 10~75 m 的范围内，但依据发射功率的大小和应用模式不同，有时候也可以达到更高水平。ZigBee 不仅具有低功耗、成本低、时延短、安全可靠的特点，而且网络容量大，组网简单、灵活。

2.RFID 技术

RFID 定位与跟踪系统主要利用标签对物体的唯一标识特性，依据读写器与安装在物体上的标签之间射频通信的信号强度来测量物品的空间位置。使用时，首先利用读写器中的射频收发模块和单片机，以规定频率的电磁波作为信息载体与卡建立通信，接着再利用射频通信接口采集卡中的信息，最后经读写器数据接口上传采集信息至上位机中。

（二）地质及环境类信息的采集

地质类监测对象包括土体含水量（%）、土体密实度（%）、渗水量（m'/min）、土体沉降（mm/24 h）、土体孔隙水压力（kPa）、建筑物沉降裂缝（mm），环境类监测对象包括路面、建筑物沉降（mm/24 h）、降雨量（mm/24 h）、地下管道分布。其中，地下管道分布不需要实时监测，而是作为基础信息以图层的方式表现。

1. 土体含水量

土体含水量的多少对土方施工的难易有直接影响，土体含水量过小，土质过于坚实，不易挖掘；含水量过大，土体易泥泞，也不利于施工，人力或机械施工，工效均较低。以黏土为例含水量在 30% 以内最易挖掘，若含水量过大，则其本身性质发生很大变化，并丧失其稳定性，此时无论是地铁填方或挖方其坡度都显著下降。

利用无线土壤含水量监测系统，可以进行土体含水量监测、雨量监测和地下水位监测。监测网络硬件设备由传感器遥测数采（RTU）网关基站服务器，PC 终端或手机终端等组成。每个监测站点都以 RTU 为核心完成数据的采集和传输。依据传输距离不同的需求，RTU 可以通过 Radio 或者 GPRS 两种方式传输，RTU 之间可以自组网，RTU 承担数据采集、缓存、传输的任务，同时担任中继的角色，以实现扩大传输距离的目的。每个网关基站可以组建含 1 000 个 RTU 站点的庞大监测网络，站点可以分布在全国能接收到移动通信信号的任意角落。土壤含水量监测系统主要技术参数如表 6-3 所示。

表 6–3　土壤含水量监测系统主要技术参数

技术参数	测量精度	分辨率	测量范围	传感器数量
描述	± 1%	0.1%	0~100% 体积含水量	每 10 cm 一组土壤水分传感器

2. 土体密实度

土体密实度（Dense Dgree）是指土体的固体物质部分的体积占总体积的比例，密实度 =(a/ρ) × 100%(a ：表观密度；ρ ：密度)。土壤密实度测量仪可以用来测量土壤的密实度信息，尤其是地铁施工基坑旁边的土壤，因为如果处于这些位置的土壤密实度不高，容易滑落至基坑中，引起物体打击或者坍塌事故。土壤密实度测量仪主要技术参数如表 6-4 所示。

表 6–4　土壤密实度测量仪主要技术参数

技术参数	密实度范围	干密度精度	测量范围	测量深度	GPS 精度
描述	标准现场压实土壤范围	标准测试的 2% 以内	标准测试的 2% 以内	30 cm	3 m

3. 渗水量

在深基坑的建设过程中，地下连续墙和止水帷幕的渗漏情况将影响基坑工程的质量。由于基坑渗水量只能收集计量，不能以预埋监控设备的方式计量，所以在进行渗水量前兆信息收集时，以有渗水和无渗水两种状态作为量化依据。

4. 土体沉降

在基坑施工过程中，由于地层中土体、地下水等诸多因素因施工发生改变，会造成土体的内应力变化，破坏地层原有的稳定性，施工现场周围一定范围内的地表会产生不均匀沉降，从而对这个范围内的建筑物、地下管线等构成危害，致使建筑物地下管线发生沉降，倾斜，甚至产生裂缝。

智能型单点沉降计可以测量土体沉降量，它属于岩土工程监测设备或岩土工程测试仪器，是位移传感器的一种。单点沉降计由位移计、测杆、锚头、沉降板组成。钻孔后将单点沉降计埋入土体内部，测量锚头与沉降板之间的相对位移变化。传感器内置 1600 条数据存储器自动存储每次所测量的数据循环记录。在其他载体的数据资料丢失时，可随时从传感器中下载相关记录，确保原始数据资料的安全。传感器可自动进行实时温度补偿，提高传感器在不同气候条件下的适应性及监测数据的准确性。智能型单点沉降计可直接挂接总线，进行组网监测和数据采集。智能型单点沉降计主要技术参数如表 6-5 所示。

表 6–5　智能型单点沉降计主要技术参数

技术参数	量程 100 mm	量程 200 mm	量程 300 mm
描述	灵敏度 0.01 mm	灵敏度 0.05 mm	灵敏度 0.1 mm

5. 建筑物沉降

在地铁基坑施工过程中，原本土体自身重力引起的自重应力被打破，导致基坑周围建筑物标高局部降低。为了掌握基坑周边建筑物的沉降情况，及时发现不利的下沉现象，在基坑施工过程中和投产使用后，必须进行沉降观测。建筑物的沉降与土体沉降在测量方法上有所区别，需选用不同的观测仪器。

SSG 型土体沉降计是一种用于测定不均匀沉降的仪器，它安装简单，使用方便，分辨率高。SSG 型土体沉降计主要由装在耐腐蚀钢管内的全不锈钢弦式压力传感器构成，其外壳安装在基板上，并通过带不锈钢接头的充满液体的尼龙管与基准参考站连接。基准参考站为一充满水的蓄水罐，其顶部与大气相通，并安置在沉降计以上某一已知高度。沉降计可以感应沉降或隆起所引起的压力差，从而测量出相对蓄水器的高差。SSG 型土体沉降计坚实且性能稳定，可安装在钻孔、立管、土体或混凝土内，也可附在构件上。SSG 型土体沉降计可通过 MB-6T（L）便携式读数仪进行读数，也可以直接用 SENSLOG 数据采集系统自动进行读数。SSG 型土体沉降计主要技术参数如表 6-6 所示。

表 6–6　SSG 型土体沉降计主要技术参数

技术参数	量程（m）	分辨率	精度	温度漂移
描述	5~70	0.025%	± 0.5%	0.1%

6. 土体孔隙水压力

土体孔隙水压力是指土壤或岩石中地下水的压力，该压力作用于微粒或孔隙之间，可以分为静孔隐水压力和超静孔隐水压力。对于无水流条件下的高渗透性土，孔隙水压力约等于没有水流作用下的静水压力。对于有水流条件下的高渗透性土，其孔隙水压力计算比较复杂。

孔隙水压力监测仪可以监测土壤含水率、孔隙水压力及土壤温度三个参数，仪器可以连接多个探头，可同时监测不同层位或不同监测点的参数，仪器内部有存储单元，测量的数据自动保存在存储单元内。孔隙水压力监测仪主要技术参数如表 6-7 所示。

表 6–7　孔隙水压力监测仪主要技术参数

技术参数	测量范围	分辨率	精度
描述	0~400 kPa	0.1 kPa	0.5%

7. 裂缝

裂缝是很多基坑坍塌事故的重要前兆信息。基坑及周边环境发现裂缝，应立即进行裂缝变化的观测，以了解其现状和掌握其发展情况。

裂缝监测点应选择有代表性的裂缝进行布置，当原有裂缝增大或出现新裂缝时，应及时增设监测点。对需要观测的裂缝，每条裂缝的监测点至少应设 2 组，具体按现场情况而确定且已设置在裂缝的最宽处及裂缝末端。采用直接量取方法量取裂缝的宽度、长度，观察其走向及发展趋势。

远程裂缝监测系统用于长期定点监测并记录在高空及不易接触结构位置上的重点裂缝变化情况，该监测仪能自主地连续测量并记录裂缝在一段时间内的变化过程及外界环境温度的变化值，从而清晰地反映该裂缝的变化趋势。

（三）其他信息的采集

在识别出的前兆信息中，地质空洞、溶洞等虽然是地质信息，但是在施工过程中这些地质因素是作为客观环境存在的，因为在勘察设计阶段就已经发现了这些问题并采取了相应的处理措施，所以该类信息可以作为勘察设计条件信息与前兆信息预警系统进行整合。类似的还有地下管道信息。

除了可监测的人、环境、机械、材料等前兆信息，还有很多不可用仪器监测但必不可少的监测环节，如管理人员对施工现场的巡查，对仪器工作状态的检测等。这部分信息不需要达到实时监测的程度，因此本书将此类信息作为附加信息，加入预警系统中，作为预警的非量化评价指标之一。

（四）信息的第三方采集

地铁工程施工过程中，施工单位采用各种监测仪器对关键部位各项监控指标进行施工监测，基于监测数据指导施工，设置阈值，当监测值接近阈值时就报警，以此来降低或避免可能发生的地铁施工事故。但由于施工单位自身监测水平参差不齐，单方面监测存在测量误差和粗差，从而可能影响监测效果，甚至发生安全事故。为从技术上和管理上确保城市地铁施工安全，地铁工程施工中多采用第三方监测的作业模式，通过施工单位和第三方的双重监测，能够及时有效地发现事故隐患，以保证地铁工程施工安全可靠。

第三方监测是我国近年来在重大工程建设中，参照国际惯例推行的一项科学管理制度。地铁施工第三方监测，是指施工单位根据《中华人民共和国安全生产法》委托独立于地铁设计方、施工方和监理方，具有相应资质的第三方监测单位，对地铁施工沿线地面、道路沉降、周围重要建（构）筑物，地下管线等进行变形观测、预防和避免隧道坍塌、周围建筑物损坏，保证施工安全和顺利进行的一项监测工作。地铁工程第三方监测的主要任务是完成对各种地上和地下建筑物的变形监测，数据处理 / 分析和信息反馈。监测内容主要涉及地表道路下沉，地下水位变化，地面重要建筑物的沉降、倾斜和开裂，土体水平位移，地下管线沉降，隧道收敛和施工爆破振动影响等方面。

城市地铁施工第三方监测是保证施工安全和工程质量的重要举措，可以有效避免施工过程中可能发生的事故。作为一种新的地铁建设管理模式，地铁施工第三方监测，可对承包商的施工监测数据进行监督、对比和检验，并利用现代数理统计理论对监测数据进行处理、分析和预测，使业主及时掌握独立、客观、公正的监测数据和施工信息，从而有效地保证地铁建设安全生产，避免重大事故发生。

通过在现场的布点，第三方能够通过全自动全站仪、PVC 测斜管等仪器设备以自动或者人工的方式采集各监测项目的数据。第三方监测数据的采集频率由各监测项目的重要性和施工安全要求决定。

由上文地铁施工时坍塌事故前兆信息的需求分析可知，委托第三方监测的部分内容与前兆信息需求信息的部分内容可能存在重合。如果对同一信息进行多次监测将产生冗余信息，造成资源的浪费。所以前兆信息的部分需求信息可以从第三方监测中获取，或以第三方监测数据为参考，这样既可以降低成本，也可以由第三方监测单位保障技术水平和前兆信息需求信息的可靠性。

在地铁施工安全风险实时监控系统中，部分重要信息可从第三方监测中获取，或者在施工方监测与第三方监测频率不同的情况下，以第三方监测数据作为参考，如地表沉降、地下水水位、工程重要建（构）筑物沉降、地下管线沉降、墙（桩）体位移和横撑轴力，相应的监测项目及测点位置等。在第三方监测过程中，按照监测要求，每隔一定时间读取一次数据。这些数据需要在读取之后，按照规定的格式进行处理，人工输入至前兆信息数据库之中。

三、地铁施工坍塌事故前兆信息预警机制

前兆信息的采集只是预警的第一步，在得到前兆信息后，如何分析这些信息，如何提取有效信息作为预警的依据，为地铁施工安全管理提供高效的决策手段才是最重要的。地铁施工具有复杂程度高、作业面交叉、涉及专业广、受周边环境影响较大、工程量大、风险大等特点，因此想要全面而准确地对所有类型的事故进行预警是比较困难的。本书选择

坍塌事故前兆信息作为切入点，借助最新的信息自动化传感技术，实现对地铁施工坍塌事故的主动控制。

（一）施工现场安全状态及预警等级

地铁工程施工过程中，人员、机械、材料和环境都存在着各自的运动轨迹。在某一时间节点上，现场人员、施工机械、施工材料、现场环境都处于各自的状态。本书将施工现场某一时间点上各因素状态的集合定义为该时间点上的“现场安全状态集合”，并将“现场安全状态集合”划分为 4 类，按照危险程度递减的顺序分别为危险状态、较危险状态、较安全状态和安全状态。

将一定范围内的现场人员、机械、材料、环境四类因素的集合称为“现场安全状态集合”，如果其中若干因素的状态集合极有可能导致安全事故的发生，此时的状态就称为危险状态；如果“现场安全状态集合”没有达到危险状态，但是状态集合的局部达到了不安全状态，此时需要及时采取措施进行纠正，这时候的状态可以称为较危险状态；如果“现场安全状态集合”中只有个别因素存在安全隐患，可以通过调整及时回到安全状态中来，这种情况下的状态就称为较安全状态；其余状态都可以称为安全状态。

在预警系统中，需要利用监测数据判断现场安全状态集合所处的安全状态，本书将四种安全状态由危险到安全分别对应红、橙、黄、绿四种预警级别。例如预警系统判断某时间点上施工现场某处正处于“较危险状态”，则系统会将地图中相应区域标为橙色，发布“橙色预警”。

（二）地铁坍塌事故单指标预警机制

单指标预警就是指根据某单一变量针对研究目标进行预警。在对地铁施工安全事故前兆信息的分析过程中，部分前兆信息的出现仅与某个单一指标有关。也就是说，某个指标可以在很大程度上决定这些前兆信息是否发生。因此，像这样的一些单一指标，可以直接用来预测事故前兆信息，进而对地铁施工安全风险进行预警。

实际施工过程中，多数采用单指标监测预警作为施工现场安全预警的主要依据，因此仍然要把单指标预警作为综合预警的重要辅助手段进行分析。

1. 单指标预警监测指标

前兆信息指标。根据上文分析得出的前兆信息类别，全面的施工现场应监测的前兆信息指标应包含以下几个方面：

（1）地质类指标：土体含水量（%）、土体密实度（%）、渗水量（m/min）、土体沉降（mm/24 h）、土体水压力（kPa）、裂缝（mm）。

（2）环境类指标：路面、管线、建筑物沉降（mm/24 h）、降雨量（mm/24 h）。

（3）位置类指标：人员、机械、材料的位置、人与机械的距离、人与材料的距离，机械与材料的距离。

（4）其他指标：人员工作状态、机械工作状态、远程监控设施状态、日常巡查完成度等。技术规范中的指标。根据相关要求，采用明挖法和盖挖法施工的基坑需要监测的指标有支护桩（墙）、边坡顶部水平位移及竖向位移、支撑轴力、锚杆拉力、地表沉降、竖井井壁支护结构净空收敛、地下水位。以上七项不分监测等级均为必测项目。

采用明挖法和盖挖法时，基坑支护结构和周围岩土体的监测项目控制值应根据工程地质条件、基坑设计参数、工程监测等级及当地工程经验等确定，以工程监测等级一级为例，监测项目控制值如表 6-8 所示。

表 6-8　明挖法和盖挖法基坑支护结构和周围岩土体监测项目控制值

监测项目	支护结构类型、岩土类型		工程监测等级一级		
		累计值（mm）		变化速率（mm/d）	
		绝对值	相对基坑深度（H）值		
支护桩（墙）顶竖向位移	土钉墙、型钢水泥土墙 灌注桩、地下连续墙 土钉墙、型钢水泥土墙 灌注桩，地下连续墙 10~25—15~25		—	—	—
			0.1%~0.15%	2~3	
支护桩（墙）顶水平位移			—	—	
			0.1%~0.15%	2~3	
支护桩（墙）体竖向位移	型钢水泥土墙	坚硬——中硬土	0.15%~0.2%	—	—
		中软——软弱土	0.2%~0.3%	—	—
	灌注桩、地下连续墙	坚硬——中硬土	0.1%~0.15%	0.15%~0.2%	2~3
		中软——软弱土	0.1%~0.15%	0.2%~0.3%	2~4
地表沉降	坚硬——中硬土 坚硬——中硬土 20~40		20~30	0.15%~0.2%	2~4
			0.2%~0.3%	2~4	
立柱结构竖向位移			10~20	—	2~3
支护墙结构应力		（60%~70%）f			
立柱结构应力					
支撑轴力		最大值：（60%~70%）f 最小值：（80%~100%）f			
锚杆拉力					
竖井井壁支护结构净空收敛		30			2

注：a.H—相对基坑深度，f—构件的承载能力设计值：

b. 累计值应按表中绝对值和相对基坑深度（H）值两者中的小值取用：

c. 支护桩（墙）顶隆起控制值宜为 20 mm；

d. 嵌岩的灌注柱或地下连续墙控制值可按表中数值的 50% 取用。

通过分析可以发现，规范更侧重于对基坑支护结构和周围岩土体的监测，上文提到的第三方监测信息采集项目也多是规范要求的监测项目。但是施工现场是一个由众多人员和机械参与的复杂环境，除了考虑基坑本身的稳定性监测外，还应考虑对人、机、材料、环境的监测，这也是事故致因层次模型理论的核心观点。因此本书将综合考虑前文提取的前兆信息指标和实际运用较多的第三方监测项目作为预警监测指标。

2. 单指标预警监测频率

监测频率应根据施工工法、施工进度、监测对象、监测项目、地质条件等情况，结合当地工程经验确定，同时应随着现场施工情况和特殊环境的变化适当提高或降低监测频率，《城市轨道交通工程监测技术规范》对使用明挖法和盖挖法施工的基坑工程的支护结构和周边环境的监测频率做了明确规定，如表 6-9 所示。

表 6–9　明挖法和盖挖法基坑工程监测频率

施工工况	基坑设计深度（m）					
基坑开挖深度（m）	≤ 5	5~10	5~10	5~10	5~10	
		1 次 /1 d	1 次 /2 d	1 次 /3 d	1 次 /3 d	1 次 /3 d
			1 次 /1 d	1 次 /2 d	1 次 /2 d	1 次 /2 d
				1 次 /1 d	1 次 /1 d	1 次 /2 d
					1~2 次 /1 d	1~2 次 /1 d
						2 次 /1 d

注：a. 基坑工程开挖前的监测频率应根据工程实际需要确定。

b. 底板浇筑后可根据监测数据变化情况调整监测频率；

c. 支撑结构拆除过程中及拆除完成后 3 天内监测频率应适当增加。

下文中预警分析所用到的监测数据监测频率均为每天一次。

3. 单指标预警准则

地铁工程施工安全监测的单指标预警准则，应该由预警指标的累计变化量和变化速率共同控制。预警准则的设置需要把握好尺度，无论设置得过高还是较低，都将会降低预警系统的可信程度。因此，需要设置合适的预警准则，使预警系统能够给出合理的预测。

对于累计量和变化速率，本书采用分别预警和综合预警两种模式，用来对比分析。针对上文提到的四种预警状态，设置单指标预警标准，如表 6-10 所示。

表 6-10　工程监测单指标预警标准

预警级别	预警状态分类	变化速率预警标准	累计量预警标准	综合预警标准
绿色预警	安全状态	设计值的 80% 以下	设计值的 80% 以下	变形监测的累计值和速率值双控指标均小于控制值的 80%；或双控指标之一达到控制值的 80% 以上，90% 以下
黄色预警	较安全状态	达到设计值的 80%	达到设计值的 80%	变形监测的累计值和速率值双控指标均达到控制值的 80%；或双控指标之一达到控制值的 90%
橙色预警	较危险状态	达到设计值	达到设计值	变形监测的累计值和速率值双控指标均达到控制值的 90%；或双控指标之一达到控制值
红色预警	危险状态	达到设计值的 200%	达到设计值的 200%	变形监测的累计值和速率值双控指标均达到控制值

并非所有的预警指标都能从相关规范及标准中获取其预警准则，部分指标的预警准则需要根据勘察设计文件确定，或通过地铁工程施工现场多次实验确定。

以南京地铁施工某车站工程的现场监测数据为例，选取某一处沉降观测点，获取该观测点连续 68 天的沉降累计值和变化速率。已知设计报警值累计值为 30 mm，变化速率为 3 mm/d，设置单指标综合预警准则的级别划分参考值及级别划分，如表 6-11 和表 6-12 所示。

表 6-11　单指标综合预警准则的级别划分参考值

	变化速率（mm/d）	累计值（mm）
设计值	3	30
设计值 90%	2.7	27
设计值 80%	2.4	24

表 6-12　单指标综合预警准则的级别划分

变化速率（mm/d）	累计值（mm）	预警级别	级别编号
r>3	a>30	红色预警	4
r ⩾ 3	a<30	橙色预警	3
r<3	a>30	橙色预警	3
2.7<r<3	27<a<30	橙色预警	3
2.7<r<3	a<27	黄色预警	2
r<2.7	27<a<30	黄色预警	2
2.4<r<2.7	24<a<27	黄色预警	2

续表

变化速率（mm/d）	累计值（mm）	预警级别	级别编号
2.4<r<2.7	a<24	绿色预警	1
r<2.4	24<a<27	绿色预警	1
r<2.4	a<24	绿色预警	1

单指标预警结果如表 6-13 所示，受沉降累计值的影响，观测时间点越晚的数据预警状态越高。事实上随着时间的推移，累计值很容易达到报警状态，但地铁施工现场并没有发生安全事故，这导致报警可信度降低。而变化速率相对来说更能客观地反映现场监测数据变化情况。因此，在实际观测中，变化速率和累计值是作为两个指标分别报警的，超过设计值即发生报警。

表 6–13　单指标预警结果

观测数据组序号	1	2	3	4	5	6	7	8	9	10
变化速率（mm/d）	-0.21	-2.13	0.46	0.12	-2.02	0.06	-0.33	-0.50	0.26	0.26
累计值（mm）	-0.82	-2.95	-2.49	-2.37	-4.39	-4.33	-4.66	-5.16	-4.91	-4.65
变化速率预警级别	1	1	1	1	1	1	1	1	1	1
累计量预警级别	1	1	1	1	1	1	1	1	1	1
综合预警级别	1	1	1	1	1	1	1	1	1	1
观测数据组序号	11	12	13	14	15	16	17	18	19	20
变化速率（mm/d）	-1.21	0.44	0.41	0.49	0.40	-0.63	-1.10	-1.26	-1.58	0.15
累计值（mm）	-5.86	-5.42	-5.01	-4.52	-4.12	-4.77	-5.87	-7.13	-8.17	-8.56
变化速率预警级别	1	1	1	1	1	1	1	1	1	1
累计量预警级别	1	1	1	1	1	1	1	1	1	1
综合预警级别	1	1	1	1	1	1	1	1	1	1
观测数据组序号	21	22	23	24	25	26	27	28	29	30
变化速率（mm/d）	0.43	-0.64	0.35	-0.37	-0.38	-0.38	0.24	-0.39	-0.08	-2.43
累计值（mm）	-8.13	-8.77	-8.42	-8.79	-9.17	-9.55	-9.31	-9.70	-9.78	-12.21
变化速率预警级别	1	1	1	1	1	1	1	1	1	1
累计量预警级别	1	1	1	1	1	1	1	1	1	1
综合预警级别	1	1	1	1	1	1	1	1	1	1
观测数据组序号	31	32	33	34	35	36	37	38	39	40
变化速率（mm/d）	0.06	-0.16	-1.31	0.13	-0.46	0.36	0.17	-0.53	-0.93	-1.11

续表

观测数据组序号	1	2	3	4	5	6	7	8	9	10
累计值（mm）	-12.15	-12.31	-13.62	-13.49	-13.95	-13.59	-13.42	-13.95	-14.88	-15.99
变化速率预警级别	1	1	1	1	1	1	1	1	1	1
累计量预警级别	1	1	1	1	1	1	1	1	1	1
综合预警级别	1	1	1	1	1	1	1	1	1	1
观测数据组序号	41	42	43	44	45	46	47	48	49	50
变化速率（mm/d）	0.88	-0.81	0.68	-0.16	-2.87	0.21	0.51	-1.27	1.05	2.37
累计值（mm）	-15.11	-15.92	-15.24	-15.40	-18.27	-18.06	-17.55	-18.82	-19.87	-22.24
变化速率预警级别	1	1	1	1	1	1	1	1	1	1
累计量预警级别	1	1	1	1	1	1	1	1	1	1
综合预警级别	1	1	1	1	1	1	1	1	1	1
观测数据组序号	51	52	53	54	55	56	57	58	59	60
变化速率（mm/d）	-2.90	-2.48	-3.20	-6.51	-7.35	-8.36	-8.32	-5.46	-4.29	-2.68
累计值（mm）	-25.14	-27.62	-30.82	-37.33	-44.68	-53.04	-61.36	-66.82	-71.11	-73.79
变化速率预警级别	1	1	1	1	1	1	1	1	1	1
累计量预警级别	1	1	1	1	1	1	1	1	1	1
综合预警级别	1	1	1	1	1	1	1	1	1	1
观测数据组序号	61	62	63	64	65	66	67	68		
变化速率（mm/d）	-2.52	-2.98	-0.88	-2.88	-0.94	3.59	-0.73	-2.87		
累计值（mm）	-76.31	-79.29	-80.17	-83.05	-83.99	-87.58	-88.31	-91.18		
变化速率预警级别	1	1	1	1	1	1	1	1		
累计量预警级别	1	1	1	1	1	1	1	1		
综合预警级别	1	1	1	1	1	1	1	1		

（三）地铁坍塌事故多指标预警机制

地铁基坑施工环境是个相对较复杂的环境，存在多个作业面交叉的情况，施工现场前兆信息状态集合中有一个信息发生突变的情况可以用单指标预警进行监控。如果有多个前兆信息发生变化，要在相互影响的情况下判断状态集合是否处于风险状态，并判断处于哪个风险层次，就需要进行多指标预警。

本书将利用灰色关联度对前兆信息的监测值进行聚类分析。在对样本进行分类后，利用神经网络将样本进行训练，并对新数据进行预警状态预测，以此达到预警的效果。

以南京地铁施工某车站工程的现场监测数据作为演示示例。该车站的监测指标包括地表沉降、管线沉降、建筑物沉降、水位、水平位移、测斜、支承轴力及日常巡查等。考虑到需要分析的部分前兆信息现场并没有进行监测，因此暂时选取 4 个地表沉降点、2 个管线沉降和 2 个水位监测点作为分析对象。监测频率都为每天一次，共采集了 68 组完整的样本数据。原始数据如表 6-14 所示，其中 DB 表示地表沉降，GX 表示管线沉降，SW 表示水位。

表 6–14　某车站工程现场监测原始数据

序号	DB1（mm/d）	DB2（mm/d）	DB3（mm/d）	DB4（mm/d）	GX1（mm/d）	GX2（mm/d）	SW1（mm/d）	SW2（mm/d）
1	-1.669	0.850	-0.206	0.200	0.410	-0.160	-0.03	-0.06
2	-1.400	-0.330	-2.130	-0.590	-0.480	-1.060	-0.11	0.09
3	-0.770	0.460	0.460	-0.035	-0.190	0.020	0.04	0.01
4	-0.060	-3.490	0.120	-0.350	-2.220	-0.130	0.03	-0.02
5	-0.950	-1.880	-2.020	0.145	0.240	-0.920	-0.02	-0.01
6	-0.310	0.060	0.060	-2.080	-2.030	-0.050	0.02	0.02
7	-0.300	0.133	-0.330	-0.680	0.310	-0.230	0.02	-0.03
8	-1.190	-1.370	-0.500	-1.290	-1.170	-1.070	-0.02	0.03
9	-0.420	0.240	0.255	-1.320	0.100	-1.520	-0.22	0.01
10	0.250	-2.430	0.255	-0.230	-1.010	-2.440	-0.01	-0.02
11	0.250	0.050	-1.210	-0.210	-2.380	-2.940	-0.02	0.00
12	-1.870	0.190	0.440	0.440	0.060	-3.010	0.08	-0.03
13	-0.470	0.580	0.410	-0.360	-1.870	-2.124	0.02	0.03
14	-1.840	-1.170	0.490	0.280	-0.570	0.470	-0.02	-0.01
15	-0.130	0.166	0.400	0.120	-1.920	-3.020	0.01	-0.02
16	-0.520	0.166	-0.650	-1.130	0.540	-2.550	-0.11	-0.03
17	-1.480	0.166	-1.100	-0.590	-0.620	-2.110	0.02	0.02
18	-1.170	0.166	-1.260	-1.120	0.410	-1.740	0.02	-0.02
19	-0.350	0.166	-1.580	0.130	-0.113	-1.480	0.02	0.02
20	0.170	0.166	0.150	-0.540	0.703	0.900	-0.02	0.01
21	0.180	0.166	0.430	0.410	-0.220	0.580	-0.02	-0.01
22	-0.350	0.166	-0.640	-0.290	-0.160	-0.150	0.02	-0.02

续表

序号	DB1（mm/d）	DB2（mm/d）	DB3（mm/d）	DB4（mm/d）	GX1（mm/d）	GX2（mm/d）	SW1（mm/d）	SW2（mm/d）
23	0.207	0.166	0.349	-0.393	-0.224	0.295	0.04	0.06
24	-0.410	0.166	-0.370	-0.010	-0.495	-0.750	-0.02	-0.01
25	-0.450	0.026	-0.380	-0.350	-1.770	-0.450	0.05	-0.02
26	-0.450	0.026	-0.380	-0.350	-0.670	-1.040	0.020	0.04
27	-0.380	0.220	0.240	-0.160	-0.670	-1.040	0.28	0.06
28	-0.350	-1.170	-0.390	-0.690	-0.400	-2.730	-0.15	-0.11
29	-2.850	-0.015	-0.078	0.420	-3.010	-3.100	0.05	0.04
30	-0.090	-0.015	-2.430	-0.150	0.520	- 0.150	-0.04	-0.02
31	0.240	0.240	0.060	0.600	0.440	-1.510	0.02	0.03
32	0.100	-0.500	-0.160	-0.230	-1.970	-1.250	-0.04	0.00
33	0.670	-1.530	-1.310	-1.190	-2.560	-4.150	0.07	0.01
34	-1.550	-0.850	0.130	-1.150	-2.550	-2.590	-0.03	0.01
35	-0.597	0.060	-0.460	0.110	-2.170	-3.740	-0.04	0.01
36	-1.380	0.020	0.360	-1.580	-1.380	-5.970	-0.03	-0.04
37	-0.760	-1.740	0.170	-0.290	-3.350	-5.510	-0.05	0.01
38	-0.240	-.0.790	-0.530	-1.900	-2.770	-5.800	-0.01	-0.01
39	-0.970	-1.190	-0.930	0.860	-2.180	-1.800	-0.03	0.04
40	0.240	-1.830	-1.110	-6.560	-3.510	-7.910	-0.04	-0.02
41	-2.090	-1.830	0.880	-1.245	-3.380	-3.920	0.00	-0.02
42	-0.850	-1.140	-0.810	0.910	0.520	-0.140	-0.02	0.02
43	-0.330	-2.020	0.680	-2.600	-1.710	-1.330	-0.02	-0.04
44	-1.100	-0.360	-0.160	-0.870	-3.550	-3.850	-0.02	0.03
45	-1.380	-1.620	-2.870	-0.460	-2.370	-3.510	-0.05	-0.07
46	-0.050	-1.390	0.210	-1.140	-0.615	-3.990	-0.05	-0.05
47	-2.110	-1.060	0.510	-.3.320	-0.540	-5.190	0.00	-0.05
48	-1.120	-1.860	-1.270	-1.540	-2.880	-2.830	-0.03	-0.05
49	-2.960	-1.360	-1.050	-0.070	0.220	-2.200	-0.02	-0.03
50	-1.470	0.270	-2.370	-2.830	-2.890	-2.640	0.00	-0.01

续表

序号	DB1（mm/d）	DB2（mm/d）	DB3（mm/d）	DB4（mm/d）	GX1（mm/d）	GX2（mm/d）	SW1（mm/d）	SW2（mm/d）
51	-2.610	-0.310	-2.900	-1.630	-0.960	-2.490	0.11	0.00
52	-2.610	0.480	-2.480	-0.150	-0.380	-1.210	0.02	0.00
53	-2.340	1.850	-3.200	-0.560	-1.320	-1.180	0.03	0.00
54	-3.660	-0.863	-6.510	0.060	1.610	-1.740	-0.05	0.00
55	-2 860	0.840	-7.350	-2.570	-3.590	-0.440	0.03	0.00
56	-3.58	-0.30	-8.36	-2.60	0.037	-0.269	-0.06	0.07
57	-3.61	-0.43	-8.32	-0.12	-0.170	-0.240	-0.02	-0.05
58	-1.720	-0.140	-5.460	0.470	-0.170	-0.240	-0.12	-0.13
59	-1.800	-0.297	-4.290	-2.310	-3.860	-1.900	-0.04	-0.06
60	-1.900	-0.297	-2.680	-1.470	0.300	-2.030	-0.03	-0.02
61	0.190	-2.060	-2.520	-0.140	0.760	0.630	-0.03	0.02
62	-3.810	-1.905	-2.980	-1.640	-1.140	-2.500	-0.01	0.01
63	-3.080	0.910	-0.880	-0.590	0.320	-3.710	0.01	0.01
64	0.720	0.065	-.2.880	1.880	-3.050	-0.780	-0.02	0.03
65	-0.580	0.065	-0.940	-0.520	0.110	-1.420	0.02	-0.07
66	-5.720	0.400	-3.590	-0.290	0.460	0.420	0.00	-0.01
67	-2.470	0.360	-0.730	-0.740	-0.22	1.300	-0.03	-0.03
68	-1.970	0.360	-2.870	-3.260	-0.680	0.100	0.02	0.01

1. 基于灰色关联度的多指标监测数据聚类分析

基于灰色系统理论的灰色关联分析（GRA，Grey Relational Analysis）是一种统计分析方法，通过计算灰色关联度来描述因素间关系的强弱、大小和次序。灰色关联分析的基本步骤如下：

确定分析序列。包括参考序列和待分析的比较序列；数据处理，即比较序列的无量纲化处理，本书拟采用 0-1 标准化方法；求差序列 Δ 最大差和最小差；求出灰色关联系数 ξ；求出灰色关联度 γ。

求出各检测值灰色关联度，然后运用灰色相似关系矩阵对各检测值进行相似关系分析，步骤如下：

由灰色关联度得到关联度集，求出各检测值的差异系数 e，得到关联度差异矩阵 E；由差异矩阵得到差异距离 d，由此构成差异距离矩阵 D；由差异距离矩阵得到灰色相似关

系矩阵 R。

（1）灰色关联分析矩阵

1）确定初始矩阵

对 n 个前兆信息进行分析，设 x 是由 m 组前兆信息观测数据组成的分析矩阵，从而得到前兆信息指标的初始分析矩阵 X，如表 6-15 所示。

表 6–15　前兆信息指标的初始分析矩阵 X

初始矩阵	前兆信息 1	前兆信息 2	前兆信息 3	…	前兆信息 n
观测数据 1	$\bar{x}_{11}$	$\bar{x}_{12}$	$\bar{x}_{13}$	…	$\bar{x}_{1n}$
观测数据 2	$\bar{x}_{21}$	$\bar{x}_{22}$	$\bar{x}_{23}$	…	$\bar{x}_{2n}$
观测数据 3	$\bar{x}_{31}$	$\bar{x}_{32}$	$\bar{x}_{33}$	…	$\bar{x}_{3n}$
观测数据 4	$\bar{x}_{41}$	$\bar{x}_{42}$	$\bar{x}_{43}$	…	$\bar{x}_{4n}$
…	…	…	…	$\bar{x}_{ij}$	…
观测数据 m	$\bar{x}_{m1}$	$\bar{x}_{m2}$	$\bar{x}_{m3}$	…	$\bar{x}_{mn}$

其中，x_{ij}=（i=1，2，…，m；j=1，2，…n）表示第 i 组观测数据的第 j 个前兆信息值，并设参考序列 x_0=（x_{01}・x_{02}，・x_{03}…，x_{0n}）作为每一组观测数据的基准参考值。

2）数据处理

为了解决指标值可综合性的问题，使得数值之间具有可比性，需要对各指标数值进行无量纲化处理。考虑到前兆信息各个指标均为危险性影响参量，所以对各指标数值进行 0-1 标准化处理，公式如下：

$$x = \frac{-\bar{x}_y - \min \bar{x}_y}{\max \bar{x}_{\bar{y}} - \min \bar{x}_{\bar{y}}}$$

其中，i 为前兆信息编号，j 为观测数据编号，由此得到标准化后的矩阵 X，如表 6-16 所示。

表 6–16　标准化矩阵

序号	DB1（mm/d）	DB2（mm/d）	DB3（mm/d）	DB4（mm/d）	GX1（mm/d）	GX2（mm/d）	SW1（mm/d）	SW2（mm/d）
1	0.629	0.813	0.882	0.801	0.781	0.841	0.317	0.318
2	0.671	0.592	0.674	0.707	0.618	0.744	0.183	1.000
3	0.769	0.740	0.955	0.773	0.671	0.861.	0.433	0.636
4	0.879	0.000	0.918	0.736	0.300	0.845	0.417	0.500
5	0.741	0.301	0.686	0.794	0.750	0.759	0.333	0.545
6	0.840	0.665	0.911	0.531	0.335	0.853	0.400	0.682

续表

序号	DB1（mm/d）	DB2（mm/d）	DB3（mm/d）	DB4（mm/d）	GX1（mm/d）	GX2（mm/d）	SW1（mm/d）	SW2（mm/d）
7	0.842	0.679	0.869	0.697	0.762	0.834	0.400	0.455
8	0.703	0.397	0.851	0.624	0.492	0.743	0.333	0.727
9	0.823	0.699	0.932	0.621	0.724	0.694	0.000	0.636
10	0.927	0.199	0.932	0.750	0.521	0.594	0.350	0.500
11	0.927	0.663	0.774	0.752	0.271	0.540	0.333	0.591
12	0.598	0.689	0.952	0.829	0.717	0.532	0.500	0.455
13	0.815	0.762	0.949	0.735	0.364	0.628	0.400	0.727
14	0.602	0.434	0.958	0.810	0.601	0.910	0.333	0.545
15	0.868	0.685	0.948	0.763	0.355	0.531	0.383	0.504
16	0.807	0.685	0.834	0.643	0.804	0.582	0.183	0.455
17	0.658	0.685	0.786	0.707	0.592	0.630	0.400	0.682
18	0.707	0.685	0.768	0.645	0.781	0.670	0.400	0.500
19	0.834	0.685	0.734	0.793	0.685	0.698	0.400	0.682
20	0.915	0.685	0.921	0.713	0.834	0.957	0.333	0.636
21	0.916	0.685	0.951	0.826	0.665	0.922	0.333	0.545
22	0.834	0.685	0.835	0.743	0.676	0.843	0.400	0.500
23	0.920	0.685	0.943	0.731	0.665	0.891	0.433	0.864
24	0.825	0.685	0.865	0.776	0.615	0.777	0.333	0.545
25	0.818	0.658	0.864	0.736	0.382	0.810	0.450	0.500
26	0.818	0.658	0.864	0.736	0.583	0.746	0.400	0.773
27	0.829	0.695	0.931	0.758	0.583	0.746	1.000	0.864
28	0.834	0.434	0.863	0.695	0.633	0.562	0.117	0.091
29	0.446	0.651	0.896	0.827	0.155	0.522	0.450	0.773
30	0.874	0.651	0.642	0.760	0.801	0.843	0.3000	0.500
31	0.925	0.699	0.911	0.848	0.786	0.695	0.400	0.727
32	0.904	0.560	0.887	0.750	0.346	0.723	0.300	0.591
33	0.992	0.367	0.763	0.636	0.238	0.408	0.483	0.636
34	0.648	0.494	0.919	0.641	0.239	0.578	0.317	0.636

续表

序号	DB1（mm/d）	DB2（mm/d）	DB3（mm/d）	DB4（mm/d）	GX1（mm/d）	GX2（mm/d）	SW1（mm/d）	SW2（mm/d）
35	0.795	0.665	0.855	0.790	0.309	0.453	0.300	0.636
36	0.674	0.657	0.944	0.590	0.453	0.211	0.317	0.409
37	0.770	0.328	0.923	0.743	0.093	0.261	0.283	0.636
38	0.851	0.506	0.847	0.552	0.199	0.229	0.350	0.545
39	0.738	0.431	0.804	0.879	0.307	0.663	0.317	0.773
40	0.925	0.311	0.785	0.000	0.064	0.000	0.300	0.500
41	0.564	0.311	1.000	0.630	0.088	0.433	0.367	0.500
42	0.756	0.440	0.817	0.885	0.801	0.844	0.333	0.682
43	0.837	0.275	0.978	0.469	0.393	0.714	0.333	0.409
44	0.717	0.586	0.887	0.674	0.057	0.441	0.333	0.727
45	0.674	0.350	0.594	0.723	0.272	0.478	0.283	0.273
46	0.880	0.393	0.927	0.642	0.593	0.426	0.283	0.364
47	0.561	0.455	0.960	0.384	0.607	0.295	0.367	0.364
48	0.714	0.305	0.767	0.595	0.179	0.552	0.317	0.364
49	0.429	0.399	0.791	0.769	0.746	0.620	0.333	0.455
50	0.660	0.704	0.648	0.442	0.177	0.572	0.367	0.545
51	0.483	0.596	0.591	0.584	0.530	0.588	0.550	0.591
52	0.483	0.743	0.636	0.759	0.636	0.727	0.400	0.591
53	0.525	1.000	0.558	0.711	0.464	0.731	0.417	0.591
54	0.320	0.492	0.200	0.784	1.000	0.670	0.283	0.591
55	0.444	0.811	0.109	0.473	0.049	0.811	0.417	0.591
56	0.332	0.597	0.000	0.469	0.713	0.830	0.267	0.909
57	0.328	0.573	0.004	0.763	0.675	0.833	0.334	0.350
58	0.621	0.627	0.314	0.833	0.675	0.833	0.167	0.000
59	0.609	0.598	0.440	0.504	0.000	0.653	0.300	0.318
60	0.593	0.598	0.615	0.603	0.761	0.638	0.317	0.500
61	0.918	0.268	0.632	0.761	0.845	0.927	0.317	0.682
62	0.297	0.297	0.582	0.583	0.497	0.587	0.342	0.636

续表

序号	DB1 (mm/d)	DB2 (mm/d)	DB3 (mm/d)	DB4 (mm/d)	GX1 (mm/d)	GX2 (mm/d)	SW1 (mm/d)	SW2 (mm/d)
63	0.410	0.824	0.810	0.707	0.764	0.456	0.383	0.636
64	1.000	0.666	0.593	1.000	0.148	0.774	0.333	0.727
65	0.798	0.666	0.803	0.716	0.726	0.705	0.400	0.273
66	0.000	0.728	0.516	0.743	0.790	0.904	0.367	0.545
67	0.505	0.721	0.826	0.690	0.665	1.000	0.317	0.455
68	0.582	0.721	0.594	0.391	0.581	0.870	0.400	0.636

3）差序列、最大差、最小差

参考序列 x_0=(x_{01}・x_{02}，・x_{03}…，x_{0n} ）与第 i 组观测数据 x_i=(x_{i1}・x_{i2}，・x_{i3}…，x_{in} ）之间差

值的绝对值将构成差序列 Δ。

$$\Delta_{ij}(x)=|x_{0j}-x_{ij}|$$

最大差和最小差分别是每组差序列的最大值和最小值，分别是 $\max\limits_i\max\limits_j|x_{0j}-x_{ij}|$ $\min\limits_i\min\limits_j|x_{0j}-x_{ij}|$

4）灰色关联系数

$$\varepsilon(j)=\frac{\min\limits_i\min\limits_j|x_{0j}-x_{ij}|+k\max\limits_i\max\limits_j|x_{0j}-x_{ij}|}{|x_{0j}-x_{ij}|+k\max\limits_i\max\limits_j|x_{0j}-x_{ij}|}$$

$\varepsilon(j)$ 即为观测值相对于参考序列的关联程度。式中，k 称为分辨系数，$0<k<1$，k 值越小分辨力越大，一般取 k=0.5，作为常数给定灰色系统理论的均值作为 X，相对于 X 的关联度。

$$r_i=\frac{1}{n}\sum_{j=1}^{m}\varepsilon_j(j)$$

由式得到的关联度集将作为聚类分析基础。各监测值关联度计算结果如表 6-17 所示。

表 6–17　各监测值关联度计算结果

监测值	1	2	3	4	5	6	7	8	9	10
关联度	0.749	0.582	0.637	0.698	0.797	0.677	0.758	0.704	0.708	0.647
监测值	11	12	13	14	15	16	17	18	19	20
关联度	0.625	0.570	0.622	0.613	0.600	0.777	o.800	0.817	0.788	0.709
监测值	21	22	23	24	25	26	27	28	29	30
关联度	0.703	0.793	0.720	0.755	0.726	0.759	0.570	0.697	0.682	0.747
监测值	31	32	33	34	35	36	37	38	39	40
关联度	0.729	0.680	0.529	0.601	0.711	0.567	0.616	0.668	0.693	0.563
监测值	41	42	43	44	45	46	47	48	49	50
关联度	0.517	0.755	0.535	0.681	0.736	0.601	0.504	0.721	0.748	0.813
监测值	51	52	53	54	55	56	57	58	59	60
关联度	0.957	0.821	0.488	0.524	0.705	0.655	0.700	0.730	0.816	0.779
监测值	61	62	63	64	65	66	67	68		
关联度	0.700	0.837	0.752	0.632	0.811	0.694	0.546	0.646		

（2）相似关系矩阵的建立

1）差异系数及差异矩阵

由关联度集 γ，可得出比较序列中 m 个监测数据间的 m 阶关联度差异矩阵 E，

$$E=\begin{pmatrix} e_{11} & e_{12} & \cdots & e_{1m} \\ e_{21} & e_{22} & \cdots & e_{2m} \\ \vdots & \vdots & \ddots & \vdots \\ e_{m1} & e_{m2} & \cdots & e_{mm} \end{pmatrix}$$

其中，e_{ij} 表示监测数据 i 相对于监测数据 j 的差异系数，

$$e_{ij}=\frac{|\gamma_i-\gamma_j|}{\gamma_j}$$

2）差异距离及差异距离矩阵

$$D=\begin{pmatrix} d_{11} & d_{12} & \cdots & d_{1m} \\ d_{21} & d_{22} & \cdots & d_{2m} \\ \vdots & \vdots & \ddots & \vdots \\ d_{m1} & d_{m2} & \cdots & d_{mm} \end{pmatrix}$$

其中，d_{ij} 为差异距离，

$$d_{ij}=e_{ij}+e_{ji}$$

3）灰色相似关系矩阵

$$R=\begin{pmatrix} r_{11} & r_{12} & \cdots & r_{1m} \\ r_{21} & r_{22} & \cdots & r_{2m} \\ \vdots & \vdots & \ddots & \vdots \\ r_{m1} & r_{m2} & \cdots & r_{mm} \end{pmatrix}$$

其中，

$$r_{ij}=1-\frac{d_{ij}}{\max(D)}$$

（3）聚类分析

在得出灰色相似关系矩阵之后，可以利用最大树法进行聚类分析，具体分析结果如表 6-18 所示：

表 6–18　最大树法进行聚类分析展示

状态分类	监测样本编号	预警等级
危险状态	51	红色预警
较危险状态	1，5，7，16，17，18，19，22，24，26，30.42，49，50.52，59，60.62，63，65	橙色预警
较安全状态	2，3，4，6，8，9，10.11，12，13，14，15，20.21，23，25，27，28，29，31，32，33，34，35，36，37，38，39，40.41，43，44，45，46，47，48，54，55，56，57，58，61，64，66，67，68	黄色预警
安全状态	53	绿色预警

2. 基于 BP 神经网络的前兆信息安全状态预警模型

（1）BP 神经网络

人工神经网络是对人脑神经网络功能的高度模拟和简化。由于它在信息抽取、数据处理及学习记忆能力方面展现出的优点，已经在信息处理、数据模拟、智能监控及系统建模等领域得到了越来越多的应用。

BP 神经网络是人工神经网络中的一种应用最广泛的模型，全称是反向传播模型。它是一种多层感知器结构，由多层神经元组成，一般包括一个输入层、一个输出层及一个或多个隐含层。BP 算法的学习过程由信号的正向传播和误差的反向传播两个过程组成。基坑综合安全状态受多个前兆信息的影响，因此模拟的是一个非线性过程，此时采用 BP 神经网络模型进行预测效果较好。一个标准的三层 BP 神经网络，理论上已经可以达到很好的非线性模拟效果。本书借助 MATLAB 中的神经网络工具箱进行网络设计，达到训练及预测的目的。MATLAB 是一款高性能的可视化数值计算软件，编程效率高、使用方便、扩充能力强，具有高效的运算和可视化图形输出功能。利用 MATLAB 软件自带的神经网络工具构造出典型神经网络激活函数，用户只需要对所需的激活函数进行调用即可。

（2）预警训练及模拟预测

运用 MATLAB 进行预警训练及模拟预测步骤如下：

1）确定训练样本及模拟样本

将前原始监测数据与预警状态相结合，形成训练及模拟样本。其中 4 类预警类别，危险状态、较危险状态、较安全状态、安全状态分别对应 1、2、3、4 四个数字，方便模拟运算。对于 68 组监测数据样本，前 60 组监测数据作为训练样本，后 8 组作为预测对比样本。

2）参数设计

输入层设计：本次训练将 4 个地表沉降点、2 个管线沉降、2 个水位监测点这 8 个变量作为输入对象，输入层含有 8 个神经元。选取 60 组数据作为分析训练样本。输出层设计：将预警类别这一变量作为输出对象，因此输出层含有 1 个神经元。选取 8 组数据作为预测对比样本。

隐含层设计：考虑到精度和运算速度最佳状态等因素的制衡影响，隐含层数选取了 1 层。一般来说，隐含层神经元数越少，精度越低，容错性越差；但如果隐含层神经元数过多，会造成网络模型泛化能力降低，导致训练过度。因此，需要确定合理的隐含层神经元数。由于目前还没有统一的公式来确定隐含层神经元数，因此，模型将神经元数定在 15~20 个范围内，并通过实际试算来确定合理的隐含层神经元数。

3）主要代码

训练数据：

```
data_p=data( 1:60.2:9 );
data_t=data( 1:60.end );
data_k=data( 61:end, 2:9 );
outtest=data( 61:end, end );
p-data, p’;
t=data_t’;
[po, minp, maxp, tn.mint, maxt]=prennmx( p, );
k=data_k’;
kn=trumnmx( k.minp, maxp )
```

建立网络及参数设置：

```
S1=20 ;
net=newff( minmax( pn ), [S1, 1].( ‘tansig’,’ purelin’ ));
inputWeights=net.IW{1.1} ;
inputbias=net.b{1 );
layerWeights=net.IW( 2.1 );
```

```
layerbias=net.b( 2 ) ;
net.trainParam.show=50 ;
net, trainParam.Ir=0.1 ;
net, trainParam.me=0.9 ;
net.trainParam.epochs 一 2000 ;
net, trainParam.goal-le-20 ;
```

训练模型：

```
[net, ur] 一 train( net, pn, tn ) ;
nihe 一 sim( net, pn ) ;
nihe2=postmnmx( mihe, mint, maxt ) ;
figure( 1 )
plot( 1, length( data_, ), data t, 'r-.', 1, length( data.t ), nihe2, "b- )
xlabel( '样本 )
ylabel( '期望输出 )
title( '神经网络训练对比图 )
legend( '真实值',' 预测值 )
grid on
```

预测：

```
s._bp=simn( net, kn ) ;
s._bp2=postmnmx( s_bp, mint.max ) ;
%disp( '预测值为 )
%s.bp2
load bp2.mat
sdd=round( s._bp2 ) ↓
ts=data( 60+1 ; end, 10 )' ;
disp( '真实类别 )
t
disp( '预测类别 )
dss=sdd-ts ;
x=length( find( dss==0 ))/length( s_bp2 )*100 ;
disp( '准确率 % )
```

4）结果分析

经过多次训练，当隐含层神经元数量在 20 时预测效果最好，样本模型设计最大迭代次数为 2000，目标精度为 1×10^{-20}，共进行了 11 次迭代，最终精度达到 2.2×10^{-17}。

最终 8 组测试样本模拟情况如表 6-19 所示。

表 6-19　神经网络测试样本模拟结果对比

真实类别								
ts=	3	2	2	3	2	3	3	3
预测类别								
Sdd=	3	2	3	3	2	3	3	3
准确率								
Zql=	875000							

计算数据显示，预测精度达到 87.5%，预测效果良好。

第二节　地铁施工安全风险预警系统设计与实现

一、预警系统的设计

信息技术的发展，特别是地理信息系统与遥感技术的飞速发展，使我们在预警研究过程中多了重要的手段和工具。地理信息系统（GIS）是 20 世纪 60 年代初由 Tomlinson，Marble 和 Calkins 提出的，它是管理空间数据的计算机软件系统，具有强大的空间信息管理与分析功能。一个完整的 GIS 主要由计算机硬件系统、计算机软件系统、地理数据（或空间数据）和系统管理操作人员四个部分构成。在系统中，空间位置参考信息负责定位，非空间位置信息用来存储各类信息描述。目前，地理信息系统广泛地应用于资源调查、环境评估、交通运输、土地资源管理等很多领域，已经成为一个跨学科、多方面的研究领域。

（一）GIS 集成二次开发

利用组件式 GIS，可以实现对 GIS 的集成二次开发。组件式 GIS 是指基于组件对象平台，以一组具有某种标准通信接口的，允许跨语言应用的组件形式提供的 GIS，GIS 组件，可以被看成小软件，它把 GIS 的各大功能模块划分为几个控件，每个控件完成不同的功能。各个 GIS 控件之间，以及 GIS 控件与其他非 GIS 控件之间，可以方便地通过可视化的软件开发工具集成起来，形成最终的 GIS 应用。

本书将以 Microsoft Visual Studio 作为软件开发平台，结合针对 Visual Studio 的 ArcGIS 二次开发组件，来实现包含地理信息系统的预警系统的创建。

（二）系统开发运行环境及需求分析

1. 开发环境

操作系统：Windows 8

软件平台：ArcGIS10 组件，Microsoft Visual Studio 2010

编程语言：Visual Basic

2. 预警系统需求分析

系统需求分析是通过对系统所要达到的效果进行系统功能设计。本书设计的事故预警系统应满足以下功能需求：

（1）数据存储

地铁建设项目从勘察设计阶段开始就形成了大量的数据资料，施工阶段也产生了大量的监测数据。这些数据来源不同，数据形式较多，管理起来有诸多不便。如果将各类数据集中存储在系统中，则将大幅提高数据管理效率，为预警提供更全面的依据。

本书提出的预警系统主要实现以下几个方面的数据存储：勘察设计文件图纸，工程基本信息，地理信息，人员、材料、机械基本信息，现场监测数据，工程事故案例，应急预案技术支持数据。

（2）数据处理

预警系统中最重要的部分就是对监测数据的处理操作，以此完成现场施工安全状态的实时预警。因此要求系统能够具备数据的上传、管理、保存、查询、修改和分析功能，同时能够对预警结果进行响应和发布，方便管理人员及时采取措施。

（3）人机交互界面

对于预警系统的用户来说，即使对专业规范知识和编程数据库知识了解不深，也能够通过良好的人机交互界面和简易的操作实现管理工作，这是预警系统希望达到的最理想效果。

（三）预警系统总体设计及功能模块设计

1. 总体设计及其原则

基于 GIS 的地铁施工坍塌事故预警系统是一种综合的大型安全管理系统，设计时要求在结构上科学合理、功能上能够充分满足用户需求。根据地铁施工坍塌事故预警系统的特点，在设计时主要应遵循以下原则。

（1）科学合理原则：系统在结构上科学合理。以先进的 GIS 技术为起点，融数据库、地理信息技术等技术方法为一体，集成管理地铁施工安全所涉及的空间数据和信息资料，构成全面合理的管理系统。

（2）实用性原则：实用性是施工坍塌事故预警系统建设的基本原则。保证系统实用，满足用户对施工坍塌事故预警管理的要求。

（3）易操作原则：实现基于电脑终端的运行平台，突出人性化的用户界面设计，界面表达形象、直观，同时尽可能简化操作步骤。

（4）可扩充性原则：考虑到地理信息系统的发展和计算机技术的进步，软硬件产品更新换代速度快，在系统设计中既要考虑系统的完整性，也要考虑系统的可扩充性。

2. 功能模块设计

根据上文中的系统需求分析，将地铁施工坍塌事故预警系统细分为几个功能模块。

（1）用户登录模块

用户登录模块的设计目的是维护系统安全，区分登录用户的使用权限，区分用户对可编辑信息和不可编辑的资料信息的修改权限，保证系统数据的稳定。系统可以设置管理员和普通用户两种登录状态。

（2）图形编辑模块

图形编辑模块主要负责修改空间要素符号，而属性数据的编辑可以实现对空间要素属性和空间要素集属性的修改，并提供对空间数据库的简单操作，实现对图形数据的编辑。图层编辑模块主要用于控制窗口中各个图层的可视状态，以及各个图层位置的相互调整。

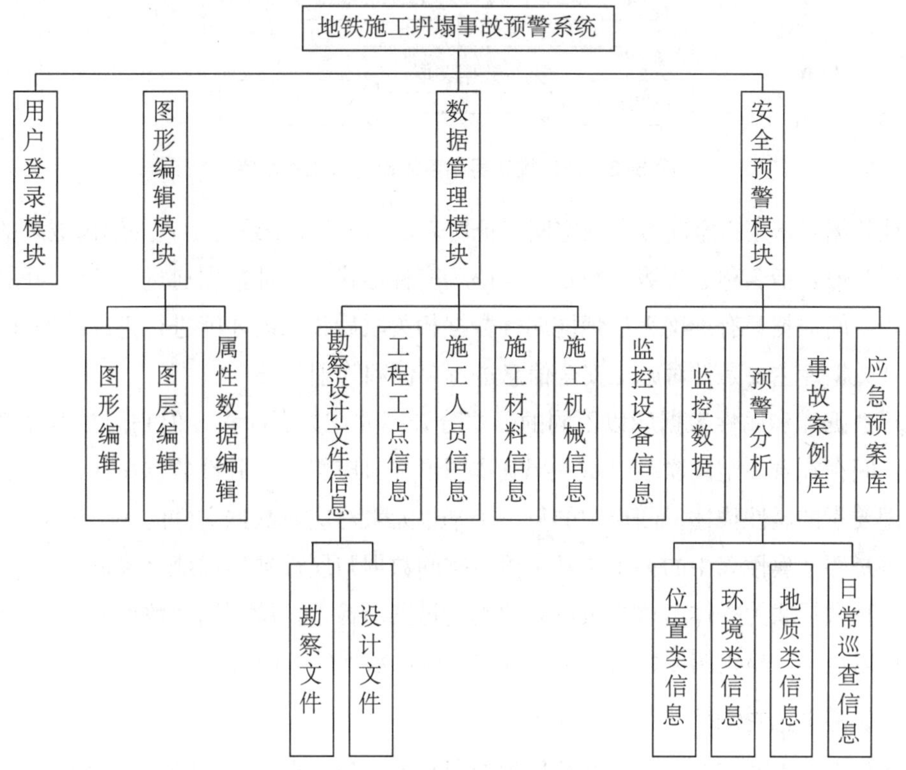

图 6–1　地铁施工坍塌事故预警系统

（3）数据管理模块

信息管理模块包括对勘察设计文件信息的管理、对工程信息及工点信息的管理、对施工人员、材料、机械基本情况的管理。

（4）安全预警模块

安全预警模块包括对预警监控设备的管理、监控数据的存储、预警分析，还包括应急预案库、事故案例库。应急预案库、事故案例库可以作为预警分析结果的补充信息，为管理者提供处理相应问题的参考措施。

本书主要针对预警系统中的安全预警模块进行研究，并实现其部分功能。

二、预警系统数据库的设计

要建立数据库，必须先确定数据库中要保存的信息内容，然后设计数据库。建立由字段组成的表，字段中定义要存储的数据的类型，表与表之间通过字段连接建立逻辑关系。建立好数据库结构后，就能在数据库中存储数据。

地理信息系统中的数据主要分为两大类，一类是与空间位置、空间关系有关的数据，称为空间数据：一类是非空间的属性信息，称为属性数据。它们之间的关系如下图所示。利用关系数据库或对象关系数据库，可以使空间数据库与属性数据库实现一体化集成。

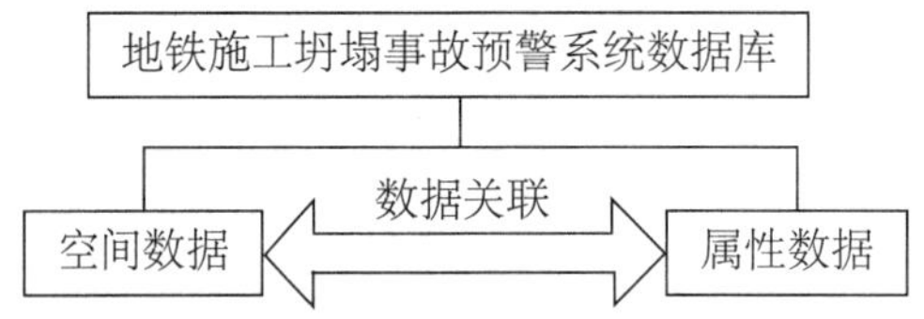

图 6-2　地铁施工坍塌事故预警系统数据库

属性数据是指定义空间数据或空间特征所表示的内容，是系统运行并输出成果的依据。属性数据一般包括名称、等级、数量、代码等多种形式。属性数据通过关键码与图形数据相关联。空间数据只有准确无误地同属性数据相关联后，系统才能进行正确的处理。本系统中属性数据库主要是针对施工安全信息进行存储和管理。

图形数据库和属性数据库以不同的形式分开存放在数据库中，但它们并不是孤立的，它们彼此间存在着一定的联系。每一幅基本图形都对应着一个属性数据文件，用以完成对图层地理要素的属性描述；图形中的每一个基本元素对应着数据文件的一个记录，图形单元标识码是要素属性表中的一个关键字段。空间数据与属性数据以此字段形成关联，这种关联使两种数据联为一体。这样可以方便地通过图形检索，调用属性数据，同样，由属性数据也可以显示、检查图形，实现空间数据与属性数据的双向查询。

（一）空间数据库

空间数据库主要存储具有拓扑结构的图形数据，包括点要素、线要素、面要素及文字标注等。根据地铁车站施工现场的一般布置安排，本系统中的空间数据库建设主要包括的图层有：基础地图、施工场地、基坑进出口、周边建筑物、施工人员、管理人员、建筑材料、塔吊、其他机械、监控设备、裂缝、危险点、危险区域。

ArcGIS 内置 3 种数据库，包括个人数据库（Personal GeoDatabase）、文件数据库（File GeoDatabase）和企业级数据库（ArcSDE GeoDatabase），3 种数据库在数据容量、存储格式和系统兼容性方面存在差异。考虑个人数据库已经能满足本系统的要求，故选用个人数据库进行空间数据库构建。ArcGIS 的个人数据库本质上是一个 Microsoft Access 数据库。首先在 ArcGIS 桌面软件 ArcCatalog 的目录树中，创建一个新的 GeoDatabase 数据库，并命名为地铁车站施工现场数据库。

然后，在新建的施工现场数据库中创建一个要素数据集，将其命名为“地铁车站施工现场”。

为了使各种来源的数据在同一张地理基础图形上反映出它们的地理位置与地理关系特征，需要选择统一的地理坐标。地铁施工安全实时预警系统中分别选用 GCS WGS 1984 和 x/Yellow Sea 1985 作为大地坐标系统和高程系统。

接着，在要素数据集地铁车站施工现场中，分别创建各个要素类，包括点要素、线要素和面要素，依次添加各要素及其他要素集，完成空间数据库的构建。

（二）属性数据库的设计

属性数据库主要涉及现场人员、施工材料、施工机械、现场环境、现场地质和监控设备六方面信息。

属性数据相当于是对空间实体的详细描述，通过在个人数据库中建立对象类表，以存储地铁工程施工现场各个空间实体的属性信息。因此，在地铁施工安全实时预警系统中总共设计了 24 张表格以存储相关属性信息，在此不再一一列出。

三、预警系统的实现一以南京某地铁车站基坑施工现场预警系统为例

（一）南京某地铁车站基坑施工现场简介

南京地铁 4 号线一期工程 X X 站位于南京市北京西路与虎踞路交叉口，沿北京西路东西方向布置，为地下三层岛式站台车站，地下一层为站厅层，地下二层为设备层，地下三层为站台层，车站西侧设有联络线。车站外包尺寸为 256.410 m（长），标准段总宽 26.7 m，联络线处最大宽度处约 32.9 m。车站按平坡车站设计。4 号线草场门站与规划 7 号线草场门站（地下二层车站）采用“T”型换乘方式。车站共 4 个出入口及 2 组风亭，其中 3 号出入口及 2 号风亭合建。

主体围护结构采用地下连续墙，端头井地下连续墙深度 41 m 和 41.5 m，墙厚为 1 m，标准段墙深 37 m 和 37.5 m，墙厚均为 1 m，换乘段地下连续墙深度为 50 m，墙厚为 1.2 m，接头采用 H 型钢接头。

（二）南京某地铁车站施工现场预警系统总体设计

预警系统主要开发的模块包括用户登录模块、图形编辑模块、数据管理模块和安全预警模块。其中，图形编辑模块，主要通过调用 ArcGIS Engine 所提供的各种控件来实现；数据管理模块，主要在 GeoDatabase 数据库中定义好相应的数据变量并存储，然后通过调用 ArcGISEngine 控件来实现数据查询与编辑；安全预警模块将结合神经网络训练模型，对调取的实时监测数据进行模拟预测，以达到预警的功能。

四、城市轨道交通 ATC 控制系统

（一）固定闭塞式 ATC 系统（基于轨道电路）

基于轨道电路的 ATC 系统，包括基于模拟轨道电路和数字编码轨道电路的 ATC 系统，在城市轨道交通中得到大量使用，尤其是后者。本部分主要以西门子基于 FTGS 数字音频轨道电路的 ATC 系统作为准移动闭塞 ATC 系统的典型代表加以介绍。

1. 系统结构与功能

基于 FTGS 数字音频轨道电路的 ATC 系统是德国西门子公司的 LZB700M 设备，该设备由车载设备和轨旁设备组成。轨旁设备由 ATP 轨旁单元、FTGS 数字音频轨道电路、同步定位单元和 PTI 轨旁单元组成。车载设备有 ATP 车载单元、ATO/PTI 车载单元和司机人机接口 mmI。

ATP 子系统的主要任务是：速度监测、列车安全间隔、紧急制动、来往车辆方向监测、静止状态的监测、车门的释放、强制性限速、确保列车操作过程中的故障安全。

ATO 子系统的主要任务是：自动驾驶模式、列车速度控制、列车目标制动、车门的开启与闭合、根据时间表（滑行和巡行）产生节能的速度曲线，确保所要求的车载操作。

PTI 子系统的主要任务是：负责运行监督、控制及管理。PTI 把现行的时间表告诉 ATO，监视运行的过程并对时间偏离作出反应，并控制旅客信息系统。

2.FTGS 数字音频轨道电路

FTGS 数字音频轨道电路，用电气绝缘技术把轨道线路分割为多个区段，检查和监督这些轨道区段是否空闲，将空闲 / 占用信息传给联锁系统，并且传送 ATP 产生的报文信息到列车上。它广泛应用于世界各地的正线铁路和城市轨道。

为了防止相邻区段之间串频，使用了不同中心频率和不同位模式进行区分。对于某一轨道区段来说，只有收到与本区段相同的频率与位模式的信息才被响应。中心频率是位模式的载波，位模式是调制信号。FTGS-917 型轨道电路的空闲检测过程可分为三步：

（1）幅值计算：检测接收回来的电压。

（2）调制检验：检测接收回来的电压的中心频率是否正确。

（3）编码检验：检测接收回来的电压所带的位模式是否正确。

首先，接收器对幅值进行计算，当接收器计算到所接收的轨道电压幅值足够高，并且调制器鉴别到发送的编码调制是正确的时，接收器发送一个“轨道空闲”信号，这时轨道继电器吸起表示“轨道区段空闲”；其次，当车辆进入某区段时，由于车辆轮对的分路作用，造成该区段短路，使接收端的接收电压减小，轨道继电器达不到相应的响应值而落下，进而发出一个“轨道占用”信号，迎着列车方向发送 ATP 报文。

3. 列车自动防护子系统（ATP 子系统）

LZB700M 是信号系统中用于列车自动防护（ATP）和列车自动运行（ATO）的一个

功能强大的子系统。LZB700M 中的两个子系统结合在一起，用于增加铁路系统的安全性、有效性和成本效率。

（1）ATP 子系统组成

西门子 LZB700M 设备由车载设备和轨旁设备组成。

1）ATP 轨旁设备。ATP 轨旁设备由 ATP 轨旁单元、FTG S 数字音频轨道电路、同步定位单元（同步环线）和 PTI 轨旁单元组成。ATP 轨旁单元是 LZB700M 系统同整个列车防护系统其他要素的主要接口。

2）ATP 车载设备。LZB 的 ATP 轨旁设备通过钢轨连续不断地向 ATP 车载设备传送列车运行指令。它由下列部分组成，由 ATP 和 ATO 车载单元共享。

① ATP 车载单元：使列车遵照列车移动许可运行，以保证行车安全。违反移动许可可引起 ATP 车载单元执行紧急制动，并使列车停稳。这些操作是同安全密切相关的，同时 ATP 车载单元必须要求故障导向安全，为 2 取 2 配置，它和 ATO 车载单元一起安装在机柜内。ATP 功能应用软件采用 PASCAL 语言编写，并在西门子 COSPAS 实时操作系统下运行。

② ATP 天线（每个驾驶舱两个）：安装在列车下部、行车轨道上方，每组天线位于第一轮对的前方，它们能感应到轨道里音频轨道电路电流的信号和 SYN 环线的电流。列车的两端驾驶室各装备有一对天线，只有司机驾驶室在使用时 ATP 天线才会被选用。

③测速电机（OPG，每辆列车安装两个）：为 ATP 功能提供输入，ATP 完成同列车安全运行相关的速度、距离和方向信息的计算。两种 P16 型测速电机固定安装在列车两侧两个不同的车轴的轴承上，它能降低共模故障的风险性。每个测速电机包含一个齿轮，它被固定安装在车轴上，并与车轮一同旋转。车轮上的 16 个齿轮移动经过两个传感器，每个传感器含有一个振荡器，它的频率由谐振电路确定。振荡器产生 45.5 kHz 和 60.5 kHz 载频，但是齿轮同传感器的接近会引起谐振电路的失调及振荡器的调制。列车车轮的旋转引起两个载波周期的调制，它被传送至 ATP 车载单元进行评估。两个传感器相对于车轮上的齿交错排列。根据齿轮旋转方向，一个载波调制出现比其他稍微早些或稍微晚些。这样就可以判定转动的方向。

④服务 / 自诊断：在 ATP 车载设备的运行阶段，服务 / 诊断接口提供了信息处理记录设备：它还允许安全数据输入至 ATP 车载单元（例如：车轮轮径和制动曲线）。数据可通过诊断接口传送至诊断 PC 机里，或从诊断 PC 机输入。诊断接口由安装在 ATP 车载设备的信号分配器的连接器组成，为双向 RS232 串行接口。

（2）ATP 子系统功能

ATP 按照 ATS 功能建立的要求，在联锁限制范围内控制列车移动。ATP 子系统功能如下：

ATP 轨旁功能：负责列车安全间隔和生成报文。

列车检测功能：负责根据各轨道区段的“空闲”或“占用”情况，检测列车的位置。

ATP 传输功能:负责发出感应式报文信号，包括报文和 ATP 车载设备所需的其他数据。

ATP 车载功能：负责列车安全运行、自动驾驶并提供信号系统和司机间的接口。

1)ATP 轨旁功能。ATP 轨旁功能负责完成对列车安全移动授权许可的发布和报文的准备，这些报文包括安全、非安全和信号信息等，完成下列功能：

①列车安全间隔(TS)功能:负责保持列车之间的最小安全距离,还负责发出移动许可。只有在进路设定后，联锁功能中才准许发出列车运行许可。应该注意在前方列车仍在进路的情况下，可为后继列车重新排列进路。

②报文产生（TG）功能：完成整理数据、准备和格式化传送到 ATP 车载设备的报文，并决定在音频轨道电路中传输的方向。从各种其他 ATP 轨旁功能里接收到请求，然后生成列车报文，并负责把报文传送给各轨道区段。另外，如果需要 TG 功能负责生成信号，用以控制在相应音频轨道电路中的传输方向。

报文由变量和包含在各变量中的数据结合而成，报文的长度和内容会随环境状态的不同而变化，每个变量由下列三个来源编辑而成：编入 ATP 轨旁单元的固定数据，包括速度限制；可依据进路排列和轨道区段占用等状态，从有限的预设选项中选择的可转换数据；ATS 功能的可变数据，如果没有该可变数据，可使用编入到 ATP 轨旁单元的默认值。

列车进入一段轨道区段后，立刻会生成一连串专门报文。除其他信息以外，报文还提供列车进入该区段的时间。这个信息对距离同步是必需的。这些报文由“物理空闲”到“物理占用”的状态变化而引发（不是由“逻辑空闲”到“逻辑占用”的状态变化引发），并持续数秒时间。考虑到安全原因，报文产生功能不会将“物理空闲”和“物理占用”状态用于其他任何目的。

报文产生功能的输入有来自列车安全间隔功能的移动许可信息：ATS 功能中的折返命令、停车取消命令和旅行时间命令；进路、保护区段、轨道区段和道岔的状态：从联锁功能准许 ATP 功能同意运动许可进入进路。报文产生功能的输出有至 ATP 传输功能中的格式化报文和正确传输方向的选定。

2）列车检测功能。由音频轨道电路完成，它根据各轨道区段的“空闲”或“占用”情况来提供有关列车位置的信息。这个决定是由各音频轨道电路设备完成的，它基于本区段内音频轨道电路信号电气测量的结果。区段的状态称为“物理空闲”或“物理占用”，此过程不考虑相邻轨道电路的状态。

列车检测功能没有输入，其输出有：

①用于联锁功能的“物理空闲”或“物理占用”；出于安全原因，这个信息在使用之前须经再处理转化为“逻辑占用 / 逻辑空闲”。

②用于 ATP 轨旁功能的“物理空闲”或“物理占用”,这个信息唯一使用在距离同步中。

③用于列车检测功能的数字音频轨道电路，它也同时作为向列车传输报文的媒体。

3)ATP 传输功能。负责发送 ATP 车载功能要求的感应信号。这些信号含两类信息：报文数据和本地同步所需的定位信息。当音频轨道电路显示轨道区段（物理）占用时，二进制编码顺序为 ATP 报文产生功能生成相应的报文。对于每个占用的音频轨道电路产生单独的报文及因此构成的不同感应信号。

就地对车传输而言，音频轨道电路电流必须由轨道区段末端的铁轨，迎着列车运行的方向注入。对双向运行的线路，送电点及传输方向必须根据列车的运行方向转换。转换传输方向所需的信号由 ATP 轨旁功能中的报文发生功能发出。

ATP 传输功能的输入：来自 ATP 轨旁功能的要传输的报文和相应选择传输方向的控制信号。

ATP 传输功能的输出：感应信号沿着整个轨道区段连续地传输信息：信号利用钢轨作为传输天线，以合适的传输方向发出，且只包括报文数据；感应信号利用 SYN 环线作为传输天线传输间隙的信号，这个信号提供本地再同步的精确位置信息。

这些感应信号共享一个共同的传输媒体（即轨道同列车之间的间隙），因此它形成了一个在 ATP 车载设备内接收的单一信号组合。

（二）准移动闭塞式 ATC 系统（基于报文式数字化轨道电路）

1. 准移动闭塞式 ATC 系统

此种 ATC 系统也对运行线路的闭塞区间进行了划分，此种类型的系统应用了数字无绝缘轨道电流技术和无线通信技术，这两种技术的应用向列车控制室传回了列车速度和立车距离、线路等多种运行路段信息，后一列列车将前一列列车占用的闭塞区间作为自己的追踪目标，列车在调整列车间距时需要以列车运行速度和列车运行距离的变化曲线作为依据，而该变化曲线是以列车的性能、列车和地面之间数据的传输及列车运行线路为依据，列车通过调整立车间距来实现对该线路上列车的连续控制。此种 ATC 系统控制的列车最小行车间距较短，并且列车的区间通过能力、列车的控制精度、运行效率较高，而且由于控制精度较高，列车在运行的过程中不需要频繁地进行牵引刹车，降低了列车运行的能耗，提高了乘客的乘车舒适性，也降低了列车司机的工作难度。

2. 移动闭塞式 ATC 系统的选择

根据调查，目前我国的城市轨道交通中移动闭塞式 ATC 系统具有较大的可行性，并且初步设计方案论证也能够通过，在未来的 ATC 系统发展中必将以移动闭塞式 ATC 系统作为主要发展方向，但是移动闭塞式 ATC 系统的行车组织方式比较复杂。

城市轨道车站站点的间距较小，在运行高峰期立车在区间运行的时间短于列车间的行车间隔，该路段上列车的全线通过能力取决于列车车站站点的列车通行能力，因此，移动闭塞式 ATC 系统的列车运行效果较好。移动闭塞设备的列车需要以较低速度通过转化轨，并且需要认真筛选非移动闭塞装备，让列车转化为移动闭塞驾驶模式，并且以该模式进入正线运行，但是此种操作极大地降低了车辆的出入段能力，增加了工程路段的实施难度。

一旦移动闭塞式的 ATC 列车在发生了车—地通信设备故障时，必须采取降级使用的措施，将立车转化为点式车—地通信的驾驶模式进行列车运行，此外，如果降级使用的列车在与以正常运行模式下的列车混跑时，加大了行车组织的复杂性，线路上的列车通过能力大大降低，进而抑制了整个线路的列车运行效率。

根据调查，我国目前的城市轨道移动闭塞式 ATC 系统大多使用了无线通信技术，并且通过同步感应环线漏泄电缆及无限自由波等多种设备进行车—地数据的双向传输，这就减少了轨旁通信设备的数量，整个轨道投资大大降低，列车轨旁设备的维护成本也大大降低。牵引回流不会对无线数据的传输工作产生干扰，并且列车大多采用了数据加密技术，进一步提高了列车数据传输工作的安全性、稳定性。

3. 移动闭塞式 ATC 系统的体会和建议

首先，国家有关部门颁布了相关行业指导意见，该意见对城市轨道交通建设工作具有一定的指导意义，在轨道交通建设工作中实施总承包具有责任明确、简化建设程序的优点，而且应该避免出现不同施工单位承担轨道交通的施工、安装、调试工作的情况，能够最大限度地避免轨道交通的各个环节出现脱节制约的问题；还能够对轨道交通的质量和工期进行控制，提高了建设进度、建设质量。

其次，需要采取措施完善移动闭塞式 ATC 系统的初步设计方案，根据调查，我国目前的轨道交通设计单位所承担的轨道交通移动闭塞式 ATC 系统初步设计工作，项目可行性研究及轨道交通总体设计方案大致相同，建议设计人员以地铁运营的模式为依据，进行设计依据和设计实验数据等设计资料的补充。

最后，应该保证 ATC 系统集成设计开展的同时进行土建工程设计，立车的平均运行速度、最小列车运行间隔等指标的控制应该与土建工作、线路条件、车辆性能同时进行，提高轨道交通的运行质量。移动闭塞式 ATC 系统运营指标的确定应该以此路段列车的运行速度和列车间最小间隔时间为依据，个人建议在进行移动闭塞式 ATC 系统的设计工作时将列车的站点停靠时间、站点准确到达率及工程节能效果、乘客的列车乘坐舒适度等因素考虑在内，最大限度地保证轨道交通的设计、施工质量。

（三）基于车—地通信的移动闭塞式 ATC 系统（CBTC 系统）

车—地信息传输是城市轨道交通控制系统的关键技术，主要的信息传输技术有以下几种：

基于环线传输的列车运行控制系统。在两轨间敷设交叉型感应环线，环线每隔 25 m 或 50 m 交叉 1 次。它可以用于列车定位，也可作为列车与地面之间的双向数据通信媒体。

基于无线自由波传输的列车运行控制系统。目前在列车运行控制系统中，采用基于 IEEE 802.11 系列标准的 WLAN 无线网络作为地—车信息传输的媒介；无线局域网（WLAN）是无线网络领域的一种重要的分支。

基于波导管传输的列车运行控制系统。当地面控制中心发射出的电磁波沿波导管传输时，在波导管内传输的电磁波从一定位置的波导管槽孔辐射到周围空间，在其外部产生漏泄电场，列车从中获取信息能量，从而实现与地面的通信。同样，列车发出的电磁波，在波导管外部产生漏泄电场，也会耦合到波导管中，实现与控制中心通信。

1. 基于环线传输的列车运行控制方式

感应环线数据通信系统是车辆控制中心（VCC）和车载控制器（VOBC）之间交换信息的媒介，通过它 VOBC 向 VCC 提供列车的位置信息，通过 SDH 网由车站控制器（STC）向 VCC 提供道岔、计轴等线路信息。

（1）通信原理

VCC 接收到从感应环线传输上来的列车位置等相关信息后，进行数据转换及处理后传输给系统管理中心（SMC），SMC 根据运行图中匹配的信息向 VCC 发出进路请求，VCC 通过车站控制器控制轨旁设备，并接收由车站控制器反馈回来的轨旁设备状态信息。

VCC 在确认进路锁闭、道岔锁好等安全条件下，通过感应环线向 VOBC 发送移动授权、目标点、推荐速度等；VCC 向所有感应环线广播各列车的控制信息，当列车行驶到某一环线上时，会根据令牌信息选择接收本列车的控制信息。

（2）感应环线至 VCC 数据通信流程

感应环线接收到 VOBC 传输的列车位置信息后，在馈电设备柜进行数据耦合、阻抗匹配，及对数据信号调整进行监控。馈电设备对感应环线的监控，根据 VCC 发送的 36 kHz FSK 移频键控信号进行四分频，输出 9kHz 监视信号到馈电设备的监督继电器，用于检测感应环线的完整性。模块前面的指示灯可显示感应环线的状态。馈电设备进行最后的电流放大及变压器耦合，并将 36 kHz FSK 移频键控信号发送到感应环线上，通过调节馈电设备模块上的电感来平衡感应环线电流。

2. 漏泄同轴电缆传输方式

漏泄同轴电缆采用 2.4 GHz 的 ISM 频带。漏缆传输特性和衰减性能较好，传输距离较远，最大传输距离达到 600 m，且沿线无线场强覆盖均匀，呈现良好的方向性分布，抗干扰能力较强，适合在狭长的地下隧道内使用。可减少列车在各个 AP 之间的漫游和切换，提高无线传输的连续性和可靠性。

漏泄同轴电缆可以根据现场条件安装在隧道侧墙（仅适用于全地下线路）或隧道顶部（仅适用于全地下线路，且三轨供电），其与列车车载天线的安装位置基本对应。漏泄同轴电缆在地面和高架线路安装比较困难，且美观效果较差。正因为如此，Alstom 公司等可以实现漏泄同轴电缆与无线电台混合组网，即在地下线路部分采用漏泄同轴电缆覆盖，地面及高架线路部分采用无线电台覆盖。

漏缆特性如下：

（1）可选用 200 MHz~2.4 GHz 的任意频段，沿线贯通敷设，场强覆盖效果均匀。

（2）一般采用地面应答器和车载测速设备确定列车位置。

（3）漏泄电缆可提供较宽的带宽。

（4）每个轨旁控制单元采用 2 芯单模光纤和 2 芯电源电缆与室内主控制单元相连接，每个轨旁控制单元在隧道内一般可控制 300 m 的漏泄电缆。

（5）漏缆方式传输速率高，传输衰耗较小，但漏缆价格较贵，工程投资较大。

（6）轨旁设备较多，漏缆敷设、维修工作量大。

（7）需满足漏缆敷设安装要求。

（8）系统在不断地开发、完善、定型中，有开通使用经验。

3. 裂缝波导管传输方式

目前采用裂缝波导管无线传输的信号系统供货商有 Alstom 公司，其已经在新加坡东北线及国内的北京地铁 2 号线、机场线，深圳 2 号线首通段等多条线路中得到成功应用。

裂缝波导管采用的是一种长方形铝合金材料，在其表面每隔一段距离（约 6 cm）刻有 1 条 2 mm 宽、3 cm 长裂缝，能够让无线电波从此裂缝中向外漏泄出来，因其波导管物理特性和衰减性能很好，传输距离较远，最大传输距离可达到 1 600 m，且沿线无线场强覆盖均匀，并呈现良好的方向性分布，抗干扰能力较强。其具有漏泄同轴电缆的优点，适合在狭长的地下隧道内使用。传输距离要优于漏泄同轴电缆，减少列车在各个 AP 之间的漫游和切换，大大提高了无线传输的连续性和可靠性。

裂缝波导管可以根据现场条件安装在隧道底部钢轨旁（地下、地面、高架或混合线路均可），或隧道侧墙（仅适用于全地下线路），或隧道顶部（仅适用于全地下线路，且三轨供电）。

因裂缝波导管技术装备的安装位置受到现场制约，且必须与车载天线位置对应，因此，其安装精度要求也比较高。裂缝波导管特性如下：

（1）选用 2.4 GHz 频段，波导管沿线敷设，安装于线路的一侧。

（2）采用波导裂缝、地面应答器及车载测速设备等确定列车位置。

（3）微波波导系统具有较宽的带宽，不仅可传输车—地双向连续数据，还可传输音频和视频信号。传输衰耗小。但波导价格贵，工程投资相对大。

（4）每套车站通信设备可控制多个无线基站，每个无线基站又可控制多段约 800 m 的通信单元。

（5）波导传输方式衰耗小，且衰耗均匀，无反射波、邻频干扰、传输死区等情况。

（6）轨旁多采用无源、可靠、简单设备且车载、地面设备的工作状况可被通过的列车采集并传至控制中心集中监控，维修方便。

（7）设备构成相对复杂，维护工作量大。

（8）轨旁无线基站与波导管及车载设备与接收天线之间的距离都有严格要求，安装精度要求高。

（9）系统在不断地开发、完善、定型中，有一定的使用经验。

（四）基于车—车通信的移动闭塞式 ATC 系统（TACS 系统）

为实现城市轨道交通发展对信号系统更多更高的需求，需要信号系统更精细地管理轨旁资源，尽可能以去中心化的设计实现列车间协同控制、精简系统架构和信息流路径以提升系统的实时性、将车载控制和轨旁控制进行解耦以实现更好的兼容性和易部署性，这些正是新一代高效能 TACS 系统的基本技术特征。

1. 基本原理

TACS 系统是基于列车运行计划实现自主资源管理并进行主动间隔防护的列车运行控制系统。TACS 系统将传统信号系统中以进路方式实现的联锁功能升级为以列车为中心基于资源点的自主资源管理功能，将传统信号系统以轨旁为主进行列车间隔防护的闭塞功能升级为车车协同的主动间隔防护功能，这 2 个功能的基本原理及其与传统信号系统的差别如下：

（1）自主资源管理。TACS 车载信号子系统基于调度子系统下发的运行计划，根据当前位置生成列车的运行任务，自主计算对轨旁资源的需求，择机向轨旁资源管理子系统申请，获得分配后使用并尽快释放资源。调度系统向列车发出运动计划指令后，列车自主计算后向轨旁控制器申请资源，资源被分配后将再次提供给列车的车载使用，使用后车载释放资源。在资源管理的全过程中信息流采用单一路径。

对于传统信号系统，轨旁资源管理由联锁负责，调度系统将运行计划进行拆解并根据列车位置向轨旁联锁发出进路建立的命令，同时给列车发送列车运行任务的命令，命令分别通过 2 条路径进行传递。在这种资源管理方式中，以进路方式对列车运行所需多个资源进行打包，采用一次性分配进路并锁闭进路的方式，释放进路 / 区段解锁时可以根据列车位置按区段释放，资源的利用效率相对较低。另一方面，命令通过不同路径传递，由于网络延时或系统阻塞等因素，不可避免地存在列车运行任务和轨旁建立的进路方向不一致的情况，虽然没有安全问题但会导致运营秩序受到影响。

（2）主动间隔防护。TACS 车载信号子系统基于自身的运行任务和当前位置，主动与相邻列车交互信息，并根据交互信息自主更新移动授权，调整列车的运行状态。TACS 系统实现列车 A 与列车 B 之间信息的直接交互，增强了列车间隔防护的实时性。

对于传统信号系统，列车间隔防护系统由轨旁设备区域控制器完成，所有列车将自身的位置发送给区域控制器，由区域控制器在考虑列车位置不确定性及时延后形成列车包络，按此基础为各请求列车提供移动授权信息。相比于 TACS 系统基于车车协同的主动间隔防护方式，传统信号系统基于轨旁闭塞设备进行间隔防护的方法，降低了间隔防护的实时性，进而影响到列车追踪间隔。

2. 技术特征

TACS 系统技术至少包括安全平台优化（Powerful Plaform）、系统架构简化（Simple System）和资源管理细化（Refined Resource），这些特征分别从软硬件基础、系统设计和应用管理 3 个层面对 TACS 系统进行定义，以下分别从 P-S-R 三个维度加以阐述。

（1）安全平台优化（P）。优化的安全平台是整个系统的基石。以列车为中心的资源管理和间隔防护使大量的安全功能被分配到车载子系统，增加了车载的运算量，需要更加强劲的车载安全平台支撑，否则，TACS 系统分配的功能将无法实现或实现效率非常低，无法达到预期的目标。

（2）系统架构简化（S）。精简的系统架构是系统实时性、可靠性和经济性的保障。传统信号系统轨旁集中控制设备较多、数据流传输复杂、安全控制信息更新慢，导致系统运行效率受制约。TACS 系统精简了轨旁集中控制设备，缩短了数据流传输链的路径，实现了系统的扁平化。

（3）资源管理细化（R）。细化的资源管理是整个系统的灵魂。传统信号系统基于进路的管理方式，使线路和道岔资源被打包分配，资源的空间利用率低；间隔防护采用轨旁统一管理的方式，人为降低了信息的实时性，资源的时间利用率差。TACS 系统从时间和空间维度对资源进行精细化管理，并在强劲的安全平台和精简的系统架构支撑下，实现了系统性能的提升和功能的增强。

3 功能与性能分析

TACS 系统以其独有的技术特征，具有更好的功能与性能表现，在应对轨道交通发展带来的机遇和挑战方面也有着更多优势。

（1）更加精细地管理轨旁的线路和道岔资源，可以在同等线路配置条件下运行更多的列车，以缩短列车运行间隔的方式提升了资源在单位空间内的利用效率。更多的运行列车带来的运能增长，可以减少因此而需要建设的新线投资；同时列车运行间隔的缩短可让“小编组高密度”方式替代“长大编组”方式解决运能问题成为可能，进而可以缩短列车编组、减少站台的长度及由此产生的相关机电设备投入；更精细的资源管理还可使列车安全防护距离得以缩短，相应减少这部分的土建投资。因此更精细的资源管理对于既有线而言，可以有效提升线路的运能，对于线网规划和新线建设可以提升其经济性。

（2）去中心化的设计可以避免因单个设备故障对运营带来的大面积影响，提高了系统的可用性，降低了因系统故障对运营的影响。同时，去中以化的设计可使轨旁资源的集中化管理变为直接交易，降低了资源交易的成本，提升了资源在单位时间内的利用效率。TACS 系统以去中心化的车车通信（在此注意“车车通信”应理解为列车之间的直接信息交互，类似于 2 部手机之间的通话，并非“列车之间无线连接的直接建立”）实现了车车的协同控制，减少了因轨旁中转带来的时间损失。资源在单位时间内利用效率的提高，使列车追踪间隔更小，提升了系统的运能。TACS 系统通过列车之间位置和牵引制动状态的实时交互，有效地提高了能馈制动的利用率，降低了能耗指标，使轨道交通更加绿色节能。

（3）采用精简系统架构和信息流路径以提升系统的实时性，使系统的反应更加灵敏，列车紧急制动的触发时间可由 CBTC 标准中定义的 0.75s 缩短到 0.50s，更快地响应紧急情况，更加及时地触发安全防护；对于 ATO 系统而言，系统可实时地使列车旅行速度得到进一步提升，节约由此需购置的列车数、减少列车的空驶里程；系统架构的精简还可减少设备种类和数量，减少维护工作量，降低全寿命周期的运维成本。

（4）将车载控制和轨旁控制进行解耦的实现方式，使系统具有更好的兼容性和易部署性。传统系统和轨旁紧密关联，轨旁的延伸或不同类型列车的加入运行，需要进行全系统数据的更新，兼容性和易部署性差。轨旁和车载的解偶耦将有利于车载和轨旁的分开部署，同时结合去中心化的设计使线路延伸、增加不同类型的列车及系统的改造升级简单化、易于部署；解耦后系统更容易实现多种制式的融合，增加了系统的兼容性；解耦后的去中心化将方便系统未来根据需要朝着边缘计算或云化的方向演进，为未来更新一代信号系统迭代提供了条件。

4 现场验证

为验证 TACS 系统的实际功能和性能情况，2020 年 6 月 28 日在上海地铁 3/4 号线以宝山路为中心的区域，全国知名信号和运营专家、业主代表对 TACS 系统全自动无人驾驶模式下的主要功能和性能进行实际控车测试验证。多车无人驾驶模式（UTO）实测验证的结果表明，TACS 系统与既有系统现场实测数据相比，关键性能指标提升 27.03% 以上，与 CBTC 仿真结果比较，TACS 系统提升 19.75% 以上。现场实际功能测试也验证了 TACS 系统列车可以在任意站穿梭运行、在任意点折返掉头的功能，这些灵活的运行功能为更加高效地运营组织应对提供了条件。同时与会专家确认上海地铁 3/4 号线验证项目所采用的 TACS 系统是基于无线车车通信的列车自主运行系统，系统结构合理、设备配置简洁，已获得系统级独立第三方通用应用安全认证。

经中国科学院研究，该项目是首个在实际运营线路上实现高速动车测试的 TACS 系统，在安全多核车载控制器、资源精准管理、TACS 和 CBTC 共用硬件平台与既有系统的安全隔离等方面具有创新性，系统高效灵活，便于无扰升级和多制式混合运行。

第七章　地铁施工事故的预防对策

事故——工程建设中，可造成人员伤亡、环境影响、经济损失、工期延误和社会影响等损失的不利事件和灾害的统称。所谓风险即事故发生的概率（频率）及其损失的组合。做好地铁建设中风险的管理工作，将事故发生的概率及其损失降到最低点，即最有效地事故预防对策。施工期做好风险的管控是预防事故发生的根本所在。本章针对地铁工程施工中发生较频繁的事故提出一些具体的对策。

第一节　基坑开挖和隧道掘进中事故的预防

1. 基坑开挖和隧洞掘进前必须对设计阶段的勘察资料深入研讨，针对有疑问及不满足施工需要的部位进行补勘，尤其对存在岩层断裂带及设计布置有锚杆、锚索的部位和较大型压力水管、河流、水库的部位应着重补勘查明土层的实际特性及富水性，做好施工组织设计。

2. 基坑开挖和隧道掘进前，在设计交代的周围环境的基础上，进一步深入细致地对周围环境再调查。尤其对压力水管，必须摸清其规格、埋深、结构与接头形式、使用年限等，对于使用年限较久的水管，宜用洛阳铲先探明水管周围土层的含水量，怀疑有漏水可能的情况时应挖开查看，有断裂、渗漏现象时应补强堵漏后再开始基坑施工。

3. 基坑开挖必须分层开挖，分层的厚度应由土类别及其物理力学性质确定。对于极软弱的土，不宜超过 1.0 m。因为设计将每设置一层支撑（或锚杆）后，再挖土至下一层支撑（或锚杆）的施工面作为一个设计工况来计算，当开挖深度超过下层支撑（或锚杆）施工面标高时，支护结构受力及变形会超越设计允许状况，所以，即使坚硬的土，分层的厚度也不能超过上下两道支撑的竖向间距。

4. 基坑纵向开挖需分段，两段衔接处不允许为陡坡，必须留坡，坡率应按照土层的性质及含水量确定，对于一般的含水量在 25% 以下（抓一把土握紧一下，如果体积有收缩但收缩量不大即可确定）的黏土放坡的高宽比一般控制在 1 ∶ 1.25；砂类土、淤泥不宜放坡。

5. 为了保持基坑两侧的支护结构受力平衡而不出现偏压工况，基坑横向挖土的顺序应该是先挖中间，再挖左、右两侧，而且，两侧的土应左、右分小层来回开挖。

6. 当基坑在开挖过程中被雨水、洪水、水管渗漏水浸泡后，坑内土层对围护结构的被动土压力大幅度减小，围护结构抗倾覆能力也减小，为了保持支护结构的稳定性，此时不许挖深基坑，待土层干到一定程度才可继续开挖。

7. 开挖时，挖土机械不得碰撞或损害支撑或锚杆、腰梁、中立柱等支护构件，因为在支护体系中每个构件都有独特的、无可替代的作用，任何一个构件受到伤害，它的承载力都可能减小，势必影响整个支护系统的稳定性。

8. 每一段挖到下一层支撑标高后应尽可能早地安装支撑，并施加预加轴力。从挖完土到支撑安装及预加力完成的时间限制，应根据土层的物理力学性质确定，如果下层土层为软弱土，土层对围护结构的被动土压力小，最好控制在 24 h 之内，时间长了对支护结构的稳定不利。只有当该段支撑安装及预加力完成后，方能进行另一段挖土。

9. 基坑开挖到底后，及时浇筑混凝土垫层封闭，并尽早进行主体结构底板施工。

10. 基坑采取放坡形式时，挖土应自上而下分层有序进行，根据土层的物理力学性质确定每层的厚度，一层挖完后就应及早按照设计要求施作本层的护坡，待本层护坡喷射混凝土强度达到设计要求后，才可进行下一层挖土。

11. 放坡开挖中，挖掘机的铲斗臂要跨过斜坡区段伸得较长，铲斗臂必须旋转超过 135° ，将弃土弃渣丢在坡边较远处，以免造成坡顶地面荷载超过限值。

12. 放坡开挖中一定要做好排水工作，坡顶地面如果没有硬化，排水沟应尽可能远离坡顶边线，以防止水渗入可滑动土体。

13. 岩石边坡若采取爆破施工，开挖时应采用控制爆破，尽量减少爆破震动的不良影响。

14. 隧道大多数穿越风化岩石层，一般采取钻爆法掘进，为了避免挖掘完成段发生坍塌伤人事件，本应在挖掘、出渣和清理完成后，立即安装支护结构，但如果掌子面距支护太近，爆破又容易破坏支护结构，那么掘进前应首先结合地质、水文条件及爆破影响程度，确定适当的掘进步距，同时实际操控中必须根据实际情况不断调整、改进。

15. 在强风化岩层中的隧道掘进，结合超前小导管或锚杆钻孔做好水平向的地质预探，在预探发现有异常地质、水文情况时，及时采取应对措施。

16. 隧道掘进中，由于掌子面总是与达到设计强度的喷射混凝土初衬结构存在一定的距离，此区段属坍塌、涌水、涌砂多发区，而且隧道内空间狭小，逃生、抢救困难，对事故的防、控尤为重要。应尽可能缩短工人们在此区段的作业时间，比如，掌子面上打设管棚或超前小导管及锚杆，应按照经验结合岩土性质较准确地预计钻孔、注浆时间，如果工作时间过长，宜经设计师同意分段打设。如果设计的格构钢架划分单元件较多，应提前与设计师沟通，尽可能减少单元件数，加快钢架的安装速度，钢架的及时安装完好对抵御风险有明显作用。在钢筋网和纵向连接钢筋的固定焊接、初衬混凝土的喷射等方面都可以采取一些措施，把此事故多发区的作业时间缩到最短。

17. 在隧道掘进前做好紧急预案，最好制作一定数量的自重轻巧、安装便捷的临时支架，而且此支架需用时可迅速运到，同时，作业的工人应能熟练地安装。安全区至掌子面区段地面不能堆放任何材料、渣土、机械、工具，必须保证作业时间内畅通无阻。

第二节　监测是预防事故的重要手段

通过监测可以及时掌握基坑和隧洞的支护结构的受力和变形状态是否在设计允许范围之内，上部和周边受保护对象的变形是否处于正常状态之中。以便在出现警戒情况时采取紧急措施。所以监测是预防不测、保证支护结构和周边环境安全稳定和预防事故发生的重要手段。如何使监测工作在地铁工程施工预防事故中发挥更大的作用呢？笔者认为应从以下几点入手。

1. 在基坑的监测项目的选择、测点布置、测量频率方面应严格按照相关规定操作，在监测报警值的确定及操作方面应按照相关规定执行。因为地下工程施工的风险管控理论是在不断总结实践经验、不断吸取国内外相关科技成果、不断纳入多项专题研究所取得的成果中与时俱进逐步发展完善的。

2. 关于浅埋暗挖隧道工程施工中的监测，国家标准只在《地下铁道工程施工及验收规范》中提出了简短的 5 条规定，至今各地参考执行较多的标准是北京市地方标准《地铁工程监控量测技术规程》中的有关规定。

3.《建筑基坑支护技术规程》在基坑监测项目选择中，针对基坑支护结构不同的安全等级将部分监测项目定为“宜测”或“选测”，如何确定“测”与“不测”呢？应根据设计提供的地质剖面及围护结构地连墙或钻孔桩挖槽、钻孔中显示的情况来确定。比如“支撑立柱沉降”和“挡土构件、水泥土墙沉降”对于一级安全等级的支护结构要求“应测”，对于二级安全等级的支护结构要求“宜测”，还应该根据地质剖面，当支撑立柱桩或挡土构件底下存在软弱土层时“测”，否则“不测”。又如“土压力”和“孔隙水压力”对于一级安全等级支护结构要求“宜测”，对于二级安全等级支护结构要求“选测”，在围护结构挖槽、钻孔中若存在与勘察资料有较大差异的土层时“测”，否则“不测”。

4. 对监测项目数据分析的结果是否正确是能否预防事故发生的关键。当前地铁设计单位确定的项目监测控制值标准不一，一部分以围护结构的计算结果数据作为其监测控制值，另一部分却是以基坑保护环境安全的参数作为控制值。前者偏小，频繁报警，但基坑支护结构体系安全无险，对施工进度会造成一定影响；后者满足了受保护对象安全的条件，却不能保证支护结构受力和变形状态处于正常范围之内，基坑支护体系安全度不足。所以，施工、监理及第三方监测应联合对监测数据进行分析并对其发展趋势做出预测，分析时除了依据设计所提出的控制值外，还应结合其他相关项目的监测数据和本工程的自然环境条件、施工工况等情况及以往数据进行，并及时将分析结果反馈业主及设计单位。设计单位应随时进行必要的计算，对支护结构的稳定性作出判断，当分析判断认为监测数据异常是属于事故征兆时，应停工并立即采取防止事故发生的有效措施。

5. 每天有专业人员进行现场巡检是预防事故发生的有效办法。基坑和隧洞支护结构的失稳和倒塌、滑坡均有征兆，若围护结构顶部水平位移达到限值时会明显倾斜，围护结构深部水平位移达到限值时可表现出鼓肚，在土体发生滑坡前地表会先出现裂缝，基坑发生涌水事故前总是先出现小的渗漏水，等等。巡检人员看到这些情况后，应认真思考研究是否存在事故征兆，及时采取对策。

6. 依靠一线工人，坚持群众路线是预防事故发生的最可靠的办法。一线工人上班时间都在基坑和隧洞内或相距较近的地方，如果平时加强对工人专业技术方面的教育与培训，让他们懂得一些基坑和隧洞支护结构稳定及土力学方面浅易的知识，并经常对他们进行安全教育，促使他们形成时刻观察、监视基坑和隧洞支护结构是否正常的习惯，发现问题及时反映，绝对能减少事故的发生。

第三节　遵章守规，安全作业

地铁施工管理人员、技术人员首先应学好相关法律、条例、规范和规程并不打折扣地贯彻执行，严格要求下一级管理人员直至一线工人。同时应该抓好工人们的教育培训，做到全员皆安全员，势必能减少安全事故。结合施工中容易出差错的作业，提出如下应注意的问题。

1. 履带式起重机

（1）作业时，起重臂的最大仰角不得超过出厂规定，当无资料可查时，不得超过 78° 。

（2）起重机变幅应缓慢平稳，严禁在起重机未停稳前查换挡位。起重机载荷达到额定起重量的 90% 及以上时，严禁下降起重臂。

（3）在起吊载荷达到额定起重量的 90% 时，升降动作应慢速进行，并严禁同时进行两种及以上动作。

（4）当起重机需要带载行走时，载荷不得超过允许起重量的 70%。行走道路应坚实平整，重物应在起重机正前方向，重物离地面不得大于 500 mm，并应拴好拉绳、缓慢行驶，严禁长距离带载行驶。

2. 汽车吊

（1）汽车吊的起重臂伸缩时，应按规定程序进行，在伸臂的同时应相应下降吊钩。当限制器发出警报时，应立即停止伸臂。起重臂缩回时，仰角不宜太小。

（2）起重臂伸出后，出现前节臂杆的长度大于后节伸出长度时，必须进行调整，消除不正常情况后，方可作业。

3. 风动凿岩机

（1）使用前，应检查风、水管，不得有漏水、漏气现象。

（2）使用前，应向自动注油器注入滑润油，不得无油作业。

（3）风管、水管不得缠绕、打结，并不得受各种车辆碾压，不能用弯折风管的方法停止供气。

（4）使用手持式凿岩机垂直向下作业时，体重不得全部压在凿岩机上；应防止钎杆断裂伤人；凿岩机向上方作业时，应保持作业方向，并防止钎杆突然折断，并不得长时间全速空转。

4. 电动凿岩机

启动前，应检查全部机构及电气部分，并应重点检查漏电保护器；各控制器应处于零位，各部连接螺栓应紧固，各传动机构的摩擦面应润滑良好，确认正常后，方可通电。

5. 凿岩台车

（1）液压油温应保持在 30℃ ~70℃范围内，超过 70℃时应停止行走。

（2）作业前，应检查各管路的连接，各紧固部位螺母、螺钉应拧紧，操作杆、控制装置及仪表均应正常。

（3）移动钻臂时，应先退回导杆，使顶点离开工作面，钻臂下不得有人。

6. 模板及施工平台支架

施工方案设计中应对支架的受力、稳定性进行详细的分析计算，同时应严格遵守有关的构造规定。立柱间距、大横杆间距、小横杆间距均不能超过规范中最大允许间距值，两侧应按照规定的间距加斜撑，高度和宽度超过规范限值，应加剪刀撑。

第四节　百年大计，质量第一

地铁工程的主要构件的设计使用年限为一百年。而且，在施工及运营期间，结构与构件一直承受着围岩土的挤压、腐蚀和地下水的侵袭，工程存在一个小小的质量缺陷，都有可能形成隐患。容易出现的并可能引发安全事故的缺陷有以下种类：

1. 围护桩身、地下连续墙体完整性不符合规范规定，存在不容许的蜂窝狗洞或地连墙局部墙面有缺浆、疏松、龟裂或者施工缝裂开、墙幅间加泥等现象。

2. 钢支撑偏位超 30 mm，临时立柱偏位超 50 mm，垂直度偏差超 1/150。

3. 钢腰梁与围护结构连接不牢或二者的间隙细石混凝土充填不密实，钢围檩的加肋板数量不够或间距大于设计要求，钢支撑端板与钢腰梁之间的焊缝厚度和长度不满足设计要求。

4. 截水帷幕的水泥搅拌桩或旋喷桩偏位超过 50 mm、垂直度超过 1%，造成搭接宽度不够，形成渗漏或者水灰比超过规程限值，旋喷桩提升速度或注浆压力与土层物理特性不符等造成不封闭漏水。

5. 锚杆（索）水泥砂浆或水泥浆水灰比大于规程规定或者锚固段长度小于设计要求等造成承载力不满足设计要求，孔位偏差超过 50 mm、倾角偏差大于 3° 造成少数锚杆（索）

承载力不够。

6. 锚喷支护隧道里超前小导管偏位超规范规定，注浆不充足，局部喷射混凝土厚度不够，匀质性指标超限造成局部强度不满足或者钢架或格构钢架偏位超过 50 mm，垂直度偏差超 2°，钢架与壁面之间未揳紧，钢架单元间或相邻钢架间连接不牢靠等。

7. 隧道内初期衬砌喷射混凝土与围岩面黏结不紧，有空鼓现象等。

即使仅存在少量的以上某种质量缺陷，也是安全隐患。比如，地下连续墙墙幅间存在很小的空洞或者止水帷幕局部不严密，地下水无孔不入，即使是很少的渗漏水，冲刷时间长了，会越来越大，最后造成大的涌水、涌砂事故；围护桩桩身存在很小的蜂窝狗洞，在外侧土体结构被破坏的情况下，土体侧压力急剧增大，桩身有可能断裂，引发大的坍塌事故；钢支撑的钢围檩局部连接不牢固会脱落，钢围檩肋板数量少，在钢支撑相当大的压力下，翼板微量的变形，也会造成钢支撑塌落，等等。几吨重的钢支撑滑落，若底下有人员作业，伤亡可能性极大。隧道内钢架倾斜、连接不牢或喷射混凝土空鼓等均可能造成格构式钢架失稳和初期衬砌坍塌而引发安全事故。如何消灭以上施工质量缺陷呢？

一、向施工管理要质量

施工企业和项目部的质量管理制度是搞好施工质量的根本保证。首先应建立起作业班组、项目部、公司三级质量管理体系，扎实地把质量责任落实到班组和每个作业工人身上，真正地实行奖优罚劣制度；建立班组自检、下道工序对上道工序的复检和项目部质检人员的抽检三级质量验收制度，企业主管施工质量人员也应定期对工地的施工质量进行检查；对每一道施工工序，施工企业全面检查后，请现场监理工程师验收，签字认可；关键部位和工序，请设计部门、业主代表到现场参与验收；隐蔽工程验收签字前不能覆盖。需要强调的是，地铁工程与地面建筑工程截然不同，较多的结构构件（如排桩、地连墙、旋喷桩、搅拌桩、SMW 工法桩、锚杆、锚索、超前小导管、管棚等）施工完成后均处于隐蔽状态，无法全部眼观检查，也不可能做到全部用仪器检测，只有把质量责任落实到每一个作业的工人身上，由他们自觉地按照设计要求做好自己承担的每一项工作，才能彻底地消灭质量缺陷。

二、加强施工过程中的跟踪监理

由于地铁工程较多的构件处于隐蔽状态，监理对施工质量的控制就不能只靠验收来把关，有好多质量问题，等验收时才发现就无法返修和补强了，必须对工人操作时可能造成质量缺陷的不当行为及时纠正，这就需要旁站跟踪监理。比如，排桩、旋喷桩、搅拌桩成孔阶段，应对每一根桩孔的垂直度检查，控制在设计规定的范围之内，浇筑桩体混凝土时，先检查导管安放是否符合要求，浇筑过程中旁站监督每一层浇筑高度是否符合规程规定，振捣是否密实等；打设锚杆时，旁站监督打设的长度是否满足设计要求、压注水泥浆是否饱满等，尤其对于钢支撑的安装连接节点，应逐个检查验收，等等。只有这么点水不漏地监督好每一项施工作业，才能保证彻底消灭质量缺陷。

结　语

地铁属于优质的交通工具，能够在提升运输质量的同时增强运行安全可靠性，带给群众更大的便利。修建地铁，需要较高的技术水平，而且地铁施工具有较大的投入，受到诸多方面因素的影响，所以必须要重视地铁施工技术要点，严格提升施工质量。

城市轨道交通地铁工程是我国的重要基础工程项目，具有一定的复杂性和系统性。在未来的发展中，城市轨道交通地铁工程施工单位要继续加强施工技术的创新，并做好施工管理工作，进而提升轨道交通品质。

现代城市在不断发展和进步中，地铁是城市发展的重要参与者。地铁施工单位要加强地图工程施工安全和质量管理工作,施工安全和质量管理工作是决定项目成效的关键因素，严格把控质量和安全，不断健全管理体系，运用先进的施工技术，保证地铁顺利完工，进而为城市的发展发挥自身应有的作用。

质量管理与施工安全一直是地铁工程项目管理的重点内容，对于相关人员而言，在地铁工程项目施工中，必须要严格按照规定的质量管理要求进行控制，并从构建安全管理体系、施工技术管理等角度入手，对工程项目的施工过程进行控制，确保地铁工程项目施工质量能够达到预期水平，最终更好地适应未来工程项目施工要求。

参考文献

[1] 潘丽国 . 地铁车站土建施工安全风险及优化措施探讨 [J]. 智能城市 ,2021(07):91—92.

[2] 司君 . 复杂地铁工程施工安全控制技术探究 [J]. 智能城市 ,2021(05):157—158.

[3] 祁丙宝 . 地铁施工技术控制问题与安全措施 [J]. 智能城市 ,2020(20):66—67.

[4] 孙支凡 . 施工安全控制技术在地铁工程施工中的应用 [J]. 工业建筑 ,2020(10):206.

[5] 徐亮 . 地铁施工技术与安全管理途径 [J]. 四川建材 ,2020(08):109—110，129.

[6] 申亮 . 复杂地铁工程施工安全控制技术分析 [J]. 四川水泥 ,2020(03):169.

[7] 张增强 . 地铁施工技术控制问题与安全措施 [J]. 工程技术研究 ,2020(05):74—75.

[8] 章强 , 谭刚萍 , 胡增辉 , 张仁豪 , 尹向红 , 蔡哲 . 复杂地铁工程施工安全控制技术核心探究 [J]. 工程建设与设计 ,2020(03):291—292，295.

[9] 徐海涛 . 复杂地铁工程施工安全控制技术研究 [J]. 工程技术研究 ,2019(01):163—164.

[10] 冯飞雪 . 地铁工程施工安全管控技术探究 [J]. 中国建设信息化 ,2018(23):74—75.

[11] 郝国良 , 滕程友 . 简述复杂地铁工程施工安全控制技术 [J]. 价值工程 ,2018(33):236—237.

[12] 曲冬 . 复杂地铁工程施工安全控制技术研究 [J]. 低碳世界 ,2018(09):236—237.

[13] 陆莹 . 地铁施工安全风险自动识别与预警 [M]. 南京：东南大学出版社 ,2017.

[14] 刘泽辉 . 复杂地铁工程施工安全控制技术研究 [J]. 黑龙江科技信息 ,2015(35):261.

[15] 张晓斌 . 复杂地铁工程施工安全控制技术研究 [J]. 建设科技 ,2014(23):101.

[16] 麻建华 . 地铁工程施工安全技术管理分析 [J]. 安防科技 ,2009(05):60—63.

[17] 张成平 , 张顶立 , 王梦恕 . 复杂地铁工程施工安全控制技术研究 [J]. 中国安全科学学报 ,2008(08):171—176.

[18] 程炜 . 城市地铁工程复杂洞群安全施工技术 [J]. 中国职业安全卫生管理体系认证 ,2003(02):67—68.

[19] 北京交通大学组织编写 . 地铁工程施工安全管理与技术 [M]. 北京：中国建筑工业出版社 ,2012.

[20] 上海市土木工程学会，上海东方雨虹防水技术有限责任公司，主编 . 图说隧道与地铁工程防水技术 [M]. 上海：同济大学出版社 ,2018.

[21] 陈同刚，主编 . 地铁消防安全管理 [M]. 天津：天津科学技术出版社 ,2018.

[22] 周志鹏，李启明 . 城市地铁工程安全风险实时预警方法及应用研究 [M]. 南京：东南大学出版社 ,2017.

[23] 刘学增 . 地铁隧道安全保护与对策 [M]. 上海：同济大学出版社 ,2018.

[24] 龚剑，吴小建，等，编著 . 地下工程施工安全控制及案例分析 [M]. 上海：上海科学技术出版社 ,2019.

[25] 黄守刚，主编 . 地铁工程施工安全与案例分析 [M]. 北京：中国铁道出版社 ,2011.

[26] 杜华林，于全胜，黄守刚，等，编著 . 盖挖地铁车站施工安全技术与风险控制 [M]. 北京：中国铁道出版社 ,2016.

[27] 李慧民，田卫，郭海东，盛金喜 . 城市地下工程施工安全预警系统构建指南 [M]. 北京：冶金工业出版社 ,2018.

[28] 李慧民，田卫，张广敏 . 穿越既有结构施工安全控制技术 [M]. 北京：冶金工业出版社 ,2019.

[29] 李丰果，主编 . 深圳地铁暗挖区间隧道施工技术 [M]. 北京:中国铁道出版社 ,2015.

[30] 乐贵平，任雪峰，等，编著 . 城市轨道交通工程施工安全风险技术控制要点 [M]. 北京：中国铁道出版社 ,2019.

[31] 中国水利水电第十一工程局有限公司 , 编 . 城市轨道交通施工技术 [M]. 北京：中国铁道出版社有限公司 ,2019.

[32] 北京土木建筑学会，主编 . 市政基础设施工程施工技术交底记录 [M]. 北京：冶金工业出版社 ,2016.

[33] 宋卫强, 刘文丽, 娄在明, 刘金明 . 地铁车站岩溶高承压强富水带处理关键技术 [M]. 中国铁道出版社有限公司 ,2019.

[34] 刘新根，黄力平，刘学增，陈瑜嘉，吴蔚博，编著 . 地铁交通枢纽 BIM 技术应用研究与实践 [M]. 上海：同济大学出版社 ,2018.

[35] 胡荣明 . 城市地铁测量安全技术 [M]. 徐州：中国矿业大学出版社 ,2013.

[36] 任立志，张述毕，李围，段景川 . 地铁叠线盾构区间隧道下穿高铁轨道群施工关键技术 [M]. 北京：中国铁道出版社 ,2018.

[37] 梁波，洪开荣，编著 . 城市地铁工程施工技术评价及工程应用 [M]. 北京：中国铁道出版社 ,2011.